广州铁路职业技术学院资助出版

高等职业院校汽车类技能型人才培养优质教材

汽车发动机电控系统构造与检修

主　编　郑　毅
副主编　王　哲　吴志敏　梁建玲

西南交通大学出版社
·成　都·

图书在版编目（CIP）数据

汽车发动机电控系统构造与检修 / 郑毅主编. —成都：西南交通大学出版社，2020.10（2024.7 重印）
ISBN 978-7-5643-7682-6

Ⅰ. ①汽… Ⅱ. ①郑… Ⅲ. ①汽车—发动机—电子系统—控制系统—构造—高等职业教育—教材②汽车—发动机—电子系统—控制系统—检修—高等职业教育—教材 Ⅳ. ①U464.03②U472.43

中国版本图书馆 CIP 数据核字（2020）第 188431 号

Qiche Fadongji Diankong Xitong Gouzao yu Jianxiu

汽车发动机电控系统构造与检修

主编　郑　毅

责任编辑　张少华
封面设计　何东琳设计工作室

出版发行　西南交通大学出版社
（四川省成都市金牛区二环路北一段 111 号
西南交通大学创新大厦 21 楼）
邮政编码　610031
发行部电话　028-87600564　028-87600533
网址　http://www.xnjdcbs.com
印刷　四川玖艺呈现印刷有限公司

成品尺寸　185 mm × 260 mm
印张　17.5
字数　361 千
版次　2020 年 10 月第 1 版
印次　2024 年 7 月第 2 次
定价　55.00 元
书号　ISBN 978-7-5643-7682-6

课件咨询电话：028-81435775

本书编委会

前言

PREFACE

为了深入贯彻国务院和教育部关于职业教育的相关文件和精神，进一步深化职业教育的教学改革，提高人才培养质量，编者根据高等职业教育的教学特点，结合汽车类专业的教学实际，坚持以服务为宗旨、以就业为导向、以技能为核心的职业教育理念，推广教育信息化，在广泛调研的基础上编写了本书。

本书以“项目导向、任务驱动、教学做一体化”教学模式的教学改革为方向，以汽车机电维修岗位发动机电控系统维修的典型工作任务为内容，以大众宝来、大众迈腾、丰田卡罗拉等典型车型为技术依据，精心设计了汽车发动机电控系统认知、燃油喷射系统故障检修、点火系统故障检修、汽油发动机排放控制系统故障检修和汽油发动机电控系统常见故障诊断与排除等 5 个学习项目，共计 27 个学习任务。每个学习任务都按照“任务目标—案例导入—案例分析—知识链接—任务小结—课后习题—任务实施”等环节编写。“知识链接”环节中，理论知识讲解以“够用”为原则，深入浅出、透彻明了；“任务实施”环节中，基于机电维修工的工作过程，注重任务实施的过程性与完整性。

本书采用“教学做一体化”教学模式，各项目教学学时建议如下：

项目项目内容建议学时

项目	项目内容	建议学时
项目 1	汽车发动机电控系统认知	6
项目 2	燃油喷射系统故障检修	26
项目 3	点火系统故障检修	12
项目 4	汽油发动机排放控制系统故障检修	14
项目 5	汽油发动机电控系统常见故障诊断与排除	8
合计		66

本书配套有电子课件、原理动画、视频等信息化资源，通过信息化教学手段，将纸质教材与课程资源有机结合，是资源丰富的“互联网+”智慧教材，最大限度地满足教师教学和学生学习的需要，提高教学和学习质量，促进教学改革。本书配备

有活页式的任务工单，方便实训课程的组织与实施。

本书由广州铁路职业技术学院郑毅担任主编（负责编写项目 2、项目 3、项目 4）并完成统稿；由东风日产乘用车有限公司王哲（负责编写项目 1）、广州铁路职业技术学院吴志敏、梁建玲（负责编写项目 5）担任副主编。本书在编写的过程中，参阅了大量的书籍和资料，在此对原作者一并表示感谢！

本书可以作为高职学院汽车类专业的教材，也可以作为汽车维修技能培训用书，还可以作为企业维修人员学习的参考书籍。

由于编者水平有限，书中难免存在疏漏和不足之处，恳请业内专家、同仁、广大读者批评指正（编者邮箱：775156217@ qq. com）。

编　者

2020 年 7 月于广州

AR 超媒体数字资源目录

AR 资源使用帮助：

1. 请按照本书封底的操作提示，使用微信扫描二维码进入“轨道在线”数字教育平台。

2. 请按照提示注册平台后，进入首页 AR 版块，按照提示输入封底刮层中的 12 位序列号完成认证。

3. 认证完成后，请点击图书的图标，然后将手机或平板对准书中带有 AR 标志的插图，即可浏览对应 AR 资源。

目录
CONTENTS

项目 1 汽车发动机电控系统认知

项目导读

完成汽车发动机电控系统的各种检修工作的前提条件是，首先要了解发动机电控系统的基本组成，其次要掌握常用诊断仪器的使用方法。本项目通过 2 个任务的学习和训练，使学生掌握发动机电控系统的组成，学会常用诊断仪器的使用方法，为发动机电控系统的检修奠定基础。

任务 1 汽车发动机电控系统的检查

【任务目标】

1. 知识目标

（1）了解汽车电控系统的发展历程。

（2）掌握汽车发动机电控系统的基本组成及功用。

2. 能力目标

（1）能在车上准确找到常见的传感器和执行器。

（2）能指出端子线束的颜色和作用。

3. 素质目标

（1）具有严谨认真、实事求是的科学态度。

（2）能自主学习新知识、新技能。

（3）具有高度的职业责任心和安全意识，遵章守纪、规范操作。

（4）具有较强信息搜集能力，会查找汽车维修手册和相关国家标准。

（5）具有团队协作和吃苦耐劳的精神。

【案例导入】

一位车主打电话到 4S 店，咨询为什么发动机起动后，仪表盘上的发动机故障指示灯常亮。

【案例分析】

随着电子技术的发展，汽车电子控制技术也得到了迅猛的发展。当点火开关处于“ON”时，电子控制单元（Electronic Control Unit，ECU）首先进行电控系统的自检，如果自检发现 ECU 里面储存有故障码，ECU 将点亮故障指示灯，以提示驾驶员。

【知识链接】

1. 汽车电控系统的发展过程

随着电子技术的发展，汽车电控系统的发展经历了以下 4 个阶段：

（1）第一阶段，20 世纪 70 年代中期以前，是汽车电子技术发展的初级阶段，主要以硅二极管整流的交流发电机和电子调节器的应用为代表。

（2）第二阶段，从 20 世纪 70 年代末期到 90 年代中期，是汽车电子控制技术迅猛发展的阶段，汽车上广泛使用了集成电路和 16 位以下的微处理器，主要以电控汽油喷射系统、防抱死制动系统和电控点火系统的应用为代表。

（3）第三阶段，从 1995 年到 2005 年，是微型计算机在汽车上应用日趋成熟并向智能化发展的阶段，主要以牵引力控制、四轮转向、自动悬架等应用为代表。

（4）第四阶段，2005 年至今，是汽车电子技术智能化发展阶段，主要产品有通信系统、多路传输系统、ASKS32 位微处理器、智能化汽车等。

2. 电控技术对发动机性能的影响

（1）提高了发动机的动力性。

（2）提高了发动机的经济性。

（3）降低了排放污染。

（4）改善了加速和减速性能。

（5）改善了起动性能。

3. 电控技术在汽车发动机上的应用

1）燃料喷射系统（EFI）

燃油喷射系统的作用是提供汽油发动机所需的合适的可燃混合气，包括燃油供给系统和空气供给系统。

（1）燃油供给系统。

燃油供给系统将燃油喷入进气歧管或气缸，主要包括汽油箱、电动汽油泵、进油管、汽油滤清器、燃油分配管、油压调节器、回油管和喷油器等。如图 1-1-1 所示。

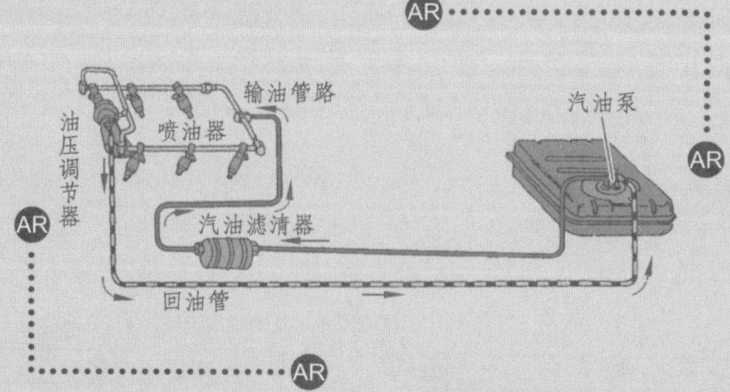

图 1-1-1　汽油机燃油供给系统

（2）空气供给系统。

空气供给系统的作用是为发动机提供清洁的空气，并负责测量、控制汽油燃烧所需的空气量，主要包括空气滤清器、空气流量计或进气压力传感器、节气门体、进气总管和进气歧管等，如图 1-1-2 所示。

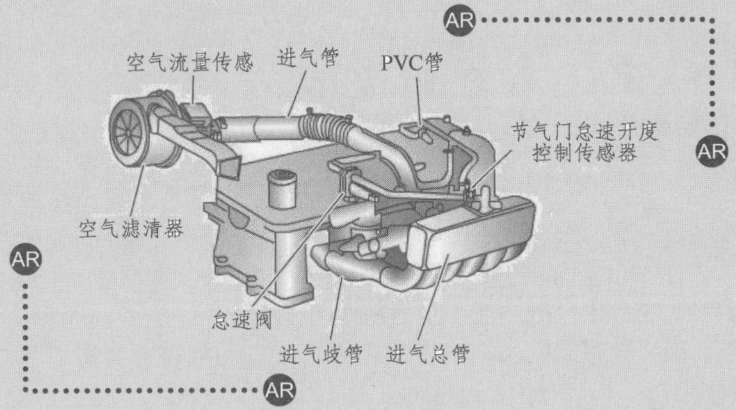

图 1-1-2　空气供给系统

2）点火控制系统

点火控制系统的作用是在适当的时刻产生电火花点燃被压缩的混合气。点火控制系统主要包括 ECU、点火线圈、曲轴位置传感器、凸轮轴位置传感器和火花塞等，如图 1-1-3 所示。

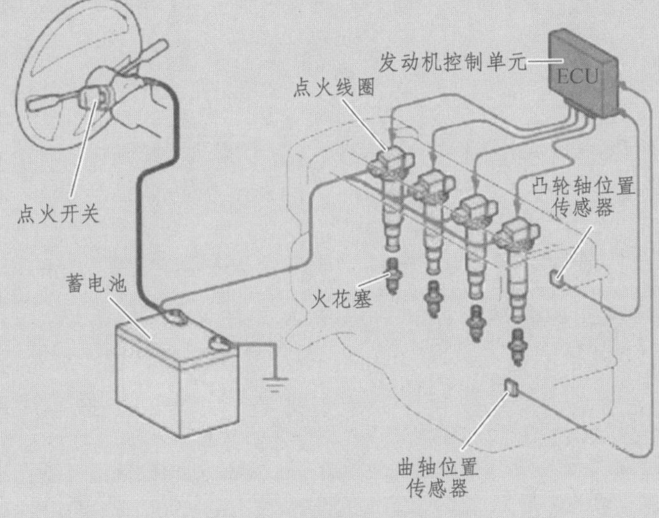

图 1-1-3　点火系统的组成

3）怠速控制系统

怠速控制系统根据发动机冷却液温度、空调压缩机是否工作、变速器是否挂入挡位等状况，并通过怠速控制阀或节气门电机对发动机进气量进行控制，使发动机随时以最佳怠速转速运转。

4）进气控制系统

进气控制系统的功能是根据发动机转速和负荷的变化，对发动机的进气进行控制，以提高发动机的充气效率，从而改善发动机的动力性。

5）排放控制系统

排放控制系统的功能主要是对发动机排放控制装置（如燃油蒸气回收系统、曲轴箱强制通风系统等）的工作实行电子控制。

6）增压控制系统

增压控制系统的功能是对发动机进气增压装置的工作进行电子控制。

7）巡航控制系统

巡航控制系统的功用是驾驶员设定巡航控制模式后，ECU 根据汽车运行工况和运行环境信息，自动控制发动机工作，使汽车自动维持在一定的车速。

8）警告提示系统

警告提示系统是由 ECU 控制的各种指示和报警装置，一旦控制系统出现故障，该系统能及时发出信号进行警告和提示，如氧传感器失效、水温传感器故障等。

9）自诊断与报警系统

在发动机电控系统中，ECU 都具有自诊断系统，对控制系统各部分的工作情况进行监测。

10）失效保护系统

失效保护系统的功能主要是当传感器或传感器线路发生故障时，控制系统自动按 ECU 中预先设定的参考信号值工作，使发动机能继续运转。

11）应急备用系统

应急备用系统的功能是当控制系统 ECU 发生故障时，自动启用备用系统（备用集成电路），按设定的信号控制发动机转入强制运转状态，以防止车辆在路途中停驶。应急备用系统只能维持发动机运转的基本功能，但不能保证发动机的性能。

4. 汽车发动机电控系统的基本组成

1）汽车发动机电控系统的组成

发动机电控系统主要由传感器、电控单元和执行器三大部分组成，如图 1-1-4 所示。

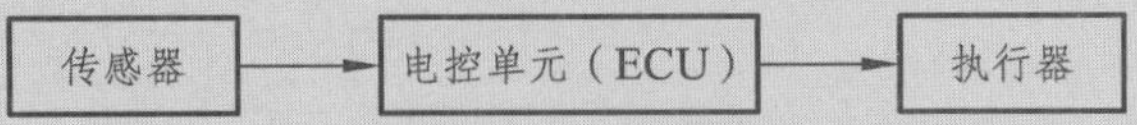

图 1-1-4　电控系统的基本组成

（1）传感器。

传感器是信号输入装置，它的功用是采集控制系统所需的信号，并将其转换成电信号通过线路传输给 ECU。

（2）电子控制单元（ECU）。

ECU 是一种综合控制电子装置，其功用是给各传感器提供参考（基准）电压，接收传感器或其他装置输入的信号，并对所接收的信号进行存储、计算和分析处理，根据计算和分析的结果向执行元件发出指令。

（3）执行元件。

执行元件是受 ECU 控制，具体执行某项控制功能的装置。

发动机常见传感器和执行器如图 1-1-5 所示。

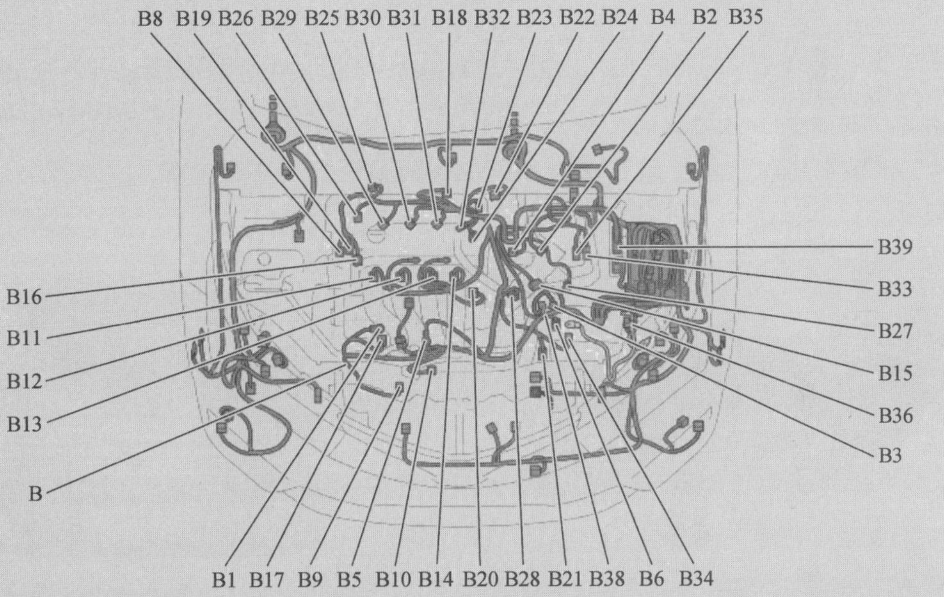

B1—发电机总成；B2—进气质量空气流量计分总成；B3—蓄电池；B4—E，F，T，发动机冷却液温度传感器；B5—起动机总成；B6—倒车灯开关总成；B8—发动机机油压力开关总成；B9—带皮带轮的压缩机总成；B10—起动机总成；B11—1 号喷油器总成；B12—2 号喷油器总成；B13—3 号喷油器总成；B14—4 号喷油器总成；B15—驻车、空挡位置开关总成；B16—曲轴位置传感器；B17—发电机总成；B18—空燃比传感器（B1 S1）；B19—油温传感器；B20—E、F、I 真空传感器总成；B21—CVT 电磁阀（变速器线束）；B22—净化 VSV；B23—VVT 传感器（排气侧）；B24—VVT 传感器（进气侧）；B25—凸轮轴正时机油控制阀总成（排气侧）；B26—凸轮轴正时机油控制阀总成（进气侧）；B27—氧传感器（B1 S2）；B28—节气门体总成；B29—1 号点火线圈；B30—2 号点火线圈；B31—3 号点火线圈；B32—4 号点火线圈；B33—油压传感器；B34—变速器转速传感器（初级）；B35—变速器转速传感器（次级）；B36—蓄电池电流传感器总成；B38—蓄电池；B39—ECM。

图 1-1-5　丰田卡罗拉传感器和执行器

2）汽车电控发动机常见传感器

（1）空气流量计（MAFS）。

在 L 型电控燃油喷射系统中，由空气流量计测量发动机的进气量，并将信号输入 ECU，作为燃油喷射和点火控制的主控制信号，安装在空气滤清器后方的进气总管上，如图 1-1-6 所示。

图 1-1-6　空气流量计

（2）进气管绝对压力传感器（MAPS）。

在 D 型电控燃油喷射系统中，由进气管绝对压力传感器测量进气管内气体的绝对压力，并将该信号输入 ECU，作为燃油喷射和点火控制的主控制信号。安装在进气歧管上或从进气歧管引出真空管安装在其他位置，如图 1-1-7 所示。

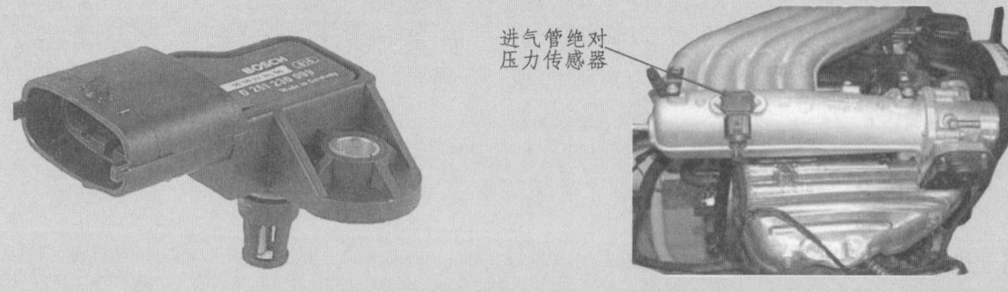

（a）　　（b）

图 1-1-7　进气管绝对压力传感器

（3）节气门位置传感器（TPS）。

该传感器用来检测节气门的开度及开度变化，如全关（怠速）、全开及节气门开闭的速率（单位时间内开闭的角度）信号，此信号输入 ECU，用于燃油喷射控制及其他辅助控制。它安装在节气门体总成上，如图 1-1-8 所示。

（4）凸轮轴位置传感器（CMPS）。

给 ECU 提供曲轴转角基准位置信号（G 信号），作为喷油正时控制和点火正时控制的主控制信号。常用的有霍尔式和磁电式，一般安装在凸轮轴前端或后端的壳体上，图 1-1-9 所示为大众磁电式凸轮轴位置传感器。

图 1-1-8　节气门位置传感器

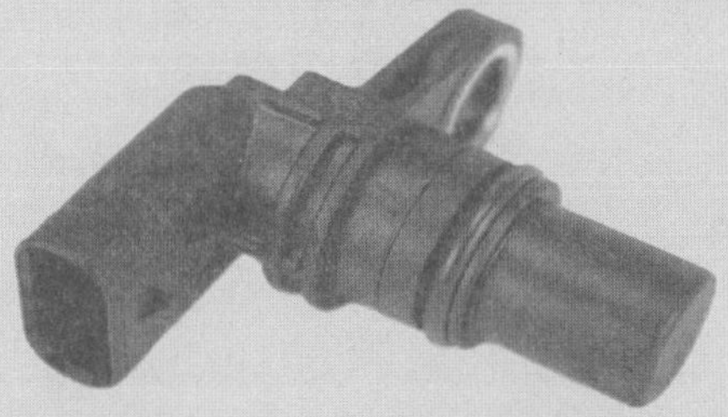

图 1-1-9　凸轮轴位置传感器

（5）曲轴位置传感器（CKPS）。

该传感器用来检测曲轴转角位移，给 ECU 提供发动机转速信号和曲轴转角信号，作为喷油正时控制和点火正时控制的主控制信号。常用的是磁电式传感器，一般安装在曲轴前端或后端的气缸体上，如图 1-1-10 所示。

（6）进气温度传感器（THA）。

该传感器给 ECU 提供进气温度信号，作为燃油喷射控制和点火控制的修正信号。进气温度传感器现在大多集成在空气流量计或进气歧管压力传感器里面，独立安装的进气温度传感器外形如图 1-1-11 所示。

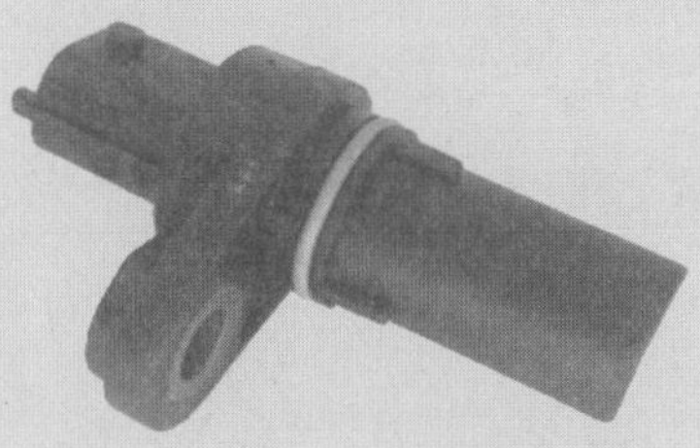

图 1-1-10　曲轴位置传感器

图 1-1-11　进气温度传感器

（7）冷却液温度传感器（CTS）。

该传感器给 ECU 提供发动机冷却液温度信号，作为燃油喷射控制和点火控制的修正信号。冷却液温度传感器信号也是其他控制系统（如怠速控制和废气再循环控制等）的控制信号。它一般安装在出水管和机体之间，其外形如图 1-1-12 所示。

图 1-1-12　冷却液温度传感器

（8）氧传感器（O_2S）。

氧传感器用于检测排气中的氧含量，向 ECU 输送空燃比的反馈信号，进行喷油量的闭环控制。它一般安装在排气管上，其外形如图 1-1-13 所示。

（9）爆燃传感器（KS）。

爆燃传感器检测汽油机是否爆燃及爆燃强度，将此信号输入 ECU，作为点火正时控制的修正（反馈）信号。它安装在缸体上，如图 1-1-14 所示。

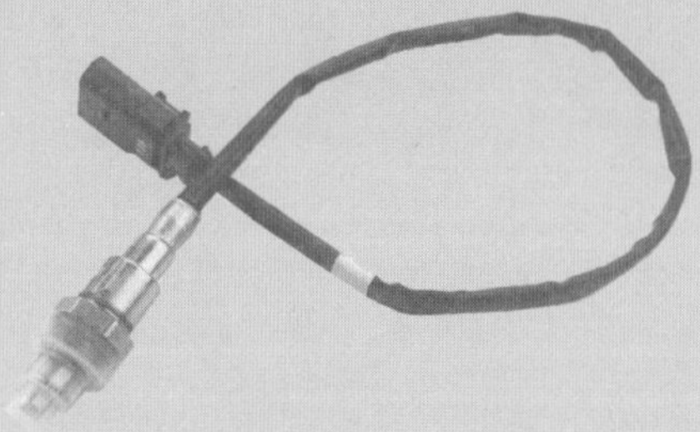

图 1-1-13　氧传感器

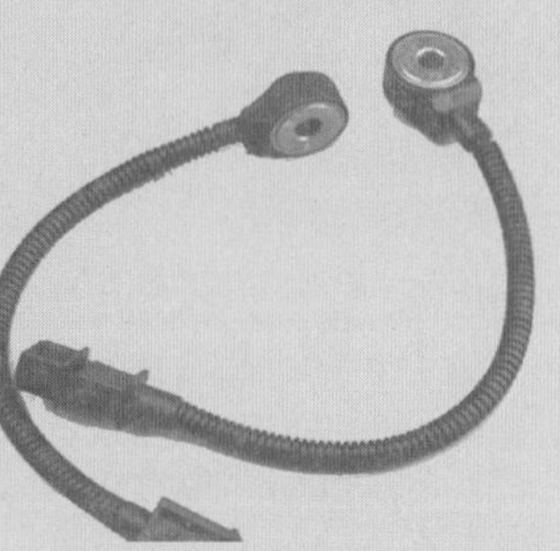

图 1-1-14　爆燃传感器

（10）车速传感器（VVS）。

车速传感器用于检测汽车的行驶速度，给 ECU 提供车速信号（SPI），用于巡航控制和限速断油控制，也是自动变速器的主控制信号。

（11）起动开关（STA）。

起动开关给 ECU 提供一个起动信号，作为燃油喷射控制和点火控制的修正信号。

（12）空调开关（A/C）。

当空调开关打开时，向 ECU 输入信号，作为燃油喷射控制和点火控制的修正信号。

（13）挡位开关（P/N）。

当自动变速器挂入 P 或 N 挡时，挡位开关向 ECU 提供 P/N 挡位信号，才能使发动机起动。由 P/N 挡位挂入其他挡位时，挡位开关向 ECU 输入信号，作为燃油喷射控制和点火控制的修正信号。

（14）制动灯开关。

在制动时，由制动灯开关向 ECU 提供制动信号，作为燃油喷射控制和点火控制的修正信号。

（15）动力转向开关。

当转向盘由中间位置向左右转动时，动力转向开关向 ECU 输入信号，作为燃油喷射控制和点火控制的修正信号。

（16）蓄电池电压信号（UBAT）。

蓄电池电压信号向 ECU 提供电压信号，作为燃油喷射控制的修正信号。

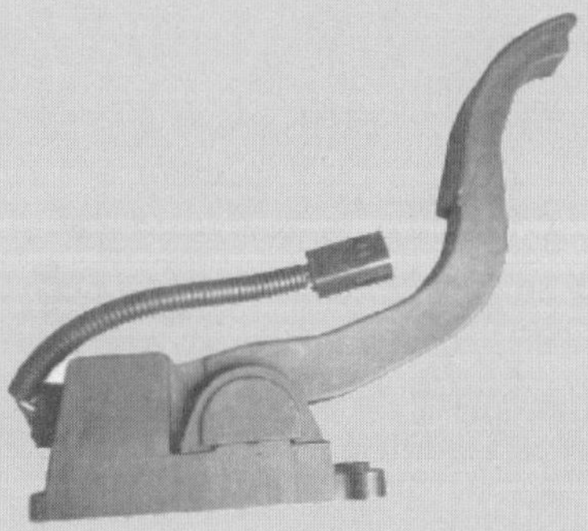

图 1-1-15　加速踏板位置传感器

（17）加速踏板位置传感器。

该传感器控制发动机节气门的开度，从而控制发动机的动力输出。它采用两个霍尔式位置传感器，安装在油门踏板内部，如图 1-1-15 所示。

3）汽车电控发动机常见执行器

（1）喷油器（INJ）。

喷油器按照发动机 ECU 计算出的喷射正时和脉宽，向进气歧管或气缸内喷射燃油。喷油器实际上是一个电磁阀，ECU 通过控制其线圈的电流通断，来控制喷油器的工作。它安装在油轨或缸体上，如图 1-1-16 所示。

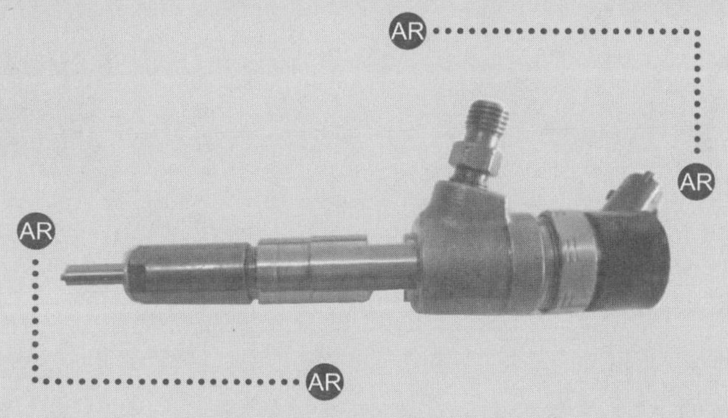

图 1-1-16　喷油器

（2）点火器（ICM）。

点火器根据 ECU 脉冲信号，接通或断开点火线圈的初级电路，使点火线圈次级绕组产生高压电，输送给火花塞，从而点燃可燃混合气，如图 1-1-17 所示。

图 1-1-17　点火器

（3）怠速控制阀（ISCV）。

早期采用拉线式节气门的电控发动机，怠速工况下，节气门几乎全部关闭，由怠速控制阀控制发动机怠速时的进气量。怠速控制阀可分为机械式、电磁阀式、旋转滑阀式和步进电机式几种，安装在节气门体上，如图 1-1-18 所示。

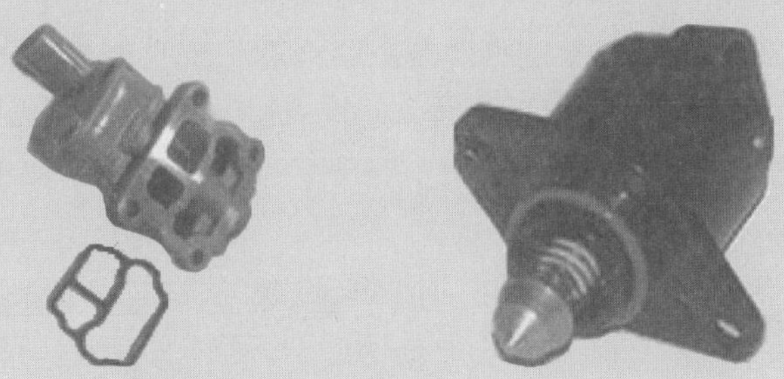

（a）旋转滑阀　　（b）步进电机式

图 1-1-18　怠速控制阀

（4）节气门控制电动机（TC）。

节气门控制电动机根据 ECU 信号，控制节气门的开度与发动机的负荷相匹配。它安装在节气门体上，如图 1-1-19 所示。

（5）废气再循环阀（EGR）。

废气再循环阀在 ECU 的控制下，根据发动机的不同工况，将一部分废气引入进气管与新鲜可燃混合气混合后再进入气缸，由于该部分废气不能参与燃烧，从而能够降低燃烧速度和最高燃烧温度，以减少 NO_x 生成量，如图 1-1-20 所示。

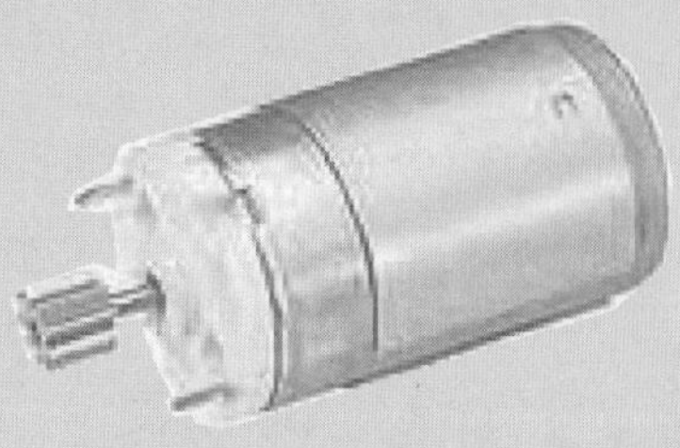

图 1-1-19　节气门电机

图 1-1-20　废气再循环阀

（6）进气控制阀（IACV）。

进气控制阀根据 ECU 信号控制进气系统工作，在发动机转速较低时，关闭控制阀，气体流经较长的进气管道，安装在进气管路上，图 1-1-21 所示为奥迪 A4 型小汽车的进气控制阀。

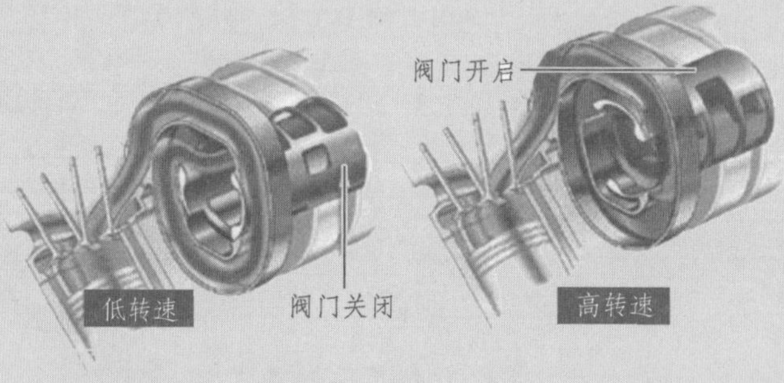

图 1-1-21　奥迪 A4 型小汽车进气控制阀

（7）二次空气喷射阀（SAIV）和二次空气泵。

二次空气喷射阀根据 ECU 脉冲信号控制二次空气喷射量，降低发动机冷起动时，HC 和 CO 的排放量，缩短氧传感器的加热时间，使发动机控制模块尽快进入空燃比闭环控制，如图 1-1-22 所示。

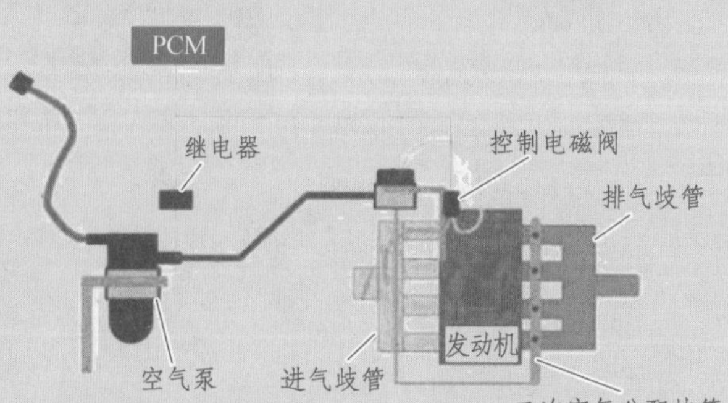

图 1-1-22　二次空气喷射阀和二次空气泵

（8）活性炭罐电磁阀（ACCV）。

活性炭罐电磁阀根据 ECU 的控制指令信号，回收发动机油箱或活性炭罐里的燃油蒸气，以便减少 CH 化合物的排放。该电磁阀通过真空管与发动机进气歧管相连，如图 1-1-23 所示。

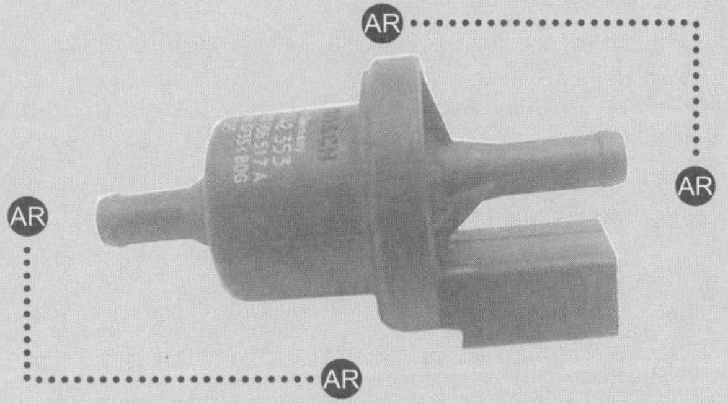

图 1-1-23　活性炭罐电磁阀

（9）电动燃油泵（FP）。

电动燃油泵将燃油从燃油箱内吸出，为发动机燃油供给系统提供压力燃油，当钥匙开关拨到“ON”位时，ECU 给电动燃油泵供电，让电动燃油泵工作 2～3 s，为发动机起动做好准备。它安装在燃油箱内，结构如图 1-1-24 所示。

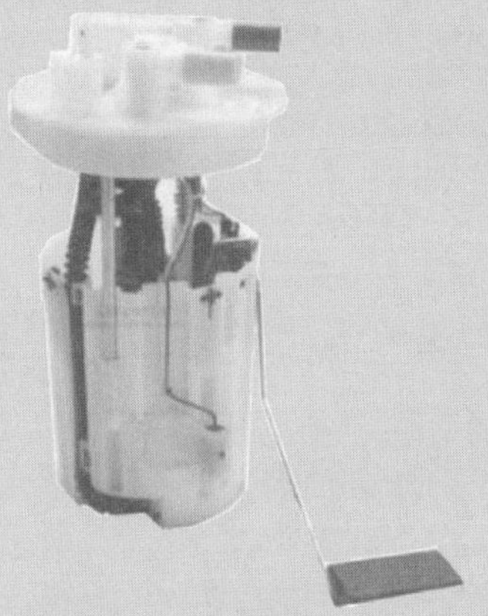

图 1-1-24　电动燃油泵

【任务小结】

本任务介绍了汽车发动机电控技术的发展历史，阐述了常见传感器和执行器的功用和安装位置。通过本任务的学习，学生需了解汽车电控系统的发展过程，掌握汽车发动机电控系统的基本组成及功用，能准确在车上找到常见的传感器和执行器，能指出端子线束的颜色和作用。

【课后习题】

1. 汽车电子技术的发展分为哪几个阶段？
2. 电控技术对发动机工作性能有何影响？
3. 发动机电控系统的控制内容有哪些？
4. 发动机电控系统的控制方式有哪些？
5. 分析电控系统的基本组成及功用。
6. 电控系统常见传感器及执行器有哪些？各有何作用？

【任务实施】

1. 任务准备

（1）实训设备：电控发动机台架或轿车。

（2）实训工具：通用拆装工具。

（3）实训资料：实训工作页、维修手册、教材等。

（4）辅助材料：翼子板三件套防护套。

2. 实施步骤

1）车辆基本检查

（1）实训车辆安全防护。

（2）登记车辆基本信息。

（3）车辆油、水、电基本检查。

2）常见的传感器和执行器认知（见表 1-1-1）

表 1-1-1　常见的传感器和执行器认知任务工单

<table>
<tr><td>姓　名</td><td colspan="2"></td><td colspan="2">学　号</td><td></td><td>分组号</td><td></td></tr>
<tr><td>实训时间</td><td colspan="2"></td><td colspan="2">工具编号</td><td></td><td>设备编号</td><td></td></tr>
<tr><td colspan="8">一、计划与决策</td></tr>
<tr><td rowspan="2">任务分工</td><td>组长</td><td>主要操作</td><td colspan="2">辅助操作</td><td>7S 管理</td><td>质检</td><td>备注</td></tr>
<tr><td></td><td></td><td colspan="2"></td><td></td><td></td><td></td></tr>
<tr><td colspan="4">检测和诊断步骤</td><td colspan="4">工具、仪器设备</td></tr>
<tr><td colspan="4">1.</td><td colspan="4"></td></tr>
<tr><td colspan="4">2.</td><td colspan="4"></td></tr>
<tr><td colspan="4">3.</td><td colspan="4"></td></tr>
<tr><td colspan="4">4.</td><td colspan="4"></td></tr>
<tr><td colspan="4">5.</td><td colspan="4"></td></tr>
<tr><td colspan="8">二、实　施</td></tr>
<tr><td colspan="8">（一）车辆基本检查</td></tr>
<tr><td colspan="3">实训车辆或台架的安全防护</td><td colspan="5"></td></tr>
<tr><td colspan="3" rowspan="3">实训车辆或台架基本信息</td><td colspan="5">车辆或台架品牌：</td></tr>
<tr><td colspan="5">车辆识别码或台架号：</td></tr>
<tr><td colspan="5">发动机型号：</td></tr>
<tr><td colspan="5">实训车辆或台架油、水、电的检查</td><td colspan="3">正常□　不正常□</td></tr>
<tr><td colspan="2">读取故障码</td><td colspan="2">1.</td><td colspan="2">2.</td><td>3.</td><td>4.</td></tr>
<tr><td colspan="8">（二）常见传感器认知</td></tr>
<tr><td colspan="8">1. 空气流量计（MAFS）：</td></tr>
<tr><td colspan="8">（1）功用：</td></tr>
</table>

续表

（2）安装位置：		
（3）检测：		
端子名称	功　能	导线颜色
①		
②		
③		
④		
⑤		
2. 进气歧管绝对压力传感器（MAPS）		
（1）功用：		
（2）安装位置：		
（3）检测：		
端子名称	功　能	导线颜色
①		
②		
③		
④		
⑤		
3. 节气门位置传感器（TPS）		
（1）功用：		
（2）安装位置：		
（3）检测：		
端子名称	功　能	导线颜色
①		
②		
③		
④		
4. 凸轮轴位置传感器（CMPS）		
（1）功用：		
（2）安装位置：		
（3）检测：		

续表

端子名称	功　能	导线颜色
①		
②		
③		
④		
5. 曲轴位置传感器（CKPS）		
（1）功用：		
（2）安装位置：		
（3）检测：		
端子名称	功　能	导线颜色
①		
②		
6. 进气温度传感器（THA）		
（1）功用：		
（2）安装位置：		
（3）检测：		
端子名称	功　能	导线颜色
①		
②		
7. 冷却液温度传感器（CTS）		
（1）功用：		
（2）安装位置：		
（3）检测：		
端子名称	功　能	导线颜色
①		
②		
8. 氧传感器（O_2S）（前氧）		
（1）功用：		
（2）安装位置：		
（3）检测：		
端子名称	功　能	导线颜色
①		
②		
③		
④		

续表

⑤		
⑥		
9. 氧传感器（O_2S）（后氧）		
（1）功用：		
（2）安装位置：		
（3）检测：		
端子名称	功　能	导线颜色
①		
②		
③		
④		
10. 爆燃传感器（KS）		
（1）功用：		
（2）安装位置：		
（3）检测：		
端子名称	功　能	导线颜色
①		
②		
11. 加速踏板位置传感器		
（1）功用：		
（2）安装位置：		
（3）检测：		
端子名称	功　能	导线颜色
①		
②		
③		
④		
⑤		
⑥		
（三）常见执行器认知		
1. 喷油器（INJ）		
（1）功用：		
（2）安装位置：		

续表

（3）检测：		
端子名称	功　能	导线颜色
①		
②		
2. 点火器（ICM）		
（1）功用：		
（2）安装位置：		
（3）检测：		
端子名称	功　能	导线颜色
①		
②		
③		
④		
3. 怠速控制阀（ISCV）		
（1）功用：		
（2）安装位置：		
（3）检测：		
端子名称	功　能	导线颜色
①		
②		
③		
④		
4. 废气再循环阀（EGR）		
（1）功用：		
（2）安装位置：		
（3）检测：		
端子名称	功　能	导线颜色
①		
②		
5. 进气控制阀（IACV）		
（1）功用：		
（2）安装位置：		
（3）检测：		
端子名称	功　能	导线颜色
①		
②		

续表

6. 二次空气喷射阀（SAIV）和二次空气泵		
（1）功用：		
（2）安装位置：		
（3）检测：		
端子名称	功　能	导线颜色
①		
②		
③		
④		
7. 活性炭罐电磁阀（ACCV）		
（1）功用：		
（2）安装位置：		
（3）检测：		
端子名称	功　能	导线颜色
①		
②		
8. 电动燃油泵（FP）		
（1）功用：		
（2）安装位置：		
（3）检测：		
端子名称	功　能	导线颜色
①		
②		
③		
④		
结果分析：		
三、检查与评估		
1. 评估参考标准		
（1）工作任务（满分 10 分）		
① 明确工作任务，理解任务的重要性（9~10 分）		
② 明确工作任务，了解任务的重要性（8 分）		
③ 了解工作任务，了解任务的重要性（7 分）		

续表

④ 基本了解工作任务，基本了解任务的重要性（6 分）
⑤ 不了解工作任务，不了解任务的重要性（1 ~ 5 分）
（2）工作计划（满分 10 分）
① 根据工作任务制订详细的工作计划（9 ~ 10 分）
② 根据工作任务制订较详细的工作计划（8 分）
③ 根据工作任务制订可执行的工作计划（7 分）
④ 根据工作任务制订一般的工作计划（6 分）
⑤ 工作计划不全（1 ~ 5 分）
（3）任务实施（满分 70 分）
① 操作规范、过程完整、数据正确（63 ~ 70 分）
② 操作规范、过程完整、数据基本正确（56 ~ 63 分）
③ 操作规范、过程较完整、数据基本正确（49 ~ 56 分）
④ 操作基本规范、过程基本完整、数据基本正确（42 ~ 49 分）
⑤ 操作不规范、过程不完整、数据基本正确（1 ~ 42 分）
（4）自我评价（满分 10 分）

2. 小组考核

工作任务	工作计划	任务实施	总分

3. 教师考核

工作任务	工作计划	任务实施	总分

小组考核（40%）	录分人	教师考核（60%）	录分人	平均得分	统分人

任务 2　常用诊断仪器的使用方法

【任务目标】

1. 知识目标

（1）掌握万用表的组成和使用方法。

（2）掌握丰田诊断仪（Intelligent Tester Ⅱ）的使用方法。

2. 能力目标

（1）会用万用表对汽车电子元器件和线路进行检测。

（2）会用故障诊断仪读取故障码和数据流，并对电控系统故障进行诊断。

3. 素质目标

（1）具有严谨认真、实事求是的科学态度。

（2）能自主学习新知识、新技能。

（3）具有高度的职业责任心和安全意识，遵章守纪、规范操作。

（4）具有较强信息搜集能力，会查找汽车维修手册和相关国家标准。

（5）具有团队协作和吃苦耐劳的精神。

【案例导入】

一位车主打电话到 4S 店，反映自行清洗节气门后，发动机工作异常。

【案例分析】

大多数轿车电子节气门清洗后，必须借助汽车诊断仪对节气门进行匹配。

【知识链接】

1. 万用表的使用方法

万用表分为指针式和数字式两种，由于指针式万用表的阻抗比较小，检测汽车电子器件一般用数字式万用表。数字式万用表可以测量电阻、电压、电流、二极管、三极管、频率、温度等。万用表的外形及挡位如图 1-2-1 所示。

1）测量电压

（1）直流电压的测量，如电池、随身听电源等。首先将黑表笔插进“com”孔，红表笔插进“V Ω”。把旋钮选到比估计值大的量程（注意：表盘上的数值均为最大量程，“V –”表示直流电压挡，“V ~”表示交流电压挡，“A”是电流挡），接着把表笔接电源或电池两端，保持接触稳定。数值可以直接从显示屏上读取，若显示为“1.”，则表明量程太小，需要增大量程后再测量。如果在数值左边出现“–”，则表明表笔极性与实际电源极性相反，此时红表笔接的是负极。

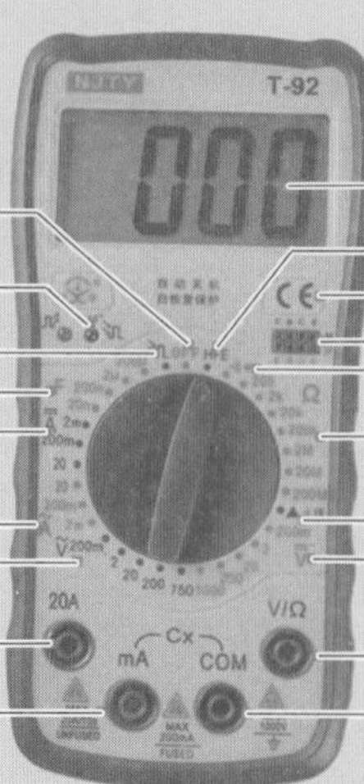

图 1-2-1　万用表

（2）交流电压的测量。表笔插孔与直流电压的测量一样，将旋钮打到交流挡“V～”处所需的量程即可。交流电压无正负之分，测量方法与前面相同。无论测交流还是直流电压，都要注意人身安全，不要用手触摸表笔的金属部分。

2）测量电流

（1）直流电流的测量。先将黑表笔插入“COM”孔。若测量大于 200 mA 的电流，则要将红表笔插入“10A”插孔并将旋钮打到直流“10A”挡；若测量小于 200 mA 的电流，则将红表笔插入“200 mA”插孔，将旋钮打到直流 200 mA 以内的合适量程。调整好后，就可以测量。若显示为“1.”，那么就要增大量程；如果在数值左边出现“－”，则表明电流从黑表笔流进万用表。

（2）交流电流的测量。测量方法与（1）相同，挡位应该打到交流电流，电流测量完毕后应将红笔插回“VΩ”孔，若忘记这一步而直接测电压，会导致万用表烧毁。

3）测量电阻

将表笔插进“COM”和“VΩ”孔中，把旋钮旋到“Ω”中所需的量程，用表笔接在电阻两端金属部位，测量中可以用手接触电阻，但双手不要同时接触电阻两端，这样会影响测量精确度。读数时，要保持表笔和电阻良好接触。注意：在“200”挡时单位是“Ω”，在“2k”到“200k”挡时单位为“kΩ”，“2M”以上的单位是“MΩ”。

4）二极管的测量

数字万用表可以测量发光二极管、整流二极管。测量时，表笔位置与电压测量一样，将旋钮旋到“蜂鸣挡”挡；用红表笔接二极管的正极，黑表笔接负极，这时会显示二极管的正向压降。肖特基二极管的压降是 0.2 V 左右，普通硅整流管（1N4000、1N5400 系列等）约为 0.7 V，发光二极管为 1.8～2.3V。调换表笔，显示屏显示“1.”则为正常，因为二极管的反向电阻很大，否则此管已被击穿。

5）三极管的测量

表笔插位同二极管的测量。先假定 A 脚为基极，用黑表笔与该脚相接，红表笔与其他两脚分别接触。若两次读数均为 0.7 V 左右，然后再用红笔接 A 脚，黑笔接触其他两脚，若均显示“1”，则 A 脚为基极，否则需要重新测量，且此管为 PNP 管。然后利用“hFE”挡来判断集电极和发射极。先将挡位打到“hFE”，可以看到挡位旁有一排小插孔，分为 PNP 和 NPN 管的测量。前面已经判断出管型，将基极插入对应管型“b”孔，其余两脚分别插入“c”“e”孔，此时可以读取数值，即 β 值；再固定基极，其余两脚对调；比较两次读数，读数较大的管脚与面板上的“c”“e”相对应。

6）MOS 场效应管的测量

N 沟道的 MOS 场效益管有国产的 3D01、4D01，日产的 3SK 系列。

利用万用表的二极管挡确定 G 极（栅极）。若某脚与其他两脚间的正反压降均大于 2 V，即显示“1”，此脚即为栅极 G；再交换表笔测量其余两脚，压降小的那次中，黑表笔接的是 D 极（漏极），红表笔接的是 S 极（源极）。

7）测温度

将温度探头的输出端（正、负极）分别接入万用表的“μA、ld、°C”和“COM”插孔，将钮旋至“°C”温度测量挡，将温度探头与被测物表面或内部接触，从 LCD 显示屏上读出测量结果。

2. Intelligent Tester II 的使用

Intelligent Tester Ⅱ标准套件如图 1-2-2 所示，部件名称如图 1-2-3 和图 1-2-4 所示。

部件名称	图示
Intelligent Tester Ⅱ	
储存箱	
AC/DC（交/直流）电源	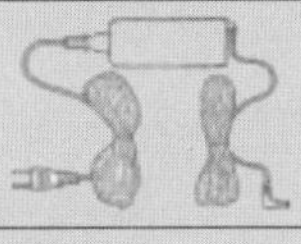
DLC3 电缆	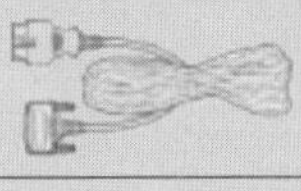
伏特计探头	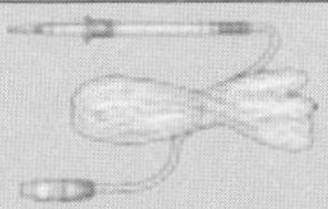
USB 电缆	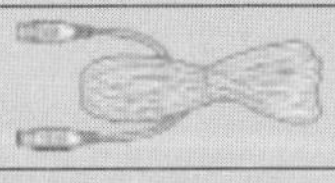

图 1-2-2　Intelligent Tester Ⅱ标准套件

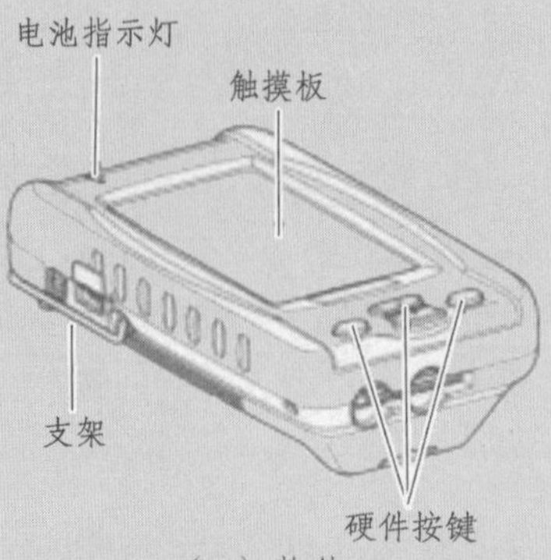

（a）整体

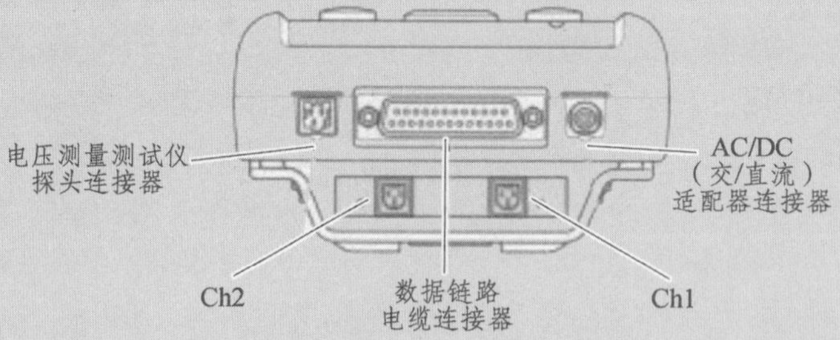

▭ 部分是探头连接器，会在安装有示波器卡盒时用到

（b）上部

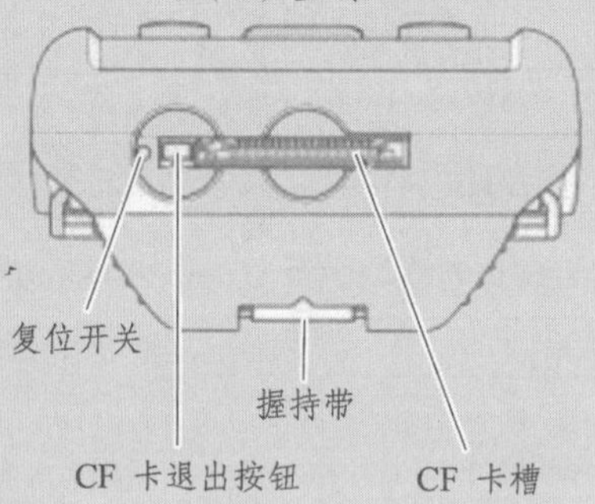

（c）下部

图 1-2-3　Intelligent Tester Ⅱ部件名称（一）

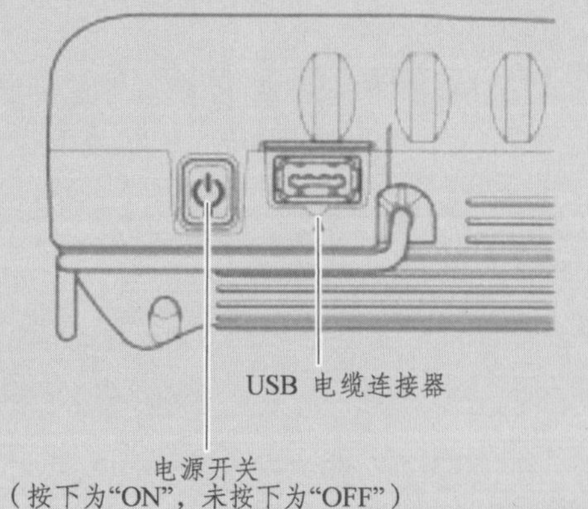

（a）左侧

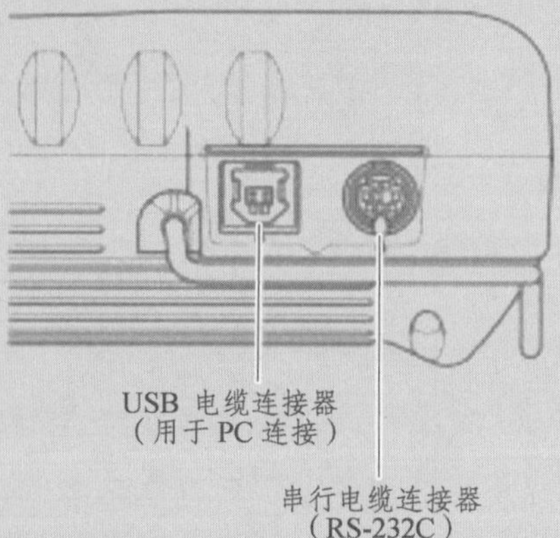

（b）右侧

图 1-2-4　Intelligent Tester Ⅱ部件名称（二）

1）连接到车辆

使用数据链路电缆，将 Intelligent Tester Ⅱ连接到车辆。在车辆维修手册中检查车辆侧数据链路连接器的位置（DLC 3），如图 1-2-5 所示。

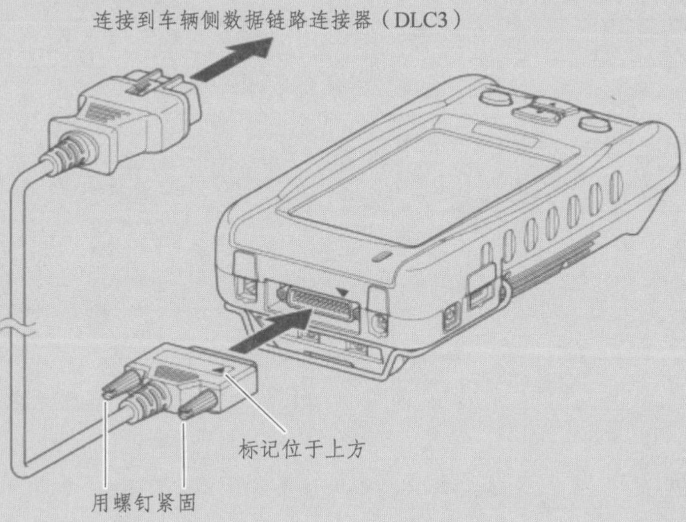

图 1-2-5 连接车辆

2）测试准备

（1）将车辆点火开关转到“ON”（接通）。

（2）按 Intelligent Tester Ⅱ电源开关接通电源。

（3）将 Intelligent Tester Ⅱ用作 OBD 功能时，触按车上/离车屏幕上的“自动”和“手动”，系统选择屏幕显示出来，如图 1-2-6 所示。

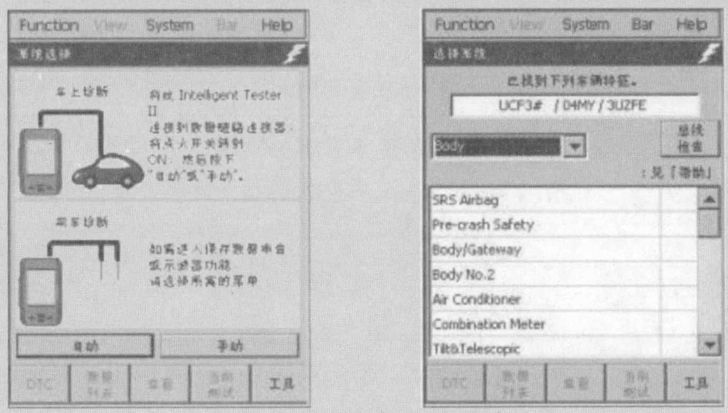

图 1-2-6 系统选择显示

3）菜单栏

触按菜单标题显示其功能列表。

（1）[Function]菜单。

[Function]菜单用于选择要执行的程序，可以从[Function]菜单选择的功能如图 1-2-7 所示。

（2）[View]菜单。

数据列表显示格式可以从[View]菜单进行选择。但是，[View]菜单只在从[Function]菜单选择了[数据列表]或[当前测试]功能后才被启用。可以从[View]菜单选择的功能如图 1-2-8 所示。

功　能	内　容
System Select	转到系统选择屏幕
DTC	开始 DTC 检查。 停帧数据也可以通过 DTC 检查进行检查。
Data List	启动数据列表。 快照也可以通过数据列表进行检查。
Active Test	启动当前测试。
Utility	启动快照记录。
Snapshot Record	启动快照细节设置。
Snapshot Review	显示已保存的快照数据文件。
Saved Data Review	显示已存在的 DTC 数据文件。
Data List Manager	启动数据列表管理器。

图 1-2-7　[Function] 菜单选择功能

功　能	内　容
Data List 1	以单行列表的形式显示监视项目、值和单位。
Data List 2	以双行列表的形式显示监视项目（缩写）、值和单位。
Meter 1	以单行列表的形式显示监视项目、值（经放大）、最大和最小值以及单位。
Meter 2	以双行列表的形式显示监视项目（缩写）、值（经放大）和单位。
Line Graph 1	以单行列表的形式显示监视项目、值（折线图）、最大和最小值以及单位。
Line Graph 2	以单行列表的形式显示监视项目、值和单位，以及值的折线图。
Bat Graph	以单行列表的形式显示监视项目、值（条形图）、最大和最小值以及单位。

Graph Seting	● 设置用于绘制显示数据的纵坐标。(线形图 1、线形图 2、仅条形图） ● 将蜂鸣器设置为 ON/OFF，即当图形上显示的最大值或最小值（数据列表 1 或数据列表 2 除外）被更新时是否发出声响。

图 1-2-8　[View]菜单选择功能

（3）[System]菜单。

工具选项功能（默认设置功能）可以从[System]菜单进行选择，[System]菜单选择的功能如图 1-2-9 所示。

功　能	内　容
Set Up	设置背光和显示亮度，以及蜂鸣器。
Unit Conversion	设置速度、温度、压力和流量单位。
Language Select	选择用于 Intelligent Tester Ⅱ 的语言。
Brand Select	设置开户屏幕（Toyota 或 Lexus）的品牌。
Date/Time	设置日期和时间。
Version Information	显示 Intelligent Tester Ⅱ 的版本信息。
Memory Select	设置数据存储目标（记忆或卡）。
Screen Configuration	更改触摸板触按键。
Button Configuration	设置快捷键以及将屏幕图像保存功能打开或关闭。

图 1-2-9　[System]菜单选择功能

4）诊断功能

当 Intelligent Tester Ⅱ启动后，车上/离车检查界面显示出来。当触按车上/离车检查屏幕上的“自动”和“手动”时，Intelligent Tester Ⅱ开始与车辆通信并检查 ECU。要执行测量功能（诸如不需要与车辆进行通信的示波器），触按“工具”。在对车辆进行诊断时，需要选择诊断系统（车辆内的系统）。有自动和手动车辆选择两种模式。

（1）DTC 数据显示。

DTC 数据是在发生故障时存储在车辆 ECU 内部记忆中的数据。

① 从系统选择屏幕选择系统。

② 触按 DTC 主菜单按钮，也可以触按系统选择屏幕[Function]列表中的[DTC]。操作过程如图 1-2-10 所示。

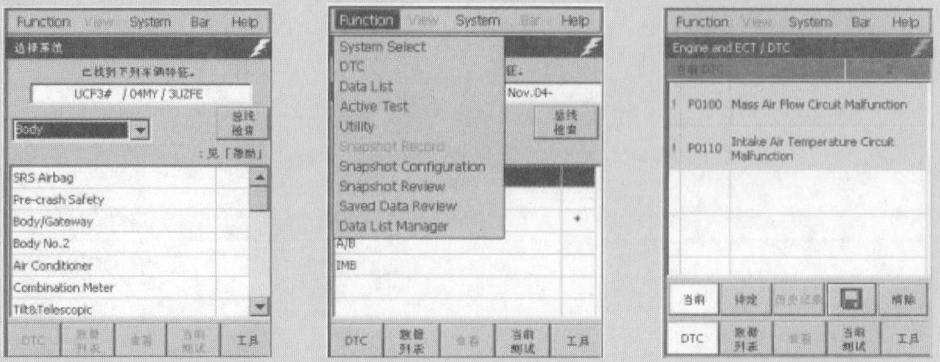

（a）系统选择屏幕　（b）[Function]菜单列表　（c）DTC 数据显示屏幕

图 1-2-10　DTC 数据显示

通过触按“当前”“待定”“历史记录”“保存”和“清除”可以对 DTC 数据进行相应的处理。

（2）数据列表显示。

通过系统选择屏幕选择或触按系统选择屏幕[Function]菜单列表中的[Data List]，ECU 数据列表可以显示在数据列表屏幕上，如图 1-2-11 所示。

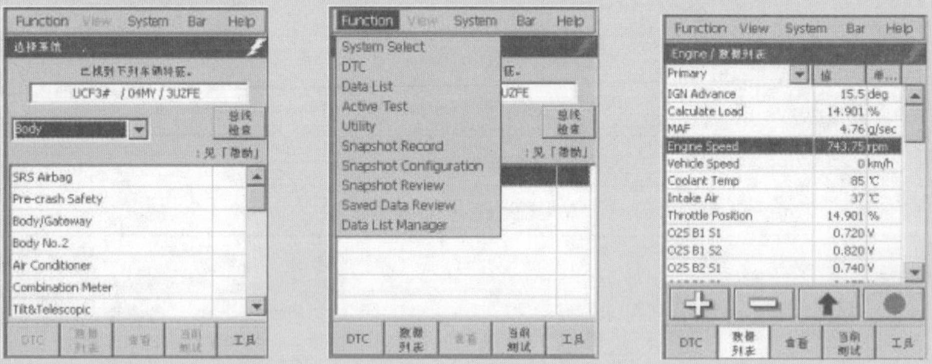

（a）系统选择屏幕　（b）[Function]菜单列表　（c）数据列表屏幕

图 1-2-11　数据列表显示

可通过触按主菜单上的“查看”，选择显示格式，对应的有 7 种选择格式。

（3）当前测试。

当前测试用于强制驱动继电器、执行器和线圈等。如果在当前测试能够正常驱动这些部件，则可以确定从 ECU 到继电器、执行器和线圈等的电路是正常的。

① 从主菜单按钮，触按“当前测试”或从[Function]菜单列表，触按[Active Test]，当前测试项目选择屏幕显示出来。

② 在当前测试项目选择屏幕，选择测试项目，并触按“进入”，开始当前测试，如图 1-2-12 所示。

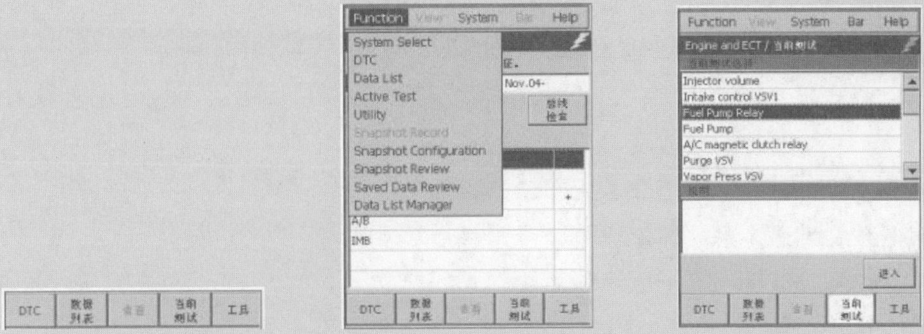

（a）主菜单按钮　（b）[Function]菜单列表　（c）当前测试项目选择屏幕

图 1-2-12　当前测试功能

5）结　束

将车辆点火开关转到“OFF”（关断），按 Intelligent Tester Ⅱ 电源开关关断电源，将数据链路电缆从车辆侧数据链路连接器（DLC3）断开。

【任务小结】

本任务阐述了万用表和故障诊断仪的结构和使用方法，通过本任务的学习，使学生掌握万用表和故障诊断仪的结构，能利用万用表和故障诊断仪对汽车电子元器件和线路进行检测和诊断。

【课后习题】

1. 简述万用表的使用方法。
2. 简述丰田解码仪的使用方法。

【任务实施】

1. 任务准备

（1）实训设备：电控发动机台架或轿车。

（2）实训工具：万用表、汽车诊断仪。

（3）实训资料：实训工作页、维修手册、教材等。

（4）辅助材料：翼子板三件套防护套。

2. 实施步骤

1）车辆基本检查

（1）实训车辆安全防护。

（2）登记车辆基本信息。

（3）车辆油、水、电基本检查。

2）汽车万用表和诊断仪的使用（见表 1-2-1）

表 1-2-1　汽车万用表和诊断仪的使用任务工单

<table>
<tr><td>实训时间</td><td colspan="2"></td><td>工具编号</td><td></td><td>设备编号</td><td></td></tr>
<tr><td colspan="7">一、计划与决策</td></tr>
<tr><td rowspan="2">任务分工</td><td>组长</td><td>主要操作</td><td>辅助操作</td><td>7S 管理</td><td>质检</td><td>备注</td></tr>
<tr><td></td><td></td><td></td><td></td><td></td><td></td></tr>
<tr><td colspan="4">检测和诊断步骤</td><td colspan="3">工具、仪器设备</td></tr>
<tr><td colspan="4">1.</td><td colspan="3"></td></tr>
<tr><td colspan="4">2.</td><td colspan="3"></td></tr>
<tr><td colspan="4">3.</td><td colspan="3"></td></tr>
<tr><td colspan="4">4.</td><td colspan="3"></td></tr>
<tr><td colspan="4">5.</td><td colspan="3"></td></tr>
<tr><td colspan="7">二、实施</td></tr>
<tr><td colspan="7">（一）车辆基本检查</td></tr>
<tr><td colspan="2">实训车辆或台架的安全防护</td><td colspan="5"></td></tr>
<tr><td colspan="2" rowspan="3">实训车辆或台架基本信息</td><td colspan="5">车辆或台架品牌：</td></tr>
<tr><td colspan="5">车辆识别码或台架号：</td></tr>
<tr><td colspan="5">发动机型号：</td></tr>
<tr><td colspan="4">实训车辆或台架油、水、电的检查</td><td colspan="3">正常□　　不正常□</td></tr>
<tr><td colspan="7">（二）万用表的使用</td></tr>
<tr><td colspan="2">1. 测量冷却液温度传感器电阻</td><td colspan="2">阻值 1：</td><td colspan="2">阻值 2：</td><td>阻值 3：</td></tr>
<tr><td colspan="2">2. 测量空气流量计电源电压</td><td colspan="2">电压 1：</td><td colspan="2">电压 2：</td><td>电压 3：</td></tr>
<tr><td colspan="2">3. 测量二极管的导通性</td><td>正向电阻</td><td></td><td>反向电阻</td><td colspan="2"></td></tr>
</table>

续表

（三）Intelligent Tester II 的使用				
1. 认识 Intelligent Tester II 的组成				
2. 连接车辆				
3. 将车辆点火开关转到“ON”（接通）				
4. 按 Intelligent Tester Ⅱ 电源开关接通电源，观察 Intelligent Tester Ⅱ 显示				
5. 读取故障码	故障码 1		故障码 2	
6. 清除故障码				
7. 起动发动机读取数据流		发动机转速		
		进气温度		
		点火提前角		
		喷油脉宽		
三、检查与评估				
1. 评估参考标准				
（1）工作任务（满分 10 分）				
1）明确工作任务，理解任务的重要性（9～10 分）				
2）明确工作任务，了解任务的重要性（8 分）				
3）了解工作任务，了解任务的重要性（7 分）				
4）基本了解工作任务，基本了解任务的重要性（6 分）				
5）不了解工作任务，不了解任务的重要性（1～5 分）				
（2）工作计划（满分 10 分）				
1）根据工作任务制订详细的工作计划（9～10 分）				
2）根据工作任务制订较详细的工作计划（8 分）				
3）根据工作任务制订可执行的工作计划（7 分）				
4）根据工作任务制订一般的工作计划（6 分）				
5）工作计划不全（1～5 分）				
（3）任务实施（满分 70 分）				
1）操作规范、过程完整、数据正确（63～70 分）				
2）操作规范、过程完整、数据基本正确（56～63 分）				
3）操作规范、过程较完整、数据基本正确（49～56 分）				
4）操作基本规范、过程基本完整、数据基本正确（42～49 分）				
5）操作不规范、过程不完整、数据基本正确（1～42 分）				
（4）自我评价（满分 10 分）				

续表

2. 小组考核			
工作任务	工作计划	任务实施	总分
3. 教师考核			
工作任务	工作计划	任务实施	总分

小组考核（40%）	录分人	教师考核（60%）	录分人	平均得分	统分人

项目 2 燃油喷射系统故障检修

项目导读

燃油喷射系统是发动机电控系统的重要组成部分，是汽油发动机完成油气混合的核心。通过本项目 11 个任务的学习与训练，学生应掌握燃油喷射系统的基本原理，普通汽油供给系统、缸内直喷供给系统的组成与基本原理，掌握电控汽油发动机燃油压力检测、燃油泵及控制电路检修、喷油器及控制电路检修、缸内直喷高压燃油控制系统检修、谐波增压系统故障检修、涡轮增压系统故障检修和可变配气正时控制系统故障检修的相关理论知识与核心技能。

任务 1　燃油喷射系统的组成及分类

【任务目标】

1. 知识目标

（1）了解燃油喷射系统的组成及分类。

（2）了解燃油喷射系统的发展历程。

（3）掌握各喷射系统的工作原理。

（4）掌握喷油量控制策略。

2. 能力目标

能根据喷油量的控制策略，对发动机的故障进行诊断和排除。

3. 素质目标

（1）具有严谨认真、实事求是的科学态度。

（2）能自主学习新知识、新技能。

（3）具有高度的职业责任心和安全意识，遵章守纪、规范操作。

（4）具有较强信息搜集能力，会查找汽车维修手册和相关国家标准。

（5）具有团队协作和吃苦耐劳的精神。

【案例导入】

一辆 2016 款的丰田卡罗拉小轿车，加速无力。

【案例分析】

当燃油喷射系统出现故障时，发动机就可能出现加速无力。

【知识链接】

1. 燃油喷射系统的组成

电控燃油喷射系统（Electronic Fuel Injection，EFI），汽油机燃油喷射系统由空气供给系统和燃油供给系统构成，其功能是根据进气量确定基本喷油量，再根据其他传感器（如冷却液温度传感器、节气门位置传感器等）信号等对喷油量进行修正，使发动机在各种运行工况下均能获得最佳浓度的混合气，从而提高发动机的动力性、经济性和排放性。

1）燃油喷射系统的发展历程

汽油机燃油喷射系统起源于早期飞机发动机。早期汽油机上一般用的是传统的化油器供油方式，但化油器存在易发生气阻、结冰、节气门响应不灵敏等现象，在多缸发动机中供油不匀，引起工作不稳，不利于大功率设计。1945 年，燃油喷射系统开始应用于军用战斗机。

喷射控制经历了两次革命性的发展历程：从机械式燃油喷射向电子燃油喷射的变革。

（1）K 型燃油喷射系统。

K-Jetronic 是一种机械-液力控制的燃油喷射系统，它不需要任何形式的驱动装置，通过进气量来计算喷油量，燃油连续地喷到发动机进气门的前方，如图 2-1-1 所示。

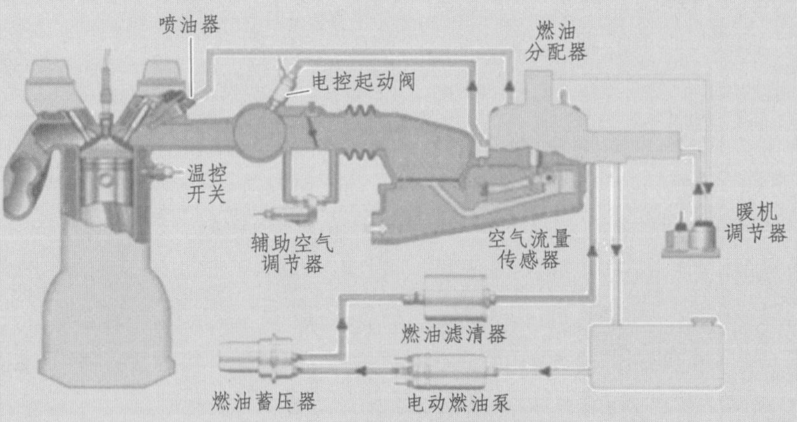

图 2-1-1　K 型燃油喷射系统

（2）KE 型燃油喷射系统。

KE-Jetronic 系统是在 K-Jetronic 系统的基础上，增加了电控单元（ECU）对燃油喷射系统的控制。所增加的元件是，空气流量计、燃油压力调节器、断油功能的压力调节器，如图 2-1-2 所示。

（3）L 型燃油喷射系统。

利用各种传感器采集车辆各个特殊位置的各种工况数据，并把它们转换成电信号传递给 ECU，经过运算处理后，确定实际要喷射的燃油量，将燃油间歇地喷入进气管内。L-Jetronic 电控系统主要由以下几个功能模块组成：燃油供给系、工况数据采集系、喷油控制系，如图 2-1-3 所示。

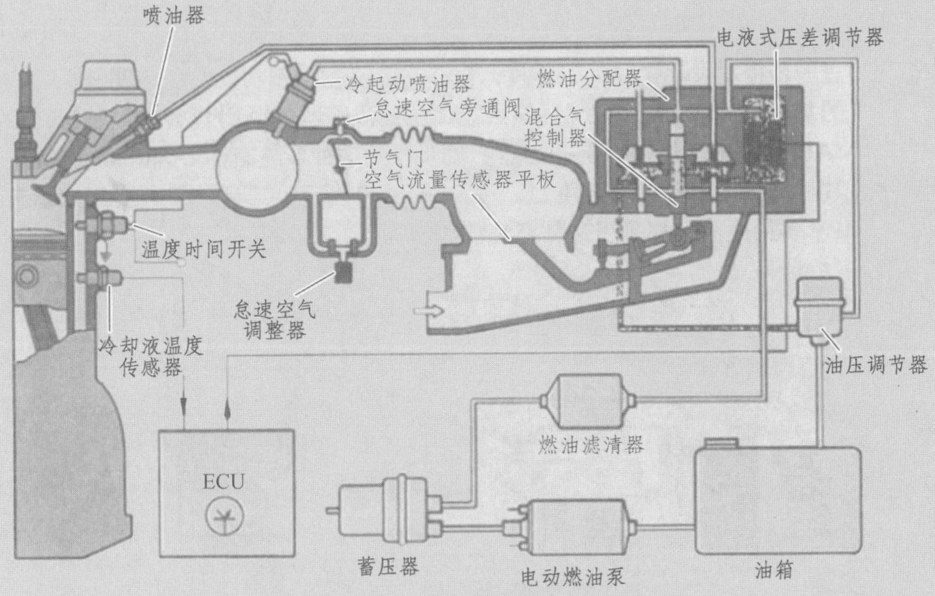

图 2-1-2　KE 型燃油喷射系统

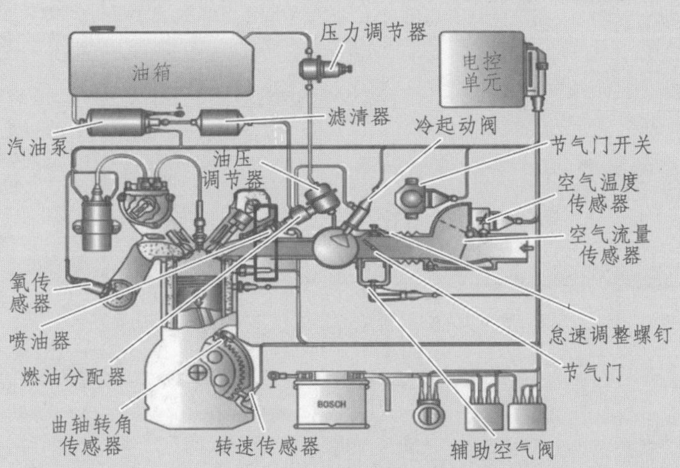

图 2-1-3　L 型燃油喷射系统

（4）LH 型燃油喷射系统。

LH-Jetronic 系统与 L-Jetronic 系统很相近，所不同的是 LH-Jetronic 系统利用热线式或热膜式空气质量流量计计量进入发动机内的空气质量，如图 2-1-4 所示。

（5）M-Motronic 发动机管理系统。

ECU 利用不同部位的传感器测得发动机的各种工作参数，按照发动机电子控制单元中设定的控制程序，精确地控制喷油量、点火提前角，使发动机在各种工况下都能以最佳状态工作，即最佳的动力输出，最经济的油耗，最佳的尾气排放。

常用的传感器及信号有，空气流量计（或进气管绝对压力传感器）、节气门位置传感器、凸轮轴位置传感器、曲轴位置传感器、进气温度传感器、冷却液温度传感器、车速传感器、爆燃传感器、起动开关、空调开关、档位开关和制动灯开关等，如图 2-1-5 所示。

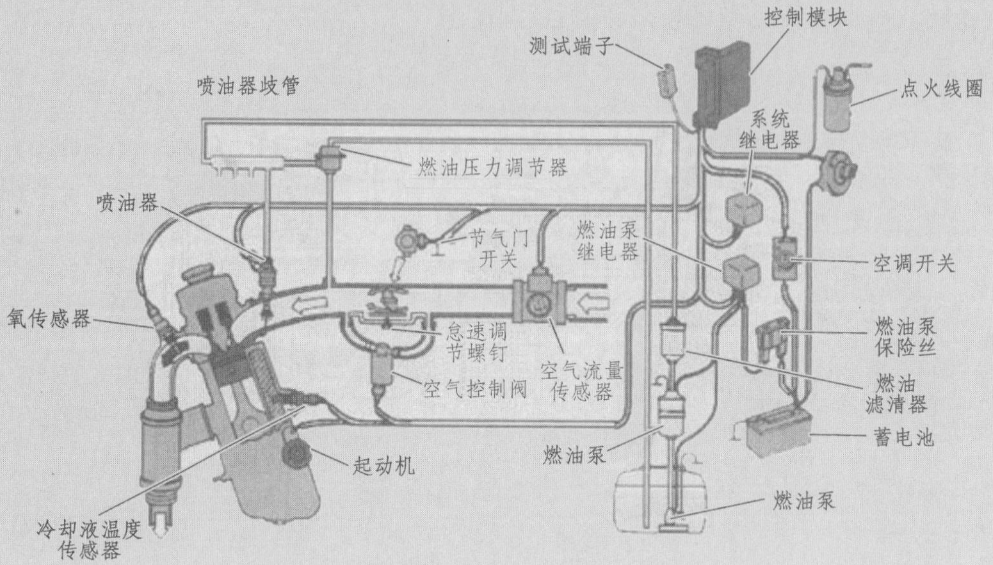

图 2-1-4　LH 型燃油喷射系统

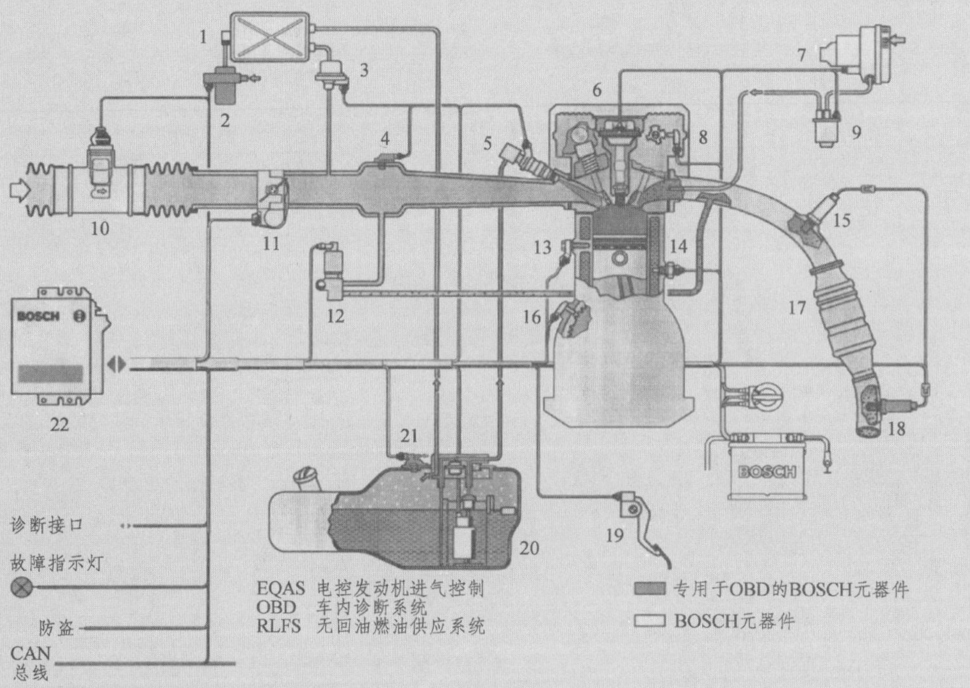

1—活性炭罐；2—关闭阀；3—炭罐卸放阀；4—进气歧管传感器；5—燃油分配管/喷油器；6—点火线圈/火花塞；7—二次进气泵；8—相位传感器；9—二次进气阀；10—空气质量流量计；11—节气门单元；12—废气再循环阀；13—爆震传感器；14—温度传感器；15—氧传感器；16—转速传感器；17—催化净化器；18—氧传感器；19—加速踏板模块；20—燃油泵模块；21—油箱压力传感器；22—电控单元。

图 2-1-5　M-Motronic 发动机管理系统

（6）MED-Motronic 发动机管理系统（缸内直喷系统，见图 2-1-6）。

缸内直喷（Fuel Stratified Injection，FSI）燃料分层喷射技术代表着传统汽油引擎的一个发展方向，其中 TFSI——涡轮增压燃油分层喷射发动机、TSI——涡轮-机械增压发动机为典型代表。其特点为精确地、直接地将燃油喷射到燃烧室，控制精度高、排放污染小，有利于提高燃油经济性和提高发动机功率。如图 2-1-6 所示。

2）燃油喷射系统的分类

（1）按喷油器数量不同分类。

按喷油器数量不同，燃油喷射系统分为单点喷射（SPI）系统（早期发动机），多点喷射（MPI）系统，如图 2-1-7 所示。

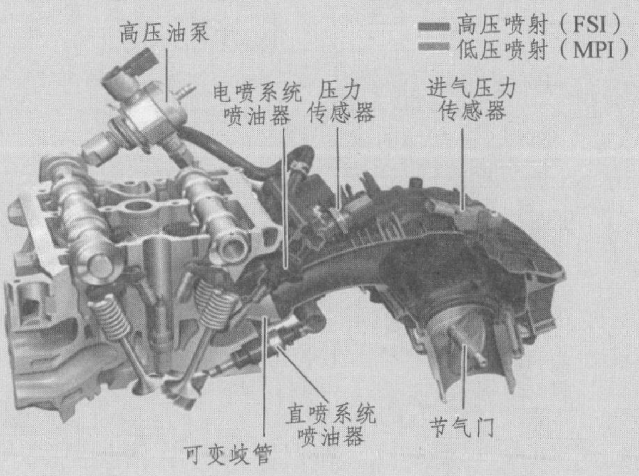

图 2-1-6　MD-Motronic 发动机管理系统

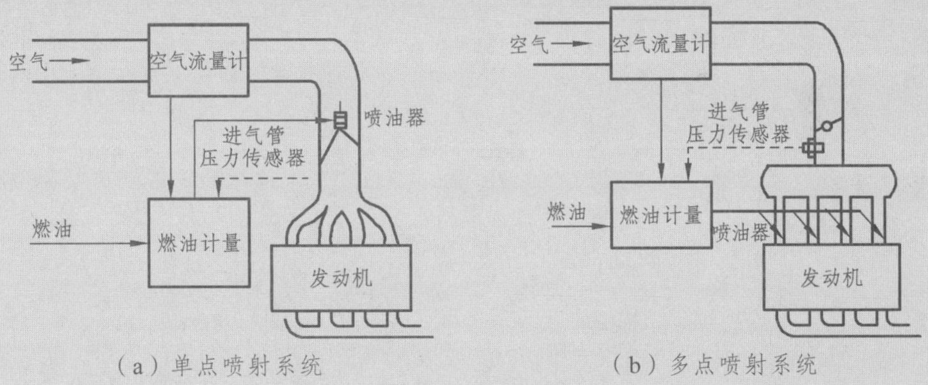

图 2-1-7　单点喷射（SPI）系统和多点喷射（MPI）系统

（2）按喷射方式不同分类。

在多点电控燃油喷射系统中，按各缸喷油器的喷射顺序可分为同时喷射、分组喷射和顺序喷射。

① 同时喷射。在发动机一个循环的 720°中，各缸喷油器同时喷油一次或者两次。这种喷射方式不需要各缸的判断信号，结构简单，控制也比较容易，如图 2-1-8 所示。

同时喷射、分组喷射及顺序喷射 AR 动画资源请扫描图 2-1-8 获取。

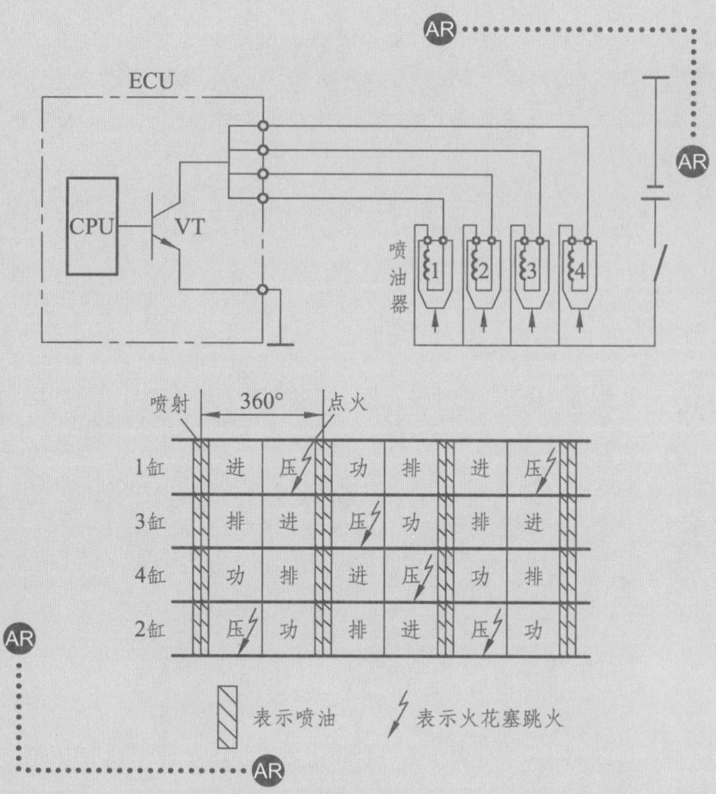

图 2-1-8　同时喷射系统

② 分组喷射。将多缸机的喷油器分为两组或者三组，各组在一个循环中同时喷射一次。此方式的结构及控制程序均较同时喷射复杂一些，但各缸的差异也小一些，如图 2-1-9 所示。

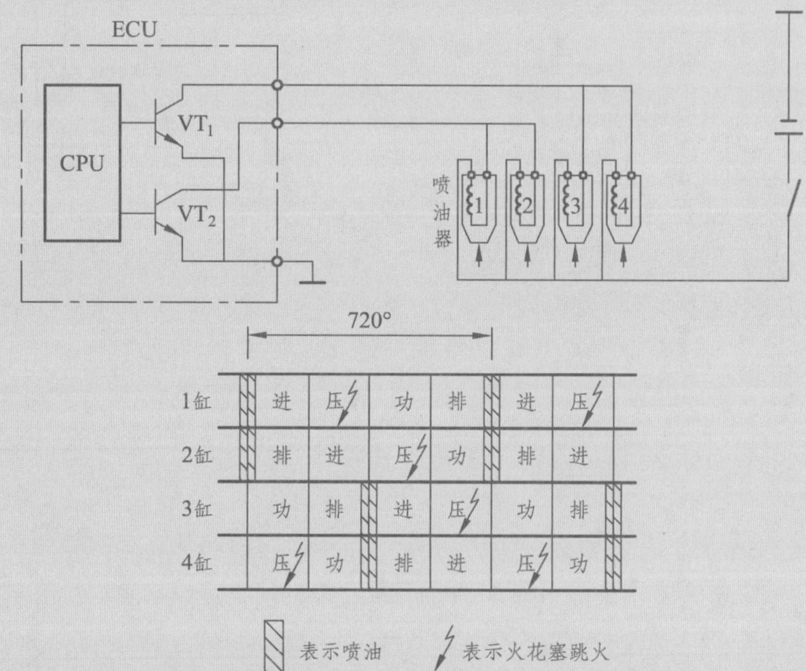

图 2-1-9　分组喷射系统

③ 顺序喷射。各缸按发火的前后顺序都在进气初期进行喷射，由于各缸都需要单独的控制路线，所以结构及控制方式都比较复杂，但各缸的混合气品质最为均匀。这种方式被现代发动机所应用，如图 2-1-10 所示。

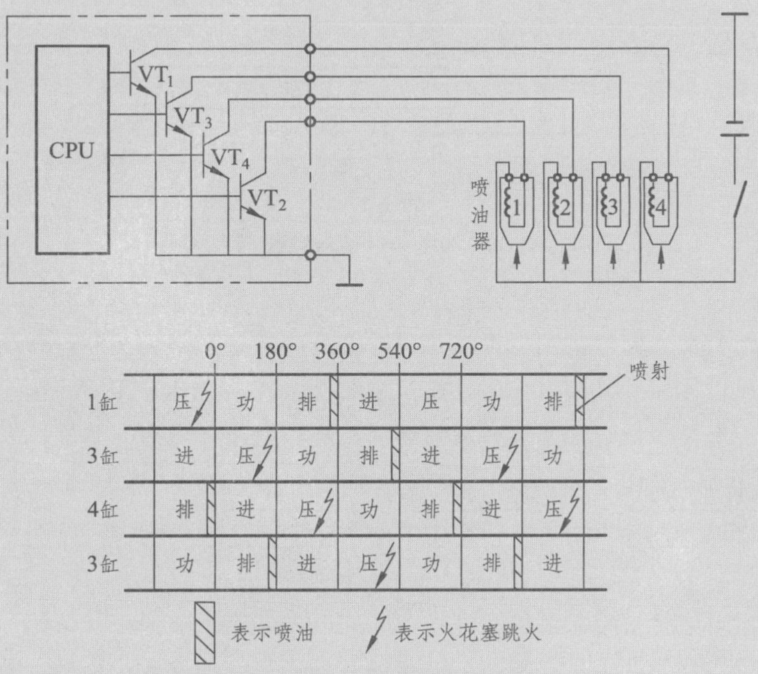

图 2-1-10　顺序喷射系统

（3）按空气量的计量方式分类。

电控燃油喷射系统按对空气量的计量方式不同，可分为进气管压力计量式（D 型）和空气流量计量式（L 型），如图 2-1-11 所示。

D 型和 L 型燃油喷射系统 AR 动画资源请扫描图 2-1-11（a）获取。

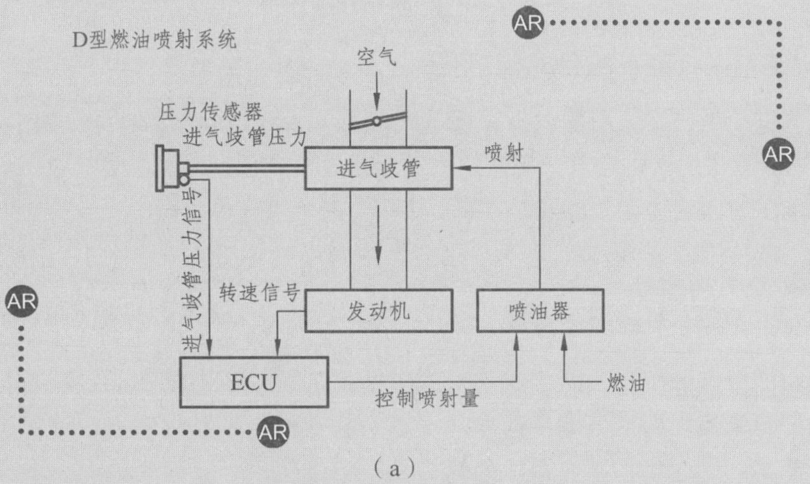

（a）

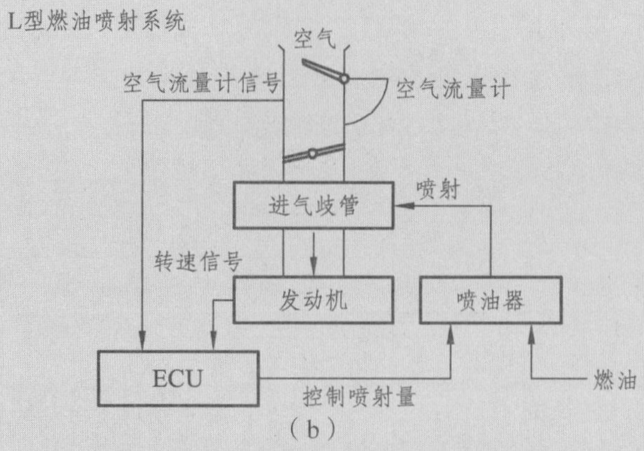

（b）

图 2-1-11　D 型和 L 型燃油喷射系统

（4）按是否有反馈信号分类。

按是否有反馈信号，喷射系统可以分为开环控制和闭环控制。开环控制是指电控单元将信号输入被控系统后，被控系统不会将执行结果反馈回电控单元，即控制与被控制两个系统之间没有反馈环节。一般在发动机启动阶段，采用开环控制系统，如图 2-1-12 所示。

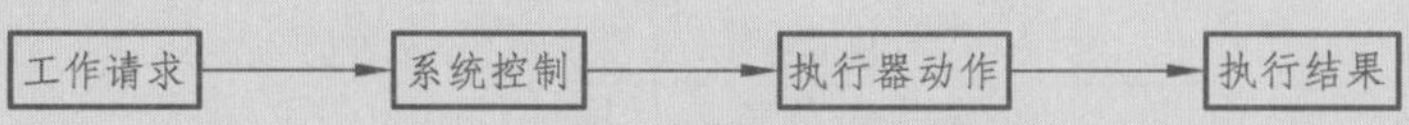

图 2-1-12　开环控制系统

闭环控制能把被控系统的执行结果和当时的状态反馈给电控单元，使电控单元修正其输出量，调整被控系统下一步的动作，使被控参数达到预定的要求。发动机电控系统中，用上游氧传感器监测尾气里面氧的浓度，该信号反馈给 ECU，ECU 根据氧的浓度修正喷油脉宽，如图 2-1-13 所示。

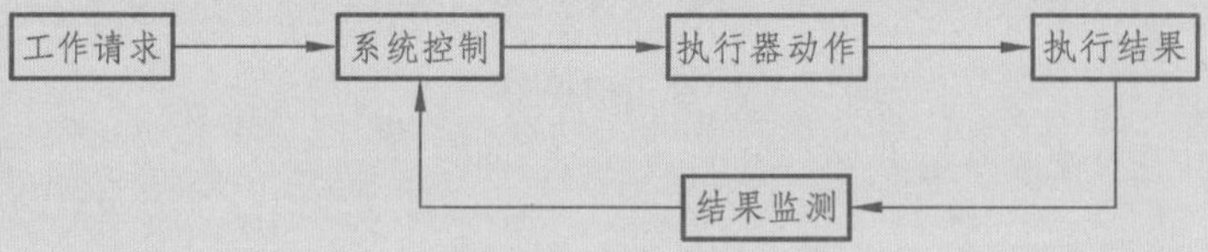

图 2-1-13　闭环控制系统

3）空气供给系统的组成

空气供给系统是汽油发动机管理系统的重要组成部分，其作用是根据发动机的不同工况，提供适量的空气。普通空气供给系统主要由空气滤清器、进气歧管压力传感器（D 型）或空气流量传感器（L 型）、进气温度传感器、怠速控制系统、节气门体（节气门位置传感器）、进气总管、进气歧管等组成，如图 1-1-2 所示。

4）燃油供给系统的组成

燃油供给系统的作用是为发动机提供所需的清洁压力燃油。当发动机运行时，发动机控制单元根据空气流量信号、发动机转速信号及其他信号，计算出发动机燃烧所需要的燃油量，并在合适的时刻发出喷油信号，打开喷油器，向进气道或气缸内喷射适量的燃油，与空气混合，供给发动机运行。

电控汽油发动机的燃油供给系统按照有无回油管路可分为有回油燃油供给系统和无回油燃油供给系统，如图 2-1-14 和图 2-1-15 所示。

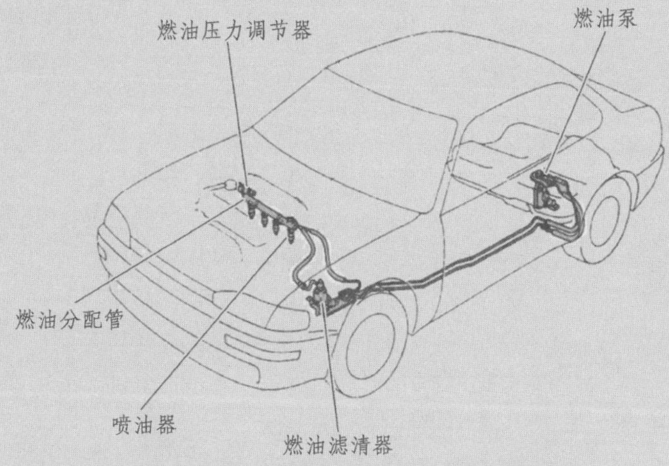

图 2-1-14　有回油管的燃油供给系统

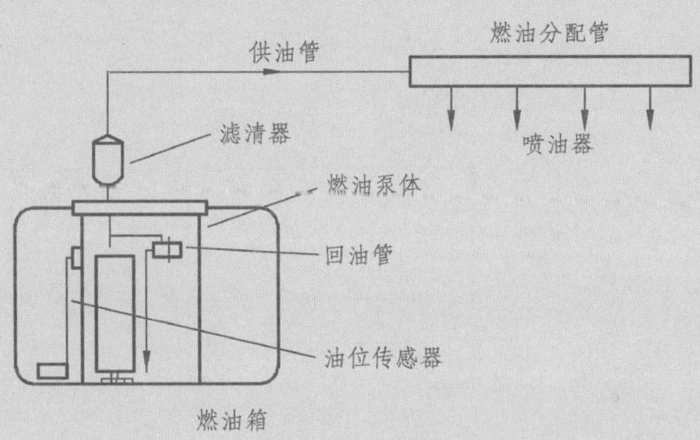

图 2-1-15　无回油管的燃油供给系统

5）喷油量的控制

发动机在不同工况下运转，对混合气浓度的要求也不同。特别是在一些特殊工况下（如起动、急加速、急减速等），对混合气浓度有特殊的要求。ECU 要根据有关传感器测得的运转工况，按不同的方式控制喷油量。喷油量的控制方式可分为起动控制、运转控制、断油控制和反馈控制。

（1）起动喷油控制。

起动时，发动机由起动机带动运转。由于转速很低，转速的波动也很大，无论 D 型中的进气压力传感器还是 L 型中的空气流量计，都不能精确地测量进气量。基于这个原因，在发动机起动时，ECU 不以空气流量传感器的信号作为喷油量的计算依据，而是按预先给定的起动程序来进行喷油控制。

在起动喷油控制程序中，ECU 根据起动信号和当时的冷却水温度，由存储的水温-喷油时间图找出相应的基本喷油时间 T_P，如图 2-1-16 所示，然后加上进气温度修正时间 T_A 和蓄电池电压修正时间 T_B，计算出起动时的喷油时间，如图

2-1-17 所示。

由于喷油器的实际打开时刻较 ECU 控制其打开时刻存在一段滞后，如图 2-1-18 所示，造成喷油量不足，且蓄电池电压越低，滞后时间越长，故须对电压进行修正。

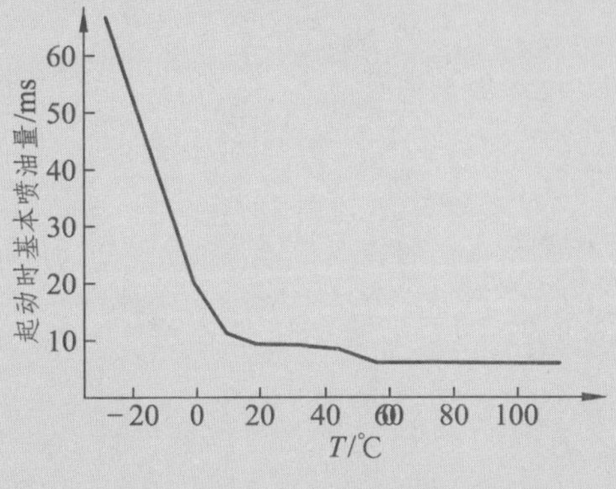

图 2-1-16　启动时基本喷油时间的控制

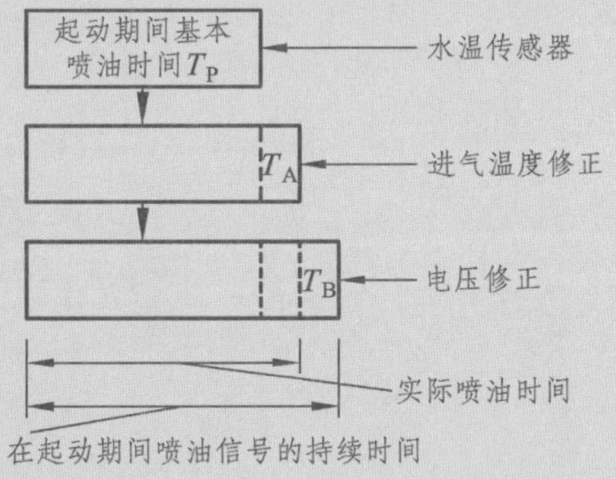

图 2-1-17　启动时实际喷油时间的控制

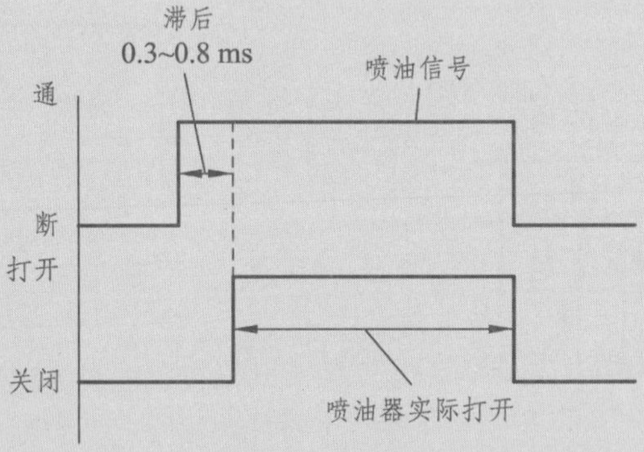

图 2-1-18　蓄电池电压修正喷油时间

（2）发动机起动后的喷油量控制。

① 基本喷油量确定。

D 型基本喷油量：ECU 根据发动机转速信号和进气管绝对压力信号来确定基本喷油量。

L 型基本喷油量：ECU 根据发动机转速信号和空气流量计信号来确定基本喷油量。

② 修正量确定。

ECU 在确定基本喷油时间的同时，还必须根据各种传感器采集的发动机运行工况信息，对基本喷油时间进行修正。

③ 额外增量确定。

a. 暖机增量：发动机起动后暖机过程中，由于发动机温度较低，燃油雾化不好，会使混合气变稀，燃烧不稳定，甚至熄火，必须增加喷油量。ECU 根据冷却液温度传感器信号，延长喷油时间，进行暖机加浓。随着发动机温度的上升，喷油时间将逐渐缩短，直到发动机水温超过 60 °C 后才停止加浓，喷油增量为 0。

b. 加速增量：当发动机 ECU 收到急加速信号时，即收到节气门位置传感器变化速率增大、进气量信号突然增加时，ECU 立即发出指令给各缸喷油器，使其以一个固定的喷油时间，同时向各缸增加一次喷油，以便改善加速性能。

（3）断油控制。

① 减速断油控制。

减速断油控制条件：

a. 节气门位置传感器的怠速触点闭合。

b. 冷却液温度已经达到正常温度。

c. 发动机转速高于某一转速。

减速断油控制是当发动机在高转速运转过程中突然减速时，ECU 自动控制喷油器中断燃油喷射，直到发动机转速下降到设定的转速时，再恢复喷油。

② 限速断油控制。

在发动机运转过程中，ECU 随时都将曲轴位置传感器测得的发动机实际转速与存储器中存储的极限转速进行比较。当实际转速达到或超过安全转速 80 ~ 100 r/min 时，ECU 就发出停止喷油指令，控制喷油器停止喷油，限制发动机转速进一步升高。喷油器停止喷油后，发动机转速将降低。当发动机转速下降至低于安全转速 80 ~ 100 r/min 时，ECU 将控制喷油器恢复喷油。

③ 清溢流断油控制。

当出现溢流现象时，发动机将不能正常起动。这时可将发动机加速踏板踩到底，接通起动开关起动发动机，ECU 自动控制喷油器停止喷油，以便排除气缸内的燃油蒸气，使火花塞干燥，并能跳火，这种控制称为清溢流断油控制。清溢流断油控制的条件如下：

a. 点火开关处于启动位置。

b. 节气门全开。

c. 发动机转速低于 500 r/min。

④ 升挡断油控制。

在电控自动变速器汽车上，在行驶过程中，如果变速器需自动升挡时，变速器 ECU 会向发动机 ECU 发出扭矩传感器信号。发动机 ECU 接收到这个信号后，立即发出指令，使个别气缸停止喷油，以便降低发动机转速，减轻换挡冲击，这种控制称为升挡断油控制。

【任务小结】

本任务简要介绍了燃油喷射系统的发展历程，阐述了燃油喷射系统的分类和喷油时间控制的方式。通过本任务的学习，学生需了解燃油喷射系统的发展历程和分类，掌握喷油时间控制的理论，并根据喷油脉宽判断发动机的故障。

【课后习题】

1. 按喷射方式不同，电控燃油喷射系统可以分为哪几种?
2. 按空气量的计量方式不同，电控燃油喷射系统可以分为哪几种?
3. 简述电控燃油喷射系统喷油量的控制方式。

任务 2　空气流量计的故障检修

【任务目标】

1. 知识目标

（1）了解空气流量计的类型和结构。

（2）掌握空气流量计的工作原理。

2. 能力目标

（1）能根据故障现象制订正确的检修计划。

（2）能正确使用常用诊断仪器和设备对空气流量计及其电路进行检测和诊断。

（3）具备检修和更换空气流量计的能力。

3. 素质目标

（1）具有严谨认真、实事求是的科学态度。

（2）能自主学习新知识、新技能。

（3）具有高度的职业责任心和安全意识，遵章守纪、规范操作。

（4）具有较强信息搜集能力，会查找汽车维修手册和相关国家标准。

（5）具有团队协作和吃苦耐劳的精神。

【案例导入】

一辆 1.6L 排量的卡罗拉轿车，在行驶过程中出现熄火，再次起动发动机后出现怠速不稳、容易熄火、加速性能差、冒黑烟，而且黑烟随加速而增多，油耗增加。

【案例分析】

空气流量计有故障会造成发动机怠速抖动、油耗大、高速无力、排气管冒黑烟等情况，检测发动机空气流量计数据流超出范围。

【知识链接】

1. 空气流量计概述

1）空气流量计的作用

空气流量计也称空气流量传感器（Mass Air Flow meter，MAF），是测量发动机进气量的装置，它将吸入的空气量转换成电信号送给发动机 ECU，该信号是 ECU 确定基本喷油量的参数之一，也称为质量型流量计。如果空气流量计或其线路出现了故障，发动机 ECU 接收不到正确的进气量信号，就不能进行喷油量的正确控制，从而造成混合气过浓或过稀，使发动机运转不正常。空气流量计的外形如图 2-2-1 所示。

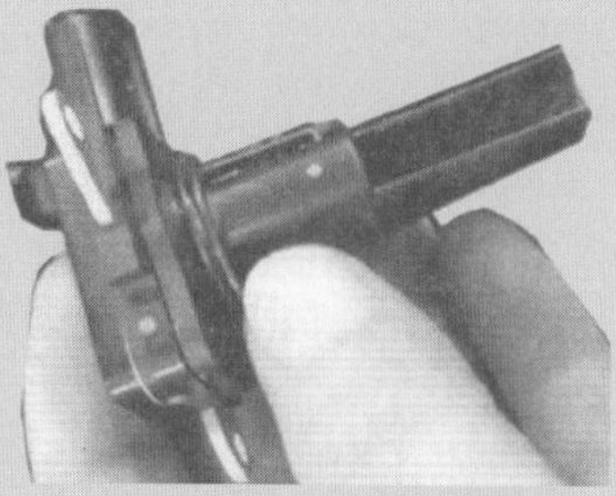

图 2-2-1　空气流量计外形

2）空气流量传感器的类型

空气流量计按结构不同，可以分为翼板式（又称叶片式）、卡门涡流式（又分为超声波式和光学式）和热线式（或热膜式）；按检测空气流量的参数不同，可以分为体积流量型和质量流量型。其中，翼板式和卡门涡流式属于体积流量型传感器，必须同时检测进气温度才能计算出空气质量流量；而热线式（或热膜式）属于质量流量型传感器，可直接测出空气质量流量。由于翼板式和卡门涡流式空气流量传感器结构比较庞大，测量精度不高，现在已经被淘汰，本书不再介绍这两种空气流量计。

2. 热线式空气流量计的结构与工作原理

1）热线式空气流量计的结构

该流量计安装在空气滤清器与节气门体之间，结构如图 2-2-2 所示。流量计前后端都装有防护网，前面的防护网用于进气整流、后面的防护网用来防止发动机回火把铂丝烧坏。防护网用卡箍固定在壳体上，铂丝和进气温度传感器都安装在主气道取样管内的流量计，叫主通式热线式空气流量计；铂丝绕在陶瓷芯管上，并置于旁通气道内的流量计，叫旁通式热线空气流量计。

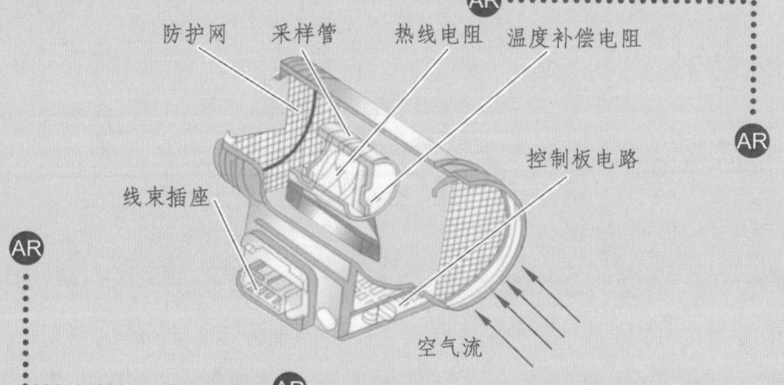

图 2-2-2　热线式空气流量计结构

2）热线式空气流量计的工作原理

热线电阻（直径 0.01 ~ 0.05 mm）R_H 以铂丝制成，R_H 和温度补偿电阻 R_K 均置于空气通道中的取气管内，与 R_1，R_2 和精密电阻 R_M 共同构成桥式电路，如图 2-2-3 所示。

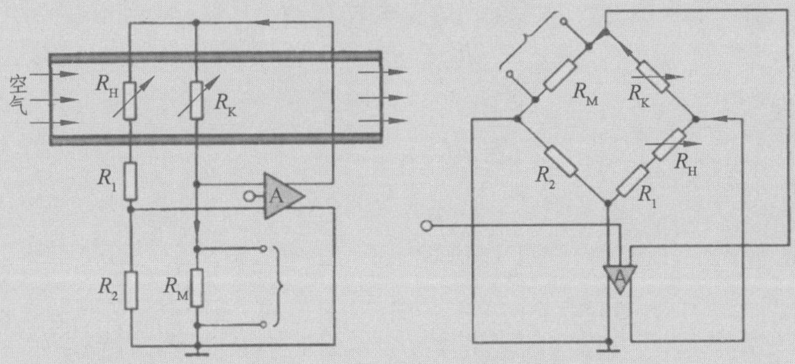

图 2-2-3　热线式空气流量计电路原理

R_H，R_K 阻值均随温度变化。当空气流经 R_H 时，热线温度发生变化，电阻值也随之发生改变，从而使电桥失去平衡。若要保持电桥平衡，就必须使流经热线电阻的电流改变，以恢复其温度与阻值，精密电阻 R_M 两端的电压也相应变化，并且该电压信号作为热线式空气流量计输出的电压信号送往 ECU。为了保证测量的精度等级，ECU 始终控制热线电阻上的温度比补偿电阻的温度高 100 °C 左右。

热线式空气流量计的控制电路中设计有“自洁电路”，可实现自洁功能。每当 ECU 接收到发动机熄火的信号 5 s 后，ECU 将控制“自洁电路”接通，把铂丝加热到 1 000 °C 以上，并持续 1 s，将黏附在铂丝上的粉尘烧掉。

3. 热膜式空气流量计的结构与工作原理

1）热膜式空气流量计的结构

该流量计安装在空气滤清器与节气门体之间，核心部件是流量传感元件和热电阻（铂金属薄膜制成的膜式电阻）组合在一起构成的热膜电阻。在传感器内部的进气通道上设有一个矩形护套，相当于取样管，热膜电阻设在护套中。为了防止污物沉积到热膜电阻上而影响测量精度，在护套的空气入口一侧设有空气过滤层，用来过滤空气中的污物；为了防止进气温度变化使测量精度受到影响，在护套内还设有一个薄膜式温度补偿电阻，温补电阻设置在热膜电阻前面靠近空气入口一侧。温度补偿电阻和热膜电阻与传感器内部控制电路连接，控制电路与线束连接器插座连接，线束插座设在传感器壳体中部，如图 2-2-4 所示。

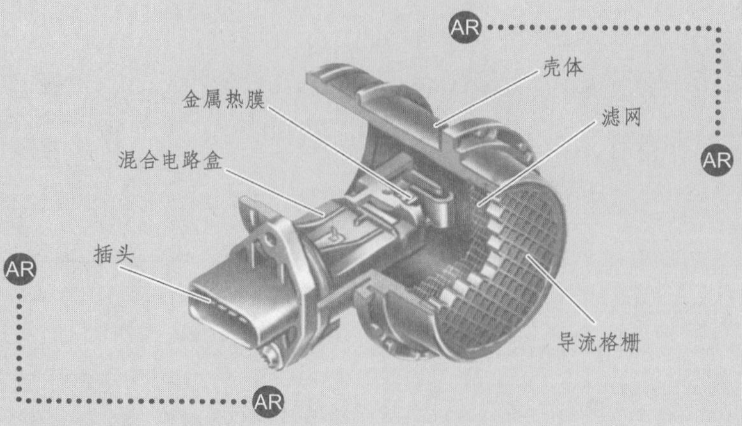

图 2-2-4　热膜式空气流量计

2）热膜式空气流量计的工作原理

热膜式空气流量计和热线式空气流量计测量原理一样，但由于热膜式传感器不使用铂丝作为热电阻，而是将铂电阻、补偿电阻等用厚膜工艺制作在同一陶瓷基片上，使发热体不直接承受空气流动所产生的作用力，从而增加了发热体的强度，不但使空气流量计的可靠性进一步提高，也使误差减小，比热线式性能更好。由于这种流量计基于热膜表面与空气的热传导，热膜上的任何沉积物都将对输出信号产生有害的影响，因此控制电路具备自洁功能。每当发动机熄火 5 s 后，控制电路发出控制电流，使热膜温度迅速升高，加热 1 s，将黏附在热膜表面的污染物完全烧净。

4. 空气流量计常见故障

热线（膜）式空气流量计常见故障一般分为热线（膜）损害、线路故障、热线（膜）积垢这三种。这些故障会导致汽车出现怠速抖动、起动熄火、加速无力、油耗增大和排气管冒黑烟等现象。

5. 空气流量计故障检测

1）热线式空气流量计的检测

丰田卡罗拉采用的是热线式空气流量计，其线束插接器如图 2-2-5 所示，端子 1 为进气温度传感器信号 THA，端子 2 为进气温度传感器搭铁 E2，端子 3 为空气流量计供电+B，端子 4 为空气流量计到 ECM 的接地 E2G，端子 5 为空气流量计信号 VG。空气流量计与 ECM 连接的电路如图 2-2-6 所示。

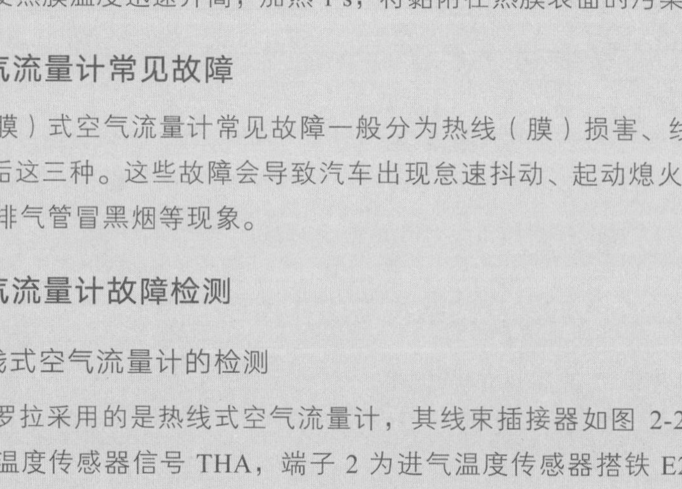

图 2-2-5　丰田卡罗拉空气流量计线束插接器

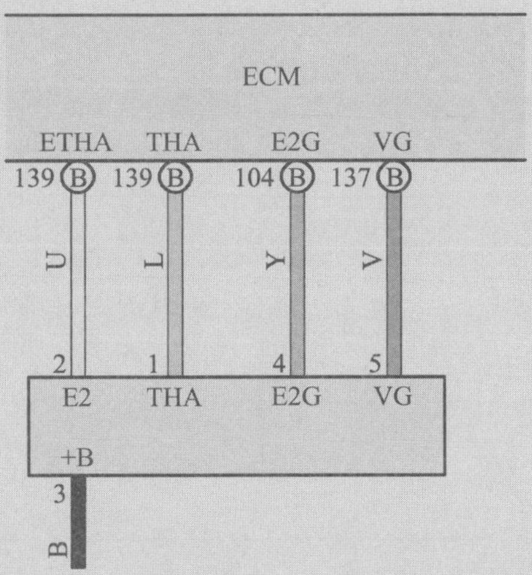

图 2-2-6　丰田卡罗拉空气流量计线束电路图

（1）用诊断仪检测。

① 读取故障码。将诊断仪与诊断插座相连，将点火开关置于“ON”，打开诊断仪开关按钮，进入故障码读取界面，读取故障码。根据故障码的提示，制订相应的检修计划。

② 读取数据流。起动发动机，进入数据流读取界面，读取数据流。怠速时，标准值为 2.0 ~ 4.5 g/s。如果小于 2.0 g/s，说明进气系统有泄漏或空气流量计有故障；如果大于 4.5 g/s，可能驾驶换挡选择或发动机由于辅助设备而增加负荷，或空气流量计及其线路故障。随着节气门开度增大，进气量随着增大，有些车型当车速达到 120 km/h 时，进气量会达 60 g/s。

将诊断仪检测到的故障码和数据流填入表 2-2-1 中，并分析原因。

表 2-2-1　诊断仪检测

故障码	
数据流	
结果分析	

（2）线束的检测。

点火开关置于“OFF”，将空气流量计的线束拔下，万用表选择电阻挡，分别测量插头端子之间，以及插头端子与 ECM 端子之间的电阻值。将数据填入表 2-2-2 中，并分析原因。

表 2-2-2　线束检测（一）

测量端子	标准值/Ω	测量值/Ω	测量端子	标准值/Ω	测量值/Ω
1—138	<1		2 ~ 139	<1	
4—104	<1		5 ~ 137	<1	
1—2	$\geqslant 10^4$		4 ~ 2	$\geqslant 10^4$	
5—2	$\geqslant 10^4$		4 ~ 5	$\geqslant 10^4$	
结果分析					

用万用表欧姆挡测量插座上端子 1 和端子 2 之间的电阻值，填入表 2-2-3 中，阻值应在标准范围内。

表 2-2-3　线束检测（二）

温度/°C	标准电阻/Ω	测量值/Ω	温度/°C	标准电阻/Ω	测量值/Ω
－20	10.0～20.0		40	0.9～13.0	
0	4.0～7.0		60	4.0～0.7	
20	2.0～3.0				
结果分析					

（3）电源端子、信号端子的电压检测。

点火开关置于“ON”，万用表选择电压直流挡，测量插头各端子之间的电压。插上线束插头，起动发动机，用探针插入线束端子 5 和端子 4 背面（注意不要损伤线束），测量两端子之间的电压，怠速时电压为 0.2 V，大负荷状态时为 4.9 V，该电压随发动机负荷的增加而增加。将数据填入表 2-2-4 中，并分析原因。

表 2-2-4　电压检测

测量端子	标准值/V	测量值/V	测量端子	标准值/V	测量值/V
1—2	5（室温）		5—4（熄火）	5	
3—4	12 左右		5—4（起动发动机）	0.2～4.9	
结果分析					

（4）检测信号波形。

将示波器与信号端子相连，起动发动机，检测空气流量计的波形，如果波形不符合要求，说明空气流量计电路有故障。

2）热膜式空气流量计的检测

大众途观车使用的是热膜式空气流量计，与控制单元 J623 之间的连接电路如图 2-2-7 所示。T5r/1 为搭铁端子，T5r/2 为 12 V 电源端子，T5r/3 为信号端子，T5r/4 为进气温度传感器信号 THA，端子 T5r/5 为进气温度传感器搭铁。

（1）用诊断仪检测。

① 点火开关置于“OFF”，将诊断仪与发动机诊断插座相连后，打开点火开关，打开诊断仪的电源开关，进入故障码读取界面，读取故障码。根据故障码的提示，制订相应的检修计划。

② 起动发动机，操作诊断仪进入数据流读取界面，读取数据流。

将诊断仪检测到的故障码和数据流填入表 2-2-5 中，并分析原因。

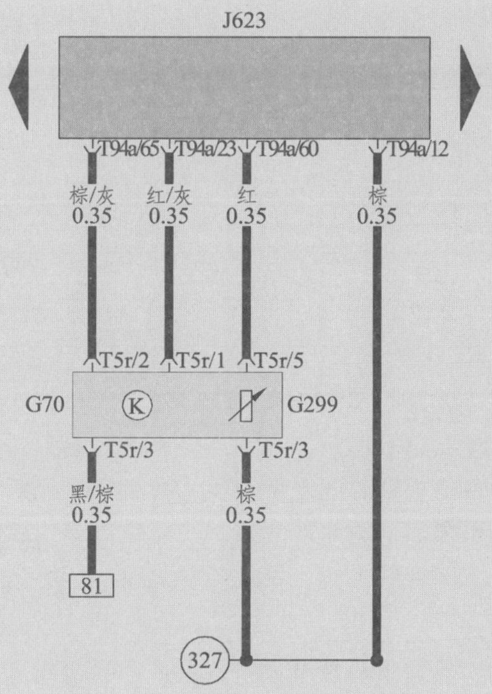

图 2-2-7　途观车线束连接电路

表 2-2-5　诊断仪检测

故障码	
数据流	
结果分析	

（2）线束检测。

点火开关置于“OFF”，将空气流量计的线束拔下，万用表选择电阻挡，分别测量插头端子之间，以及插头端子与 J623 端子之间的电阻值。将数据填入表 2-2-6 中，并分析原因。

表 2-2-6　线束检测

测量端子	标准值/Ω	测量值/Ω	测量端子	标准值/Ω	测量值/Ω
T5r/1—T94a/23	<1		T5r/4—T94a/12	<1	
T5r/2—T94a/65	<1		T5r/5—T94a/60	<1	
T5r/1—T5r/2	$\geqslant 10^4$		T5r/1—T5r/3	$\geqslant 10^4$	
T5r/1—T5r/4	$\geqslant 10^4$		T5r/1—T5r/5	$\geqslant 10^4$	
结果分析					

（3）电源端子、信号端子电压测试。

点火开关置于“ON”，万用表选择电压直流挡，测量插头各端子之间的电压。插上线束插头，起动发动机，用探针插入插头线束背面的端子 T5r/3 和 T5r/1

（注意不要损伤线束），测量两端子之间的电压，怠速时电压为 0.3 V，大负荷状态时为 4.5 V，该电压随发动机负荷的增加而增加。将数据填入表 2-2-7 中，并分析原因。

表 2-2-7　电压检测

测量端子	标准值/V	测量值/V	测量端子	标准值/V	测量值/V
T5r/1—T5r/2	5 V		T5r/1—T5r/3（启动发动机）	0.3 ~ 4.5 V	
T5r/1—T5r/3	12 V 左右		T5r/1—T5r/5（20 °C）	0.3 ~ 3 V	
结果分析					

（4）检测信号波形。

将示波器与信号端子相连，起动发动机，检测空气流量计的波形，如果波形不符合要求，说明空气流量计电路有故障。

【任务小结】

本任务主要介绍了热线式和热膜式空气流量计的组成及工作原理，重点阐述了如何检查空气流量计的故障。通过本任务的学习，学生需了解空气流量计的组成，掌握其工作原理和检测方法。

【课后习题】

1. 简述热线式空气流量计的工作原理。
2. 空气流量计常见故障有哪些?

【任务实施】

1. 任务准备

（1）实训设备：电控发动机台架或轿车。

（2）实训工具：通用拆装工具。

（3）实训资料：实训工作页、维修手册、教材等。

（4）辅助材料：翼子板三件套防护套。

2. 实施步骤

1）车辆基本检查

（1）实训车辆安全防护。

（2）登记车辆基本信息。

（3）车辆油、水、电基本检查。

2）热线式空气流量计的检修（见表 2-2-8）

表 2-2-8　空气流量计故障检修任务工单

<table>
<tr><td>姓　名</td><td colspan="2"></td><td colspan="2">学　号</td><td></td><td>分组号</td><td></td></tr>
<tr><td>实训时间</td><td colspan="2"></td><td colspan="2">工具编号</td><td></td><td>设备编号</td><td></td></tr>
<tr><td>小组评分</td><td colspan="2"></td><td colspan="2">教师评分</td><td></td><td>平均分</td><td></td></tr>
<tr><td colspan="9">一、计划与决策</td></tr>
<tr><td rowspan="2">任务分工</td><td>组长</td><td>主要操作</td><td colspan="2">辅助操作</td><td>6S 管理</td><td>质检</td><td>备注</td></tr>
<tr><td></td><td></td><td colspan="2"></td><td></td><td></td><td></td></tr>
<tr><td colspan="4">检测和诊断步骤</td><td colspan="4">工具、仪器设备</td></tr>
<tr><td colspan="4">1.</td><td colspan="4"></td></tr>
<tr><td colspan="4">2.</td><td colspan="4"></td></tr>
<tr><td colspan="4">3.</td><td colspan="4"></td></tr>
<tr><td colspan="4">4.</td><td colspan="4"></td></tr>
<tr><td colspan="4">5.</td><td colspan="4"></td></tr>
<tr><td colspan="8">二、实施</td></tr>
<tr><td colspan="8">（一）车辆基本检查</td></tr>
<tr><td colspan="3">实训车辆或台架的安全防护</td><td colspan="5"></td></tr>
<tr><td colspan="3" rowspan="3">实训车辆或台架基本信息</td><td colspan="5">车辆或台架品牌：</td></tr>
<tr><td colspan="5">车辆识别码或台架号：</td></tr>
<tr><td colspan="5">发动机型号：</td></tr>
<tr><td colspan="5">实训车辆或台架油、水、电的检查</td><td colspan="3">正常□　不正常□</td></tr>
<tr><td colspan="2">读取故障码</td><td>1.</td><td colspan="2">2.</td><td>3.</td><td colspan="2">4.</td></tr>
</table>

续表

（二）热线式空气流量计的检修（以丰田卡罗拉为例）

1. 线束检测

（1）点火开关置于“OFF”，将空气流量计的线束拔下，万用表选择电阻挡，分别测量插头端子之间，以及插头端子与ECM端子之间的电阻值

测量端子	标准值/Ω	测量值/Ω	测量端子	标准值/Ω	测量值/Ω
1—138	<1		2—139	<1	
4—104	<1		5—137	<1	
1—2	≥10^4		4—2	≥10^4	
5—2	≥10^4		4—5	≥10^4	

结果分析：

（2）点火开关置于“OFF”，将空气流量计的线束拔下，用万用表欧姆挡测量插座上端子1和端子2之间的电阻值

温度/°C	标准电阻/Ω	测量值/Ω	温度/°C	标准电阻/Ω	测量值/Ω
−20	10.0～20.0		40 °C	0.9～13.0	
0	4.0～7.0		60 °C	4.0～0.7	
20	2.0～3.0				

结果分析：

2. 电源端子、信号端子电压测量

点火开关置于“ON”，万用表选择电压直流挡，测量插头各端子之间的电压。插上线束插头，起动发动机，用探针插入线束端子5和端子4背面（注意不要损伤线束），测量两端子之间的电压

测量端子	标准值/V	测量值/V	测量端子	标准值/V	测量值/V
1—2	5（室温）		5—4（熄火）	5	
3—4	12左右		5—4（启动发动机）	0.2～4.9	

结果分析：

3. 用诊断仪读取数据流

怠速时的流量值		1 500 r/min时的流量值	
2 000 r/min时的流量值		2 500 r/min时的流量值	

结果分析：

续表

4. 用示波器检测信号波形

怠速时的波形图		1 500 r/min 时的波形图	
2 000 r/min 时的波形图		2 500 r/min 时的波形图	

结果分析：

故障原因和排除的方法：

（二）热膜式空气流量计的检修（以大众途观为例）

1. 线束检测

点火开关置于“OFF”，将空气流量计的线束拔下，万用表选择电阻挡，分别测量插头端子之间，以及插头端子与J623端子之间的电阻值

测量端子	标准值/Ω	测量值/Ω	测量端子	标准值/Ω	测量值/Ω
T5r/1—T94a/23	<1		T5r/4—T94a/12	<1	
T5r/2—T94a/65	<1		T5r/5—T94a/60	<1	
T5r/1—T5r/2	$\geq 10^4$		T5r/1—T5r/3	$\geq 10^4$	
T5r/1—T5r/4	$\geq 10^4$		T5r/1—T5r/5	$\geq 10^4$	

结果分析：

2. 电压检测

点火开关置于“ON”，万用表选择电压直流挡，测量插头各端子之间的电压。插上线束插头，启动发动机，用探针插入线束端子T5r/3和T5r/1的背面（注意不要损伤线束），测量两端子之间的电压。

测量端子	标准值/V	测量值/V	测量端子	标准值/V	测量值/V
T5r/1—T5r/2	5		T5r/1—T5r/3（起动发动机）	0.3～4.5	
T5r/1—T5r/3	12左右		T5r/1—T5r/5（20 °C）	0.3～3	

结果分析：

续表

3. 用诊断仪读取数据流			
怠速时的流量值		1 500 r/min 时的流量值	
2 000 r/min 时的流量值		2 500 r/min 时的流量值	
4. 波形检测			
怠速时的波形图		1 500 r/min 时的波形图	
2 000 r/min 时的波形图		2 500 r/min 时的波形图	
结果分析：			
故障原因和排除的方法：			
三、检查与评估			
1. 评估参考标准			
（1）工作任务（满分 10 分）			
① 明确工作任务，理解任务的重要性（9～10 分）			
② 明确工作任务，了解任务的重要性（8 分）			
③ 了解工作任务，了解任务的重要性（7 分）			
④ 基本了解工作任务，基本了解任务的重要性（6 分）			
⑤ 不了解工作任务，不了解任务的重要性（1～5 分）			
（2）工作计划（满分 10 分）			
① 根据工作任务制订详细的工作计划（9～10 分）			
② 根据工作任务制订较详细的工作计划（8 分）			
③ 根据工作任务制订可执行的工作计划（7 分）			
④ 根据工作任务制订一般的工作计划（6 分）			
⑤ 工作计划不全（1～5 分）			
（3）任务实施（满分 70 分）			
① 操作规范、过程完整、数据正确（63～70 分）			
② 操作规范、过程完整、数据基本正确（56～63 分）			

续表

<table>
<tr><td colspan="4">③ 操作规范、过程较完整、数据基本正确（49～56 分）</td></tr>
<tr><td colspan="4">④ 操作基本规范、过程基本完整、数据基本正确（42～49 分）</td></tr>
<tr><td colspan="4">⑤ 操作不规范、过程不完整、数据基本正确（1～42 分）</td></tr>
<tr><td colspan="4">（4）自我评价（满分 10 分）</td></tr>
<tr><td colspan="4">2. 小组考核</td></tr>
<tr><td>工作任务</td><td>工作计划</td><td>任务实施</td><td>总分</td></tr>
<tr><td></td><td></td><td></td><td></td></tr>
<tr><td colspan="4">3. 教师考核</td></tr>
<tr><td>工作任务</td><td>工作计划</td><td>任务实施</td><td>总分</td></tr>
<tr><td></td><td></td><td></td><td></td></tr>
</table>

<table>
<tr><td>小组考核（40%）</td><td>录分人</td><td>教师考核（60%）</td><td>录分人</td><td>平均得分</td><td>统分人</td></tr>
<tr><td></td><td></td><td></td><td></td><td></td><td></td></tr>
</table>

任务 3　进气管绝对压力传感器的故障检修

【任务目标】

1. 知识目标

（1）了解进气管绝对压力传感器的类型和结构。

（2）掌握进气管绝对压力传感器的工作原理。

2. 能力目标

（1）能根据故障现象制订正确的检修计划。

（2）能正确使用常用诊断仪器和设备对进气管绝对压力传感器及其电路进行检测和诊断。

（3）具备检修和更换进气管绝对压力传感器的能力。

3. 素质目标

（1）具有严谨认真、实事求是的科学态度。

（2）能自主学习新知识、新技能。

（3）具有高度的职业责任心和安全意识，遵章守纪、规范操作。

（4）具有较强信息搜集能力，会查找汽车维修手册和相关国家标准。

（5）具有团队协作和吃苦耐劳的精神。

【案例导入】

一辆上海通用雪佛兰科鲁兹轿车，发动机型号 LDE，装备自动挡变速器。车辆在行驶过程中出现发动机抖动、游车，转速在 900 ~ 1 000 r/min 波动，加速无力。熄火之后车辆起动困难，伴有起动熄火的现象。

【案例分析】

使用故障诊断仪读取故障码，出现了 P0106 进气管绝对压力传感器性能故障码。当进气管绝对压力传感器出现故障时，发动机会出现怠速不稳、易熄火、加速性能差等故障现象。

【知识链接】

1. 进气管绝对压力传感器概述

1）进气管压力传感器的作用

进气管压力传感器（Manifold Absolute Pressure sensor，MAP）也称为进气压力传感器，该传感器用于 D 型汽油喷射系统，所起的作用与空气流量传感器相似。进气管绝对压力传感器根据发动机的负荷状态测量出节气门后方进气管内绝对压力的变化，并转换成电压信号输送到 ECU，该信号是 ECU 确定基本喷油量的参数之一。

进气管绝对压力传感器安装在节气门体和进气歧管之间，如图 2-3-1 所示。有部分车型将进气压力传感器安装在进气管的旁边，然后再通过一条真空管与进气总管相连。

图 2-3-1　进气管绝对压力传感器安装

2）进气管绝对压力传感器的类型

按信号产生原理，进气管压力传感器主要包括半导体压敏电阻式、电容式、膜盒传动的可变电感式和表面弹性波式。电阻式进气压力传感器如图 2-3-2 所示。电容式进气压力传感器如图 2-3-3 所示，目前以半导体压敏电阻式应用最为广泛，膜盒式和表面弹性波式已经被淘汰。

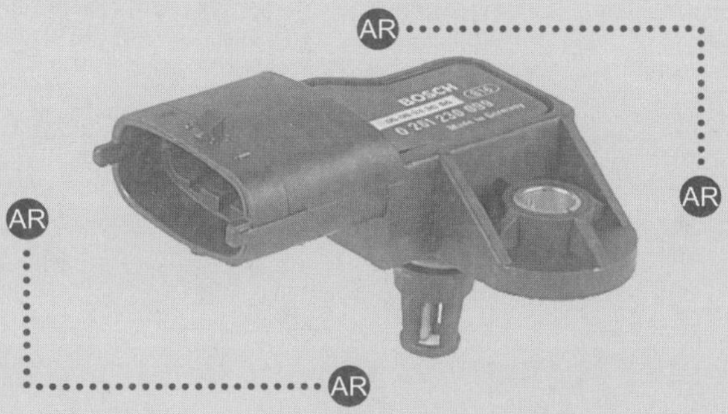

图 2-3-2　电阻式进气管绝对压力传感器

图 2-3-3　电容式进气管绝对压力传感器

2. 电阻式进气管绝对压力传感器的结构和工作原理

1）电阻式进气管绝对压力传感器的结构

电阻式进气管绝对压力传感器由半导体压敏电阻转换元件、放大压力转换元件输出信号的集成电路和真空室构成，如图 2-3-4 所示。

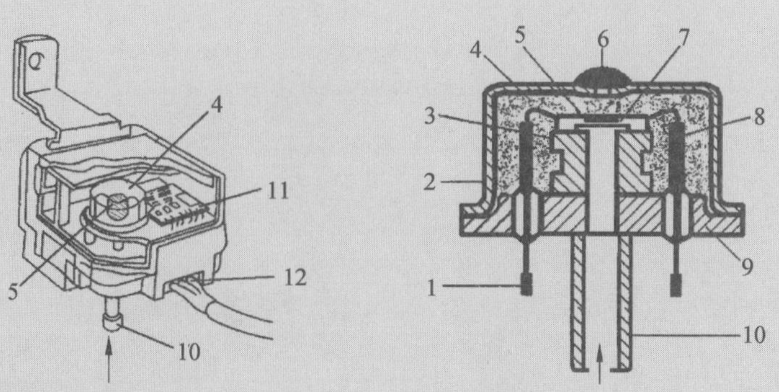

1—接线端子；2—壳体；3—硅杯；4—真空室；5—硅片；6—封口；7—电阻；
8—电极；9—底座；10—真空管；11—IC 电路；12—线束插接器。

图 2-3-4 电阻式进气管绝对压力传感器内部结构

2）电阻式进气管绝对压力传感器的工作原理

传感器通过压力转换元件将进气压力信号转变成电信号。压力转换元件是利用半导体的压阻效应制成的硅膜片，如图 2-3-5 所示。硅膜片为边长约 3 mm 的正方形，其中部经光刻腐蚀形成直径约 2 mm、厚约 0.05 mm 的薄膜；薄膜周围有 4 个应变电阻，组成惠斯通电桥。硅膜片的一面是真空室，另一面通过连接管路与进气歧管相通。随着发动机节气门开度的增大，进气歧管内绝对压力增高，由于薄膜另一侧为真空，所以硅膜片的变形增大，附着在薄膜上的应变电阻的阻值与变形成正比例关系，因此即可通过惠斯通电桥将硅膜片的变形转换成为电压信号，再经集成电路放大后输送到 ECU。

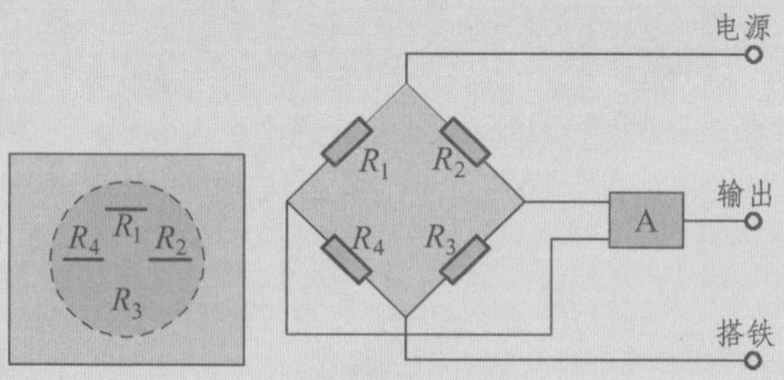

图 2-3-5 电阻式进气管绝对压力传感器的工作原理

传感器输出的电压信号具有随进气歧管绝对压力的增大呈线性增大的特性，怠速时大约为 1.25 V，节气门全开时大约为 5 V，如图 2-3-6 所示。

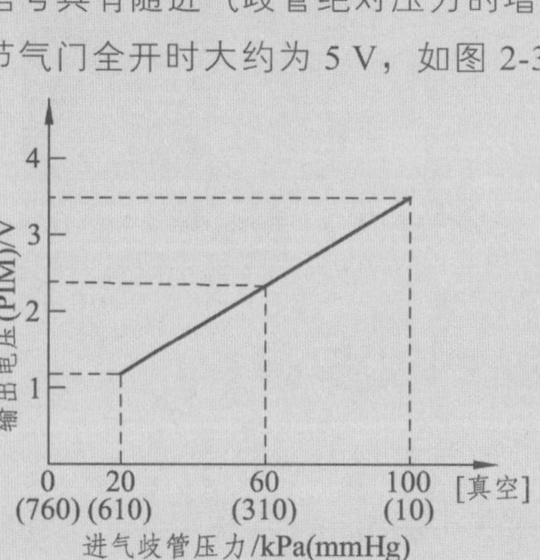

图 2-3-6 进气管绝对压力与输出电压之间的关系

3. 电容式进气管绝对压力传感器的结构和工作原理

1）电容式进气管绝对压力传感器的结构

该传感器由弹性膜片、凹玻璃、金属涂层、真空室、滤网、真空管、线束端子和线束插接器组成，如图 2-3-7 所示。

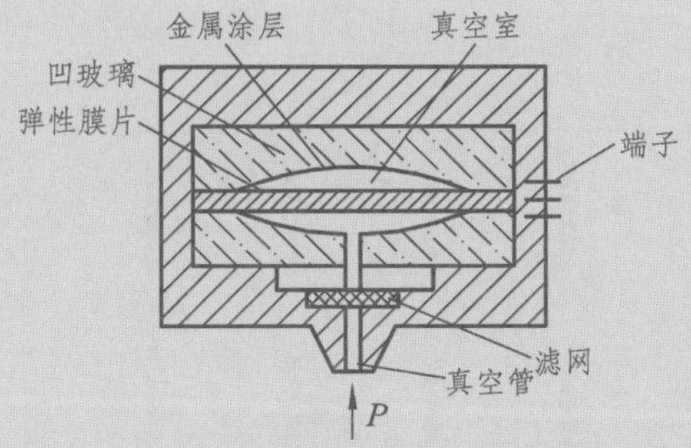

图 2-3-7　电容式进气管绝对压力传感器的内部结构

2）电容式进气管绝对压力传感器的工作原理

当忽略边缘效应的影响时，平板电容器的电容量为

$$C=\varepsilon\frac{S}{4\pi kd}$$

式中　C——电容量；

ε——相对介电常数；

S——正对面积；

k——静电常数；

d——间距。

由以上公式可以看出，影响电容器电容量的因素是 S 和 d。改变 S 和 d，即可改变电容量。

该传感器利用氧化铝膜片和底板彼此靠近排列形成电容，如图 2-3-8 所示。由于膜片上下压力差随着节气门开度的变化而变化，即改变了电容器的间距 d，其电容量随之发生变化。发动机进气歧管内压力变化，可获得与压力成比例的电容信号。把电容（即压力转换元件）连接到传感器混合集成电路的振荡电路中，其容量变化，振荡电路中可输出变频信号，信号频率与进气歧管内的绝对压力成正比，振荡频率在 80 ~ 120 Hz 变化。

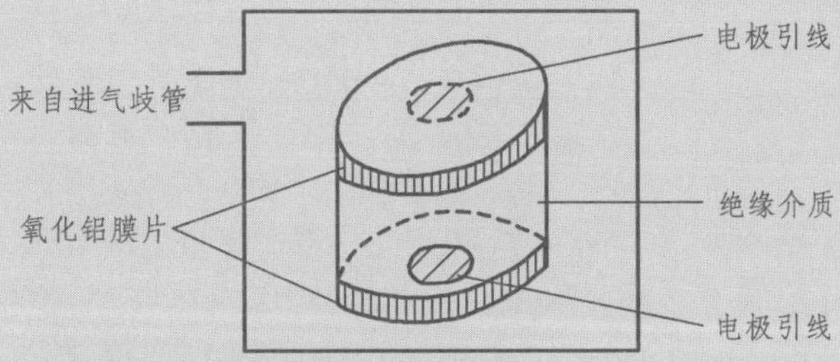

图 2-3-8　氧化膜与底板形成电容示意图

4. 进气管绝对压力传感器的检修

大众宝来车采用的是进气管绝对压力传感器，电路如图 2-3-9 所示，端子 1 为搭铁端子，端子 2 为进气温度传感器信号 THA 端子，端子 3 为 5 V 电源端子，端子 4 为信号端子。

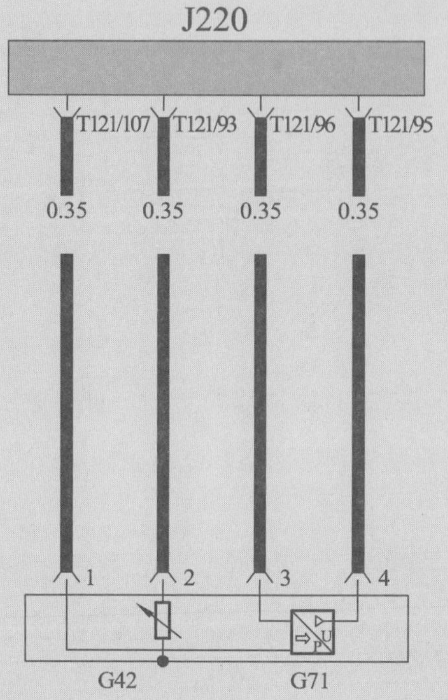

图 2-3-9　宝来进气管绝对压力传感器电路

1）用故障诊断仪检测

（1）点火开关置于“OFF”，将诊断仪与发动机诊断插座相连后，打开点火开关，打开诊断仪的电源开关，进入故障码读取界面，读取故障码。根据故障码的提示，制订相应的检修计划。

（2）起动发动机，操作诊断仪进入数据流读取界面，读取数据流。

将诊断仪检测到的故障码和数据流填入表 2-3-1 中。

表 2-3-1　诊断仪检测

故障码	
数据流	
结果分析：	

2）线束检测

点火开关置于“OFF”，将进气管绝对压力传感器的线束拔下，万用表选择电阻挡，分别测量插头端子之间，以及插头端子与 J220 端子之间的电阻值。将数据填入表 2-3-2 中，并分析原因。

表 2-3-2 线束检测

测量端子	标准值/Ω	测量值/Ω	测量端子	标准值/Ω	测量值/Ω
1—3	∞		1—4	∞	
3—4	∞		1—2（与温度有关）		
1—T121/107	<1		2—T121/93	<1	
3—T121/107	<1		4—T121/107	<1	
结果分析：					

3）电压检测

点火开关置“OFF”，将进气管绝对压力传感器的线束拔下，将点火开关置“ON”，万用表选择电压挡，测量插头端子之间的电压。

插上线束插头，起动发动机，用探针插入线束端子 1 和端子 4 背面（注意不要损伤线束），测量两端子之间的电压，怠速时电压为 0.2 ~ 1.3 V，该电压随发动机负荷的增加而增加。

将测量的数据填入表 2-3-3 中，并分析原因。

表 2-3-3 电压检测

测量端子	标准值/V	测量值/V	测量端子	标准值/V	测量值/V
1—3	5		1—4（熄火）	3.8 ~ 4.2	
1—2（与温度有关）			1—4（怠速）	0.8 ~ 1.3	
结果分析：					

4）波形检测

将示波器与信号端子相连，起动发动机，检测空气流量计的波形，如果波形不符合要求，说明空气流量计电路有故障。

【任务小结】

本任务主要介绍了电阻式和电容式进气管绝对压力传感器的组成及工作原理，重点阐述了如何检查进气管绝对压力传感器的故障。通过本任务的学习，学生需了解进气管绝对压力传感器的组成，掌握其工作原理和检测方法。

【课后习题】

1. 简述进气管绝对压力传感器的安装位置及作用。
2. 简述电阻式进气管绝对压力传感器的工作原理。
3. 简述电容式进气管绝对压力传感器的工作原理。

【任务实施】

1. 任务准备

（1）实训设备：电控发动机台架或轿车。

（2）实训工具：通用拆装工具。

（3）实训资料：实训工作页、维修手册、教材等。

（4）辅助材料：翼子板三件套防护套。

2. 实施步骤

1）车辆基本检查

（1）实训车辆安全防护。

（2）登记车辆基本信息。

（3）车辆油、水、电基本检查。

2）进气管绝对压力传感器故障检修（见表 2-3-4）

表 2-3-4　进气管绝对压力传感器故障检修任务工单

姓　名		学　号		分组号	
实训时间		工具编号		设备编号	
小组评分		教师评分		平均分	

一、计划与决策						
任务分工	组长	主要操作	辅助操作	7S 管理	质检	备注

检测和诊断步骤	工具、仪器设备
1.	
2.	
3.	
4.	
5.	

二、实　施	
（一）车辆基本检查	
实训车辆或台架的安全防护	
实训车辆或台架基本信息	车辆或台架品牌：
	车辆识别码或台架号：
	发动机型号：
实训车辆或台架油、水、电的检查	正常□　不正常□

读取故障码	1.	2.	3.	4.

续表

（二）进气管绝对压力传感器的检修

1. 线束检测

点火开关置于“OFF”，将进气管绝对压力传感器的线束拔下，万用表选择电阻挡，分别测量插头端子之间，以及插头端子与 J220 端子之间的电阻值

测量端子	标准值/Ω	测量值/Ω	测量端子	标准值/Ω	测量值/Ω
1—3	∞		1—4	∞	
3—4	∞		1—2（与温度有关）		
1—T121/107	<1		2—T121/93	<1	
3—T121/107	<1		4—T121/107	<1	

结果分析：

2. 电压检测

点火开关置于“OFF”，将进气管绝对压力传感器的线束拔下，将点火开关置于“ON”，万用表选择电压挡，测量插头端子之间的电压。

插上线束插头，起动发动机，用探针插入线束端子 1 和端子 4 背面（注意不要损伤线束），测量两端子之间的电压

测量端子	标准值/V	测量值/V	测量端子	标准值/V	测量值/V
1—3	5		1—4（熄火）	3.8 ~ 4.2	
1—2（与温度有关）			1—4（怠速）	0.8 ~ 1.3	

结果分析：

故障原因和排除方法：

三、检查与评估

1. 评估参考标准

（1）工作任务（满分 10 分）

① 明确工作任务，理解任务的重要性（9 ~ 10 分）

② 明确工作任务，了解任务的重要性（8 分）

③ 了解工作任务，了解任务的重要性（7 分）

④ 基本了解工作任务，基本了解任务的重要性（6 分）

⑤ 不了解工作任务，不了解任务的重要性（1 ~ 5 分）

（2）工作计划（满分 10 分）

① 根据工作任务制订详细的工作计划（9 ~ 10 分）

② 根据工作任务制订较详细的工作计划（8 分）

续表

<table>
<tr><td colspan="7">③ 根据工作任务制订可执行的工作计划（7 分）</td></tr>
<tr><td colspan="7">④ 根据工作任务制订一般的工作计划（6 分）</td></tr>
<tr><td colspan="7">⑤ 工作计划不全（1～5 分）</td></tr>
<tr><td colspan="7">（3）任务实施（满分 70 分）</td></tr>
<tr><td colspan="7">① 操作规范、过程完整、数据正确（63～70 分）</td></tr>
<tr><td colspan="7">② 操作规范、过程完整、数据基本正确（56～63 分）</td></tr>
<tr><td colspan="7">③ 操作规范、过程较完整、数据基本正确（49～56 分）</td></tr>
<tr><td colspan="7">④ 操作基本规范、过程基本完整、数据基本正确（42～49 分）</td></tr>
<tr><td colspan="7">⑤ 操作不规范、过程不完整、数据基本正确（1～42 分）</td></tr>
<tr><td colspan="7">（4）自我评价（满分 10 分）</td></tr>
<tr><td colspan="7">2. 小组考核</td></tr>
<tr><td>工作任务</td><td colspan="2">工作计划</td><td colspan="2">任务实施</td><td colspan="2">总分</td></tr>
<tr><td></td><td colspan="2"></td><td colspan="2"></td><td colspan="2"></td></tr>
<tr><td colspan="7">3. 教师考核</td></tr>
<tr><td>工作任务</td><td colspan="2">工作计划</td><td colspan="2">任务实施</td><td colspan="2">总分</td></tr>
<tr><td></td><td colspan="2"></td><td colspan="2"></td><td colspan="2"></td></tr>
<tr><td>小组考核（40%）</td><td>录分人</td><td colspan="2">教师考核（60%）</td><td>录分人</td><td>平均得分</td><td>统分人</td></tr>
<tr><td></td><td></td><td colspan="2"></td><td></td><td></td><td></td></tr>
</table>

任务 4　节气门位置传感器的故障检修

【任务目标】

1. 知识目标

（1）了解节气门位置传感器的类型和结构。

（2）掌握节气门位置传感器的工作原理。

2. 能力目标

（1）能根据故障现象制订正确的检修计划。

（2）能正确使用常用诊断仪器和设备对节气门位置传感器及其电路进行检测和诊断。

（3）具备检修和更换节气门位置传感器的能力。

3. 素质目标

（1）具有严谨认真、实事求是的科学态度。

（2）能自主学习新知识、新技能。

（3）具有高度的职业责任心和安全意识，遵章守纪、规范操作。

（4）具有较强信息搜集能力，会查找汽车维修手册和相关国家标准。

（5）具有团队协作和吃苦耐劳的精神。

【案例导入】

一辆别克凯越（2008 款）轿车，怠速不稳，急加速时会感到抖动。

【案例分析】

滑动电阻式节气门位置传感器是摩擦件，也是易损件，其本身或线路不良时会产生以下故障：

（1）车辆行驶时发动机容易熄火、游车或者发车起动困难。

（2）发动机运转过程中怠速不稳定，加速时有间歇性抖动，反应迟钝。

（3）滑动触点接触不良，在节气门从全闭到全开的过程中，节气门位置传感器输出信号有间歇中断现象。

【知识链接】

1. 节气门位置传感器概述

1）节气门位置传感器的作用

节气门位置传感器（Throttle Position Sensor，TPS）的作用主要是将节气门开度以及节气门开度变化速率，转变为电信号输送给发动机 ECU，用于判别发动机的各种工况，从而控制不同的喷油量和点火正时。

节气门位置传感器安装在节气门体总成上，如图 2-4-1 所示。

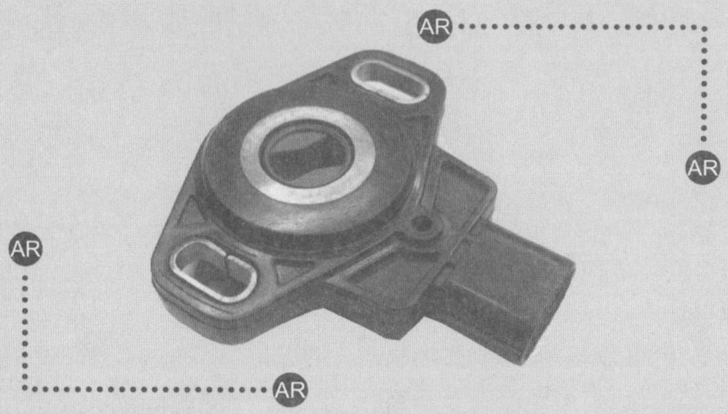

图 2-4-1　节气门位置传感器

2）节气门位置传感器的类型

随着汽车电控技术的发展，节气门位置传感器出现了触点式、电位计式、触点+电位计式（综合式）和霍尔式几种类型。

（1）触点式节气门位置传感器内部有一个动触点和两个静触点。静触点为怠速触点（IDL）和功率触点（PSW），当节气门关闭时，动触点与怠速触点（IDL）接通，功率触点（PSW）断开，怠速触点输出的信号为低电平“0”，功率触点（PSW）输出的信号为高电平“1”，ECU 接收到这两个信号时，便可判定发动机处于怠速运行状态。

随着节气门的开启到节气门接近全开，动触点与怠速触点（IDL）、功率触点（PSW）都断开，两个信号端子输出低电平“0”，ECU 接收到这两个信号时，便可判定发动机处于中小负荷状态。

当节气门接近全部开启（80%以上负荷）时，动触点与功率触点（PSW）接通，PSW 端子输出低电平“0”，怠速触点（IDL）保持断开而输出高电平“1”。ECU 接收到这两个信号时，便可判定发动机处于高负荷运行状态。

（2）电位计式节气门位置传感器是利用滑动电阻原理工作的，随着节气门的转动，滑动触点在膜片电阻上移动，从而信号端子输出与节气门位置对应的电压。ECU 可以获得表示节气门由全闭到全开的所有开启角度的、连续变化的电压信号，以及节气门开度的变化速率，从而更精确地判定发动机的运行工况。

（3）触点式节气门位置传感器只能粗略地检测节气门的位置，计量精度很低，电位计式节气门位置传感器没有怠速触点，无法修正怠速时的喷油脉宽，这两种节气门位置传感器已经被淘汰。

本任务只介绍触点+电位计式（综合式）和霍尔式节气门位置传感器。

2. 综合式节气门位置传感器的检修

1）综合式节气门位置传感器的结构和工作原理

（1）综合式节气门位置传感器的结构。

综合式节气门位置传感器是在触点式和电位计式传感器的基础上综合而来的，其结构如图 2-4-2 所示。它有两个与节气门轴联动的可动触点，一个与节气门轴同轴的触点称为怠速触点 IDL，另一个触点在可变电阻器上滑动，它与 VTA 端子相连，是电位计的可调端。

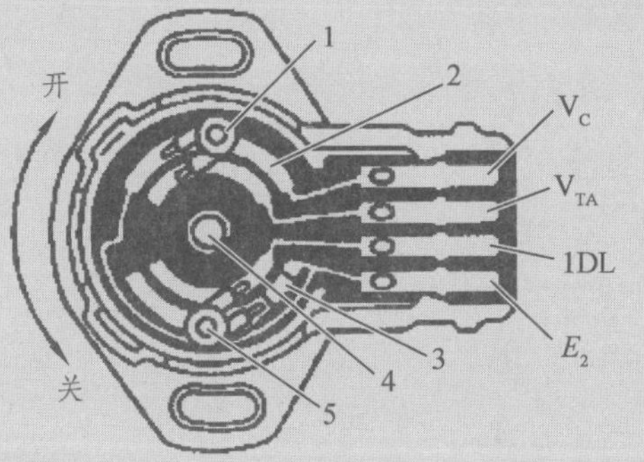

1—活动触点；2—提供 5 V 标准电压；3—绝缘部件；4—节气门轴；5—怠速触点。

图 2-4-2　综合式节气门位置传感器结构

（2）综合式节气门位置传感器的工作原理。

其工作原理如图 2-4-3 所示。发动机处于怠速状态时，怠速触点闭合，输出低电平信号，其他工况下则输出高电平信号；当节气门开度变化时，VTA 端输出与节气门开度成正比例的电压信号，如图 2-4-4 所示。此传感器在节气门开度较大时，空气流量变化很小，故其测量精度有限。

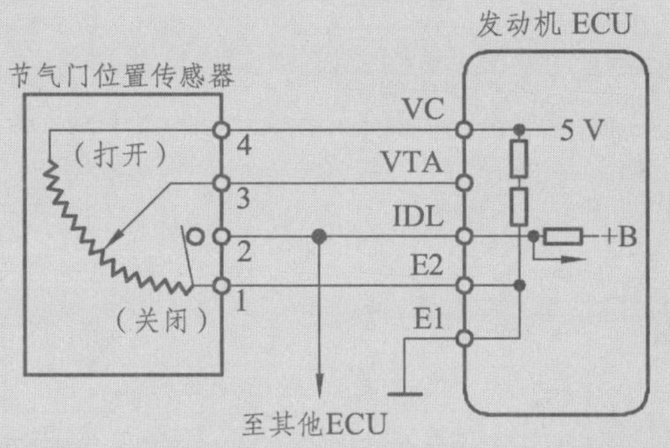

图 2-4-3　综合式节气门位置传感器内部接线

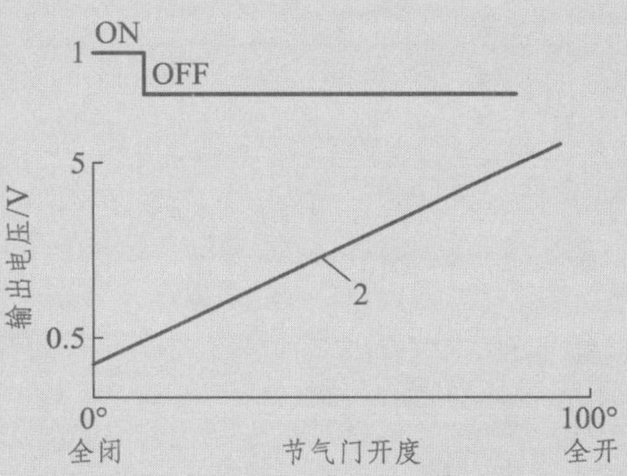

1—怠速信号；2—节气门开度信号。

图 2-4-4　综合式节气门位置传感器电压输出特性

设置怠速触点，不但可以精确地确定怠速工况，而且还可以用怠速时的可变电压值对反映节气门开度的电压值进行修正，以提高控制精度。

在电子节气门控制系统中，内部有两个电位计，两个滑动触点，两个输出信号端子，构成双信号式节气门位置传感器。如图 2-4-5 所示为两个电位计正装，其电压输出特性如图 2-4-6 所示，VTA1 和 VTA2 的变化率不一样，ECU 接收到这两个信号后就可以计算出节气门的位置。

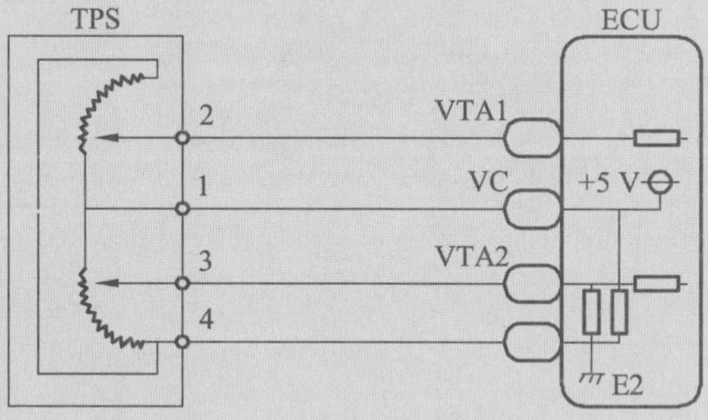

图 2-4-5　双信号节气门位置传感器

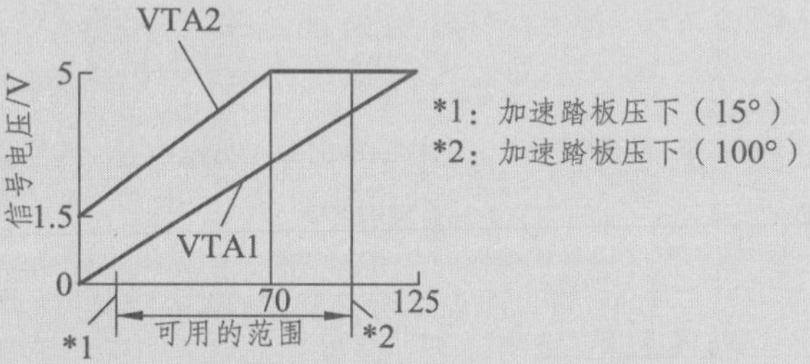

图 2-4-6　双信号节气门位置传感器电压输出特性（正装）

如果两个电位计反装，其电压输出特性如图 2-4-7 所示。

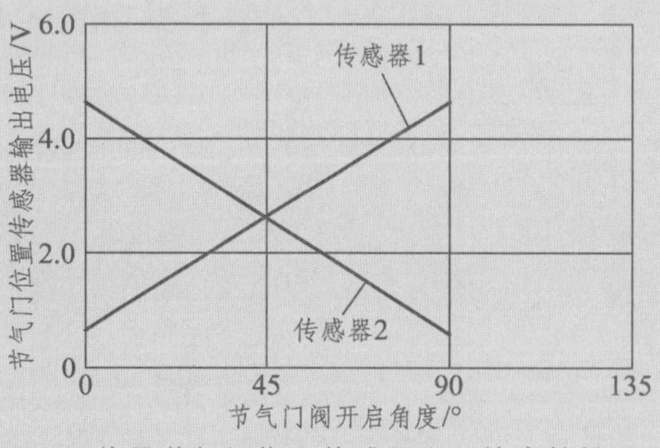

图 2-4-7　双信号节气门位置传感器电压输出特性（反装）

2）综合式节气门位置传感器的常见故障

（1）怠速开关短路或断路。

（2）节气门位置传感器安装调整不当，使怠速开关在节气门全关时没有闭合，或怠速开关在节气门有一定开度时仍然闭合。

（3）可变电阻的滑动触点接触不良，在节气门从全闭到全开的过程中，节气门位置传感器输出信号有间歇性中断现象。

3）综合式节气门位置传感器的故障检修

（1）用诊断仪检测。

① 点火开关置于“OFF”，将诊断仪与发动机诊断插座相连，打开点火开关，打开诊断仪的电源开关，进入故障码读取界面，读取故障码。根据故障码的提示，制订相应的检修计划。

② 起动发动机，操作诊断仪进入数据流读取界面，读取数据流。

将诊断仪检测到的故障码和数据流填入表 2-4-1 中。

表 2-4-1　诊断仪检测

故障码	
数据流	
结果分析：	

（2）线束检测。

点火开关置于“OFF”，拔下节气门位置传感器线束，测量线束插头上各端子与 ECU 对应端了之间的电阻。将数据填入表 2-4-2 中，并分析原因。

表 2-4-2　线束检测

端子名称	标准值/Ω	测量值/Ω	端子名称	标准值/Ω	测量值/Ω
1—E2	<1		3—VTA	<1	
2—IDL	<1		4—VC	<1	
结果分析：					

（3）电阻检测。

点火开关置于“OFF”，拔下节气门位置传感器线束，测量线束插座端子之间的电阻。

① 怠速端子导通性检测（见表 2-4-3）。

表 2-4-3　电阻测量（一）

<table>
<tr><td rowspan="2">节气门关闭时</td><td>标准值/Ω</td><td>测量值/Ω</td><td rowspan="2">节气门打开时</td><td>标准值/Ω</td><td>测量值/Ω</td></tr>
<tr><td>0</td><td></td><td>∞</td><td></td></tr>
<tr><td colspan="6">结果分析：</td></tr>
</table>

② 信号端子、电源端子与搭铁之间的电阻（见表 2-4-4）。

表 2-4-4　电阻测量（二）

端子名称	节气门状态	测量值/Ω	端子名称	节气门状态	测量值/Ω
3—1	10%开度		4—1	10%开度	
	50%开度			50%开度	
	70%开度			70%开度	
	全开			全开	
结果分析：					

（4）电压测量（见表 2-4-5）。

插上线束插头，启动发动机，用探针测量线束插头各端子之间的电压。

表 2-4-5　电压测量

端子名称	节气门状态	测量值/V	端子名称	节气门状态	测量值/V
2—1	关闭		2—1	打开	
3—1	10%开度		4—1	10%开度	
	50%开度			50%开度	
	70%开度			70%开度	
	全开			全开	
结果分析：					

（5）波形检测。

将示波器与信号端子相连，起动发动机，检测节气门位置传感器的波形，如果波形不符合要求，说明节气门位置传感器电路有故障。

3. 霍尔式节气门位置传感器的检修

1）霍尔式节气门位置传感器的工作原理

当电流垂直于外磁场通过导体时，载流子发生偏转，垂直于电流和磁场的方向会产生一附加电场，从而在导体的两端产生电势差，这一现象就是霍尔效应，这个电势差也被称为霍尔电势差，如图 2-4-8 所示。

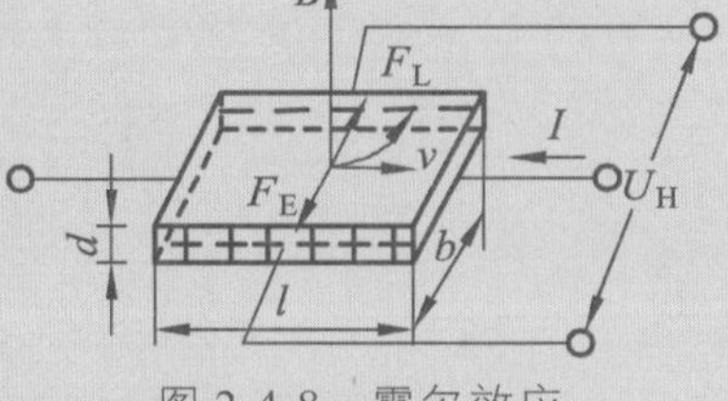

图 2-4-8　霍尔效应

霍尔式节气门位置传感器由霍尔元件和可绕其转动的磁铁构成，如图 2-4-9

所示。磁铁安装在与节气门轴相连的轴上，和节气门一起转动。当节气门开启时，磁铁也同时转动，通过霍尔元件的磁通量发生变化，霍尔元件输出电压信号发生变化，以此作为节气门开度信号。霍尔式节气门位置传感器电路和工作特性如图 2-4-10 所示，该传感器采用双信号输出，提高了传感器的可靠性。当节气门的开度由小到大变化时，此时两个霍尔集成电路的输出电压也会由小到大变化。

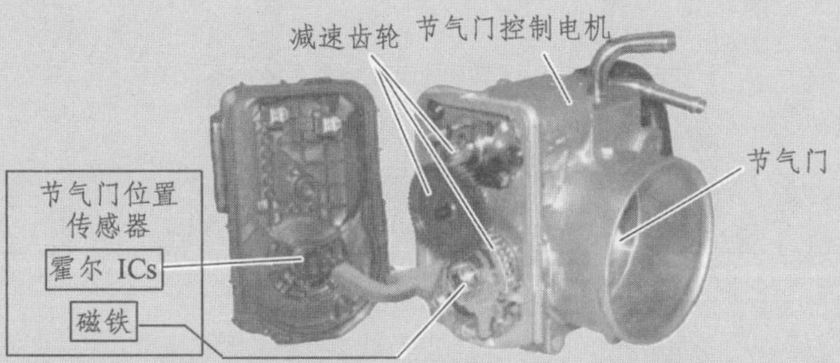

图 2-4-9　霍尔式节气门位置传感器内部结构

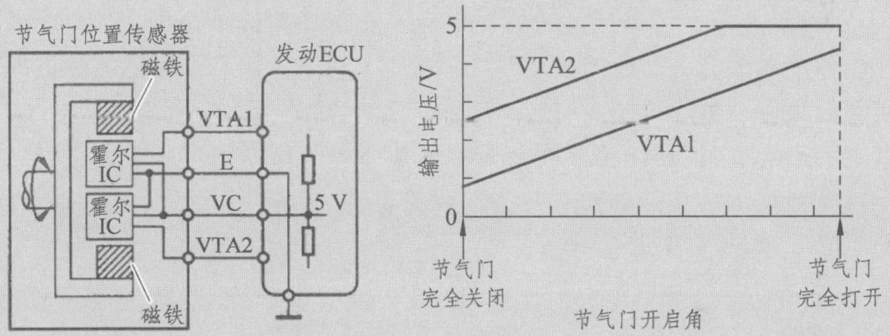

图 2-4-10　霍尔式节气门位置传感器电路和输出特性

霍尔式节气门位置传感器采用无接触方式，结构简单，检测精确，不易发生故障。

2）霍尔式节气门位置传感器的检修

2016 款卡罗拉发动机采用的是霍尔式节气门位置传感器，其电路如图 2-4-11 所示，各端子的名称及功用见表 2-4-6。

表 2-4-6　2016 款卡罗拉节气门位置传感器端子

	端子号	功用	端子号	功用
B28	3（E2）	搭铁	4（VTA2）	信号 2
	5（VC）	电源	6（VTA）	信号 1
ECM	133（ETA）	搭铁	134（VCTA）	电源
	135（VTA1）	信号 1	101（VTA2）	信号 2

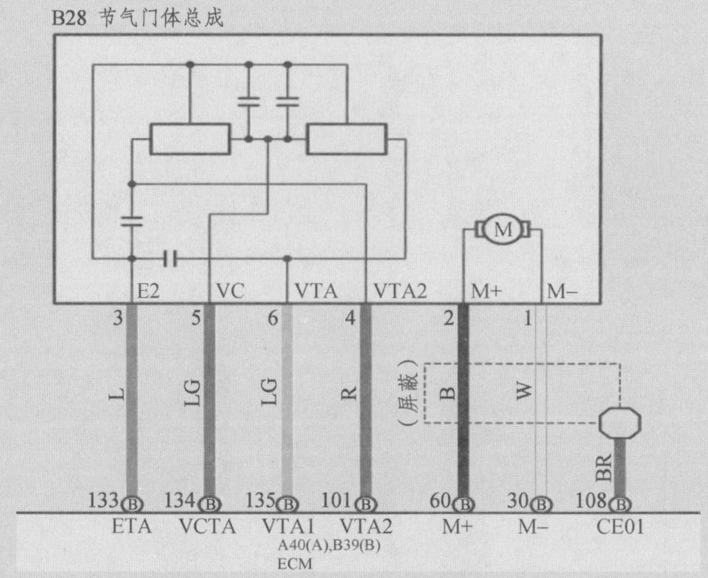

图 2-4-11　卡罗拉节气门位置传感器电路

（1）用诊断仪检测。

① 点火开关置于“OFF”，将诊断仪与发动机诊断插座相连，打开点火开关，打开诊断仪的电源开关，进入故障码读取界面，读取故障码。根据故障码的提示，制订相应的检修计划。

② 起动发动机，操作诊断仪进入数据流读取界面，读取数据流。

将诊断仪检测到的故障码和数据流填入表 2-4-6 中。

表 2-4-6　诊断仪检测

故障码	
数据流	
结果分析：	

（2）线束检测。

点火开关置于“OFF”，拔下节气门位置传感器线束，测量线束插头上各端子与 ECU 对应端子之间的电阻。将数据填入表 2-4-7 中，并分析原因。

表 2-4-7　线束检测

端子名称	标准值/Ω	测量值/Ω	端子名称	标准值/Ω	测量值/Ω
1—30	<1		2—60	<1	
3—133	<1		4—101	<1	
5—134	<1		6—135	<1	
结果分析：					

（3）电阻检测。

点火开关置于“OFF”，拔下节气门位置传感器线束，测量线束插座端子之间的电阻。将数据填入表 2-4-8 中，并分析原因。

表 2-4-8　电阻检测

端子名称	标准值/Ω	测量值/Ω	端子名称	标准值/Ω	测量值/Ω
3—4	∞		4—5	∞	
5—6	∞		1—2	0.3 ~ 100	
结果分析：					

（4）电压测量。

插上线束插头，起动发动机，用探针测量线束插头各端子之间的电压。将数据填入表 2-4-9 中，并分析原因。

表 2-4-9　电压测量

端子名称	标准值/V	测量值/V	端子名称	标准值/V	测量值/V
5—3	5		4—3	2.1 ~ 5	
6—3	0.5 ~ 4.9		1—2	12	
结果分析：					

（5）波形检测。

将示波器与信号端子相连，起动发动机，检测节气门位置传感器的波形，如果波形不符合要求，说明节气门位置传感器电路有故障。

【任务小结】

本任务主要介绍了节气门位置传感器的组成及工作原理，重点阐述了如何检查节气门位置传感器的故障。通过本任务的学习，学生需了解节气门位置传感器的组成，掌握其工作原理和检测方法。

【课后习题】

1. 简述节气门位置传感器的安装位置及作用。
2. 简述节气门位置传感器的分类。
3. 简述综合式节气门位置传感器的工作原理。
4. 简述电子节气门位置传感器的工作原理。

【任务实施】

1. 任务准备

（1）实训设备：电控发动机台架或轿车。

（2）实训工具：通用拆装工具、万用表、诊断仪、示波器。

（3）实训资料：实训工作页、维修手册、教材等。

（4）辅助材料：翼子板三件套防护套。

2. 实施步骤

1）车辆基本检查

（1）实训车辆安全防护。

（2）登记车辆基本信息。

（3）车辆油、水、电基本检查。

2）综合式节气门位置传感器故障检修（见表 2-4-10）

表 2-4-10　综合式节气门位置传感器故障检修任务工单

<table>
<tr><td>姓　名</td><td colspan="2"></td><td>学　号</td><td></td><td>分组号</td><td></td></tr>
<tr><td>实训时间</td><td colspan="2"></td><td>工具编号</td><td></td><td>设备编号</td><td></td></tr>
<tr><td>小组评分</td><td colspan="2"></td><td>教师评分</td><td></td><td>平均分</td><td></td></tr>
<tr><td colspan="7">一、计划与决策</td></tr>
<tr><td rowspan="2">任务分工</td><td>组长</td><td>主要操作</td><td>辅助操作</td><td>7S 管理</td><td>质检</td><td>备注</td></tr>
<tr><td></td><td></td><td></td><td></td><td></td><td></td></tr>
<tr><td colspan="4">检测和诊断步骤</td><td colspan="3">工具、仪器设备</td></tr>
<tr><td colspan="4">1.</td><td colspan="3"></td></tr>
<tr><td colspan="4">2.</td><td colspan="3"></td></tr>
<tr><td colspan="4">3.</td><td colspan="3"></td></tr>
<tr><td colspan="4">4.</td><td colspan="3"></td></tr>
<tr><td colspan="4">5.</td><td colspan="3"></td></tr>
<tr><td colspan="7">二、实　施</td></tr>
<tr><td colspan="7">（一）车辆基本检查</td></tr>
<tr><td colspan="3">实训车辆或台架的安全防护</td><td colspan="4"></td></tr>
<tr><td colspan="3" rowspan="3">实训车辆或台架基本信息</td><td colspan="4">车辆或台架品牌：</td></tr>
<tr><td colspan="4">车辆识别码或台架号：</td></tr>
<tr><td colspan="4">发动机型号：</td></tr>
<tr><td colspan="4">实训车辆或台架油、水、电的检查</td><td colspan="3">正常□　不正常□</td></tr>
<tr><td>读取故障码</td><td>1.</td><td colspan="2">2.</td><td colspan="2">3.</td><td>4.</td></tr>
</table>

续表

（二）综合式节气门位置传感器的检修

1. 线束检测

点火开关置于“OFF”，拔下节气门位置传感器线束，测量线束插头上各端子与 ECU 对应端子之间的电阻

端子名称	标准值/Ω	测量值/Ω	端子名称	标准值/Ω	测量值/Ω
1—E2	<1		3—VTA	<1	
2—IDL	<1		4—VC	<1	

结果分析：

2. 电阻的测量

点火开关置于“OFF”，拔下节气门位置传感器线束，测量线束插座端子之间的电阻

（1）怠速端子导通性检测

节气门关闭时	标准值/Ω	测量值/Ω	节气门打开时	标准值/Ω	测量值/Ω
	0			∞	

结果分析：

（2）信号端子、电源端子与搭铁之间的电阻

端子名称	节气门状态	测量值/Ω	端子名称	节气门状态	测量值/Ω
3—1	10%开度		4—1	10%开度	
	50%开度			50%开度	
	70%开度			70%开度	
	全开			全开	

结果分析：

3. 电压测量

插上线束插头，起动发动机，用探针测量线束插头各端子之间的电压

端子名称	节气门状态	测量值/V	端子名称	节气门状态	测量值/V
2—1	关闭		2—1	打开	
3—1	10%开度		4—1	10%开度	
	50%开度			50%开度	
	70%开度			70%开度	
	全开			全开	

续表

结果分析：
4. 波形检测 将示波器与信号端子相连，起动发动机，检测节气门位置传感器的波形
波形图示意图：
结果分析：
故障原因和排除方法：
三、检查与评估
1. 评估参考标准
（1）工作任务（满分 10 分）
① 明确工作任务，理解任务的重要性（9～10 分）
② 明确工作任务，了解任务的重要性（8 分）
③ 了解工作任务，了解任务的重要性（7 分）
④ 基本了解工作任务，基本了解任务的重要性（6 分）
⑤ 不了解工作任务，不了解任务的重要性（1～5 分）
（2）工作计划（满分 10 分）
① 根据工作任务制订详细的工作计划（9～10 分）
② 根据工作任务制订较详细的工作计划（8 分）
③ 根据工作任务制订可执行的工作计划（7 分）
④ 根据工作任务制订一般的工作计划（6 分）
⑤ 工作计划不全（1～5 分）
（3）任务实施（满分 70 分）
① 操作规范、过程完整、数据正确（63～70 分）
② 操作规范、过程完整、数据基本正确（56～63 分）
③ 操作规范、过程较完整、数据基本正确（49～56 分）
④ 操作基本规范、过程基本完整、数据基本正确（42～49 分）
⑤ 操作不规范、过程不完整、数据基本正确（1～42 分）
（4）自我评价（满分 10 分）

续表

2. 小组考核			
工作任务	工作计划	任务实施	总分
3. 教师考核			
工作任务	工作计划	任务实施	总分

小组考核（40%）	录分人	教师考核（60%）	录分人	平均得分	统分人

3）霍尔式节气门位置传感器故障检修（见表 2-4-11）

表 2-4-11　霍尔式节气门位置传感器故障检修任务工单

姓　名		学　号		分组号	
实训时间		工具编号		设备编号	
小组评分		教师评分		平均分	

一、计划与决策						
任务分工	组长	主要操作	辅助操作	7S 管理	质检	备注

检测和诊断步骤	工具、仪器设备
1.	
2.	
3.	
4.	
5.	

二、实施				
（一）车辆基本检查				
实训车辆或台架的安全防护				
实训车辆或台架基本信息	车辆或台架品牌：			
	车辆识别码或台架号：			
	发动机型号：			
实训车辆或台架油、水、电的检查	正常□　不正常□			
读取故障码	1.	2.	3.	4.
（二）霍尔式节气门位置传感器的检修（以 2016 款卡罗拉为例）				
1. 线束检测 点火开关置于“OFF”，拔下节气门位置传感器线束，测量线束插头上各端子与 ECU 对应端子之间的电阻				

续表

端子名称	标准值/Ω	测量值/Ω	端子名称	标准值/Ω	测量值/Ω
1—30	<1		2—60	<1	
3—133	<1		4—101	<1	
5—134	<1		6—135	<1	

结果分析：

2. 电阻的测量

点火开关置于“OFF”，拔下节气门位置传感器线束，测量线束插座端子之间的电阻

端子名称	标准值/Ω	测量值/Ω	端子名称	标准值/Ω	测量值/Ω
3—4	∞		4—5	∞	
5—6	∞		1—2	0.3 ~ 100	

结果分析：

3. 电压测量

插上线束插头，起动发动机，用探针测量线束插头各端子之间的电压

端子名称	标准值/V	测量值/V	端子名称	标准值/V	测量值/V
5—3	5		4—3	2.1 ~ 5	
6—3	0.5 ~ 4.9		1—2	12	

结果分析：

4. 波形检测

将示波器与信号端子相连，起动发动机，检测节气门位置传感器的波形

波形图示意图：

结果分析：

故障原因和排除方法：

三、检查与评估

1. 评估参考标准

（1）工作任务（满分 10 分）

① 明确工作任务，理解任务的重要性（9 ~ 10 分）

② 明确工作任务，了解任务的重要性（8 分）

③ 了解工作任务，了解任务的重要性（7 分）

④ 基本了解工作任务，基本了解任务的重要性（6 分）

续表

⑤ 不了解工作任务，不了解任务的重要性（1～5分）					
（2）工作计划（满分10分）					
① 根据工作任务制订详细的工作计划（9～10分）					
② 根据工作任务制订较详细的工作计划（8分）					
③ 根据工作任务制订可执行的工作计划（7分）					
④ 根据工作任务制订一般的工作计划（6分）					
⑤ 工作计划不全（1～5分）					
（3）任务实施（满分70分）					
① 操作规范、过程完整、数据正确（63～70分）					
② 操作规范、过程完整、数据基本正确（56～63分）					
③ 操作规范、过程较完整、数据基本正确（49～56分）					
④ 操作基本规范、过程基本完整、数据基本正确（42～49分）					
⑤ 操作不规范、过程不完整、数据基本正确（1～42分）					
（4）自我评价（满分10分）					
2. 小组考核					
工作任务	工作计划	任务实施	总分		
3. 教师考核					
工作任务	工作计划	任务实施	总分		
小组考核（40%）	录分人	教师考核（60%）	录分人	平均得分	统分人

任务5　电动燃油泵及控制电路的故障检修

【任务目标】

1. 知识目标

（1）了解电动燃油泵的类型和结构。

（2）掌握电动燃油泵的工作原理。

（3）掌握电动燃油泵控制电路的工作原理。

2. 能力目标

（1）能根据故障现象制订正确的检修计划。

（2）能正确使用常用诊断仪器和设备对电动燃油泵及其控制电路进行检测和诊断。

（3）具备检修和更换电动燃油泵的能力。

3. 素质目标

（1）具有严谨认真、实事求是的科学态度。

（2）能自主学习新知识、新技能。

（3）具有高度的职业责任心和安全意识，遵章守纪、规范操作。

（4）具有较强信息搜集能力，会查找汽车维修手册和相关国家标准。

（5）具有团队协作和吃苦耐劳的精神。

【案例导入】

一辆装载 1ZR 1.6 排量的卡罗拉轿车，无法起动，排气管无烟，也没生汽油的味道。钥匙开关打到“ON”的瞬间，听不到电动燃油泵工作的声音。

【案例分析】

电控发动机在钥匙开关打到“ON”的瞬间，ECU 会给油泵供电，让油泵工作 2 ~ 3 s，如果接收不到起动信号，ECU 停止给油泵供电。该故障车在钥匙开关打到“ON”的瞬间，听不到电动燃油泵工作的声音，说明电动燃油泵或控制电路有故障。

【知识链接】

1. 电动燃油泵的概述

1）电动燃油泵的作用

电动燃油泵的作用是连续不断地把燃油从汽油箱吸出，为燃油系统提供规定压力的燃油。早期的电控发动机，其电动燃油泵有的装在燃油箱外部，现在的电控发动机都安装在油箱中，具有噪声小、不易产生气阻、不易泄漏、管路安装简单等优点。同时，可用汽油对油泵进行冷却和润滑，延长其使用寿命。

2）电动燃油泵的类型

按照泵体结构，电动燃油泵可分为涡轮式、内齿轮式和滚柱式。涡轮式具有泵油量大、泵油压力较高、供油压力稳定、运转噪声小、使用寿命长等优点。此外，不需要消声器，可以小型化，因此在汽车上被广泛应用。

2. 涡轮式电动燃油泵的结构和工作原理

1）涡轮式电动燃油泵结构

涡轮式电动燃油泵主要由直流电动机、涡轮泵、出油阀（也称单向阀）和安全阀等组成，其结构如图 2-5-1 所示。

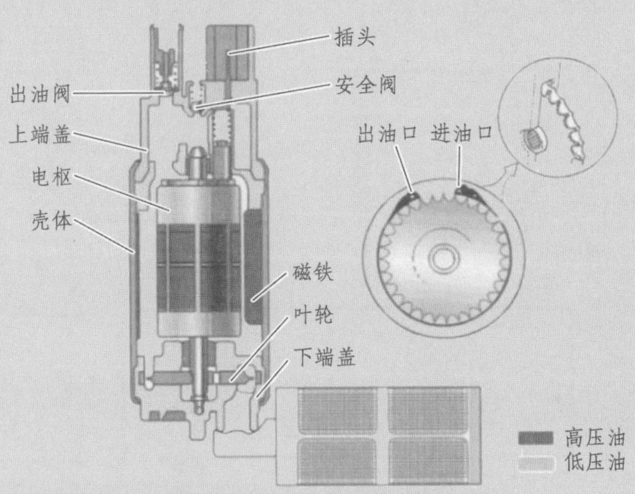

图 2-5-1　涡轮式电动燃油泵的结构

2）涡轮式电动燃油泵工作原理

油泵电动机通电时，电动机驱动涡轮叶片旋转，由于离心力的作用，使叶轮周围小槽内的叶片贴紧泵壳，将燃油从进油室带往出油室。由于进油室的燃油不断增多，形成一定的真空度，将燃油从进油口吸入；而出油室燃油不断增多，燃油压力升高，当达到出油阀的限压值时，出油阀打开，燃油被泵入燃油系统。出油阀在油泵不工作时阻止油轨内的燃油流回油箱，保持油路中有一定的压力，便于下次起动。

3）电动燃油泵控制电路工作原理

电动燃油泵控制电路对电动燃油泵控制的基本要求如下：打开点火开关后，ECU 控制燃油泵工作 2 ~ 3 s，以建立必需的油压；若此时不起动发动机，ECU 将切断电动燃油泵控制电路；在发动机起动或正常运转时，ECU 控制燃油泵正常工作。电动燃油泵的控制电路按照结构原理不同可分为开关控制型电路、继电器控制型电路和油泵 ECU 控制型电路，目前继电器控制型和油泵 ECU 控制型被广泛使用。

（1）卡罗拉燃油泵控制电路。

2016 款卡罗拉发动机采用的是 ECU 控制的电动燃油泵控制电路，其控制电路如图 2-5-2 所示。其中，端子 1（+B）是 12 V 电源端子，与 EFI-MAN 主继电器相连，端子 2（FPC）与 ECM 的 41 号相连，端子 4（E）是搭铁端子，端子 5（FP－）是油泵电机的搭铁端子，端子 6（FP+）是油泵电机的电源端子。卡罗拉电动燃油泵 ECU 安装在行李箱处，如图 2-5-3 所示。

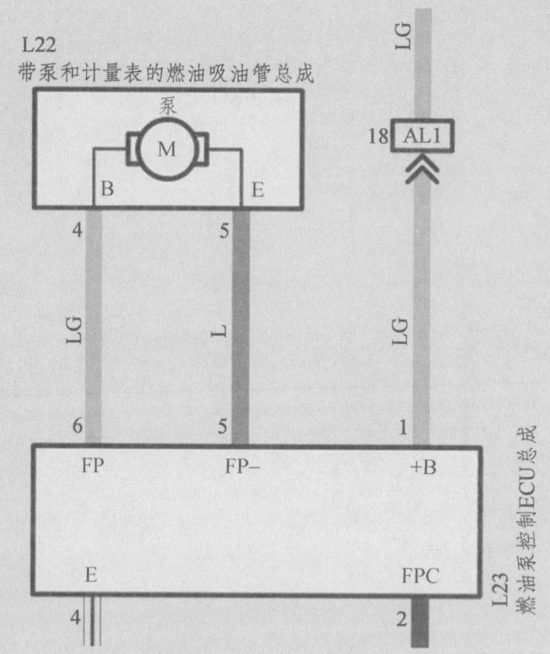

图 2-5-2　卡罗拉燃油泵及控制电路

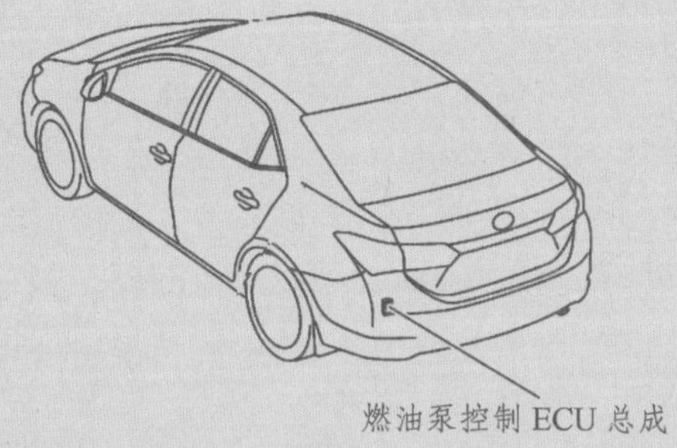

图 2-5-3　卡罗拉燃油泵 ECU 安装位置

该控制电路通过控制燃油泵电动机电枢绕组两端的电压来实现对燃油泵转速（泵油量）的控制。当发动机在起动阶段或高速、大负荷工况下工作时，ECM 向燃油泵 ECU 的 FPC 脚输入一个高电位信号（5 V），燃油泵 ECU 的 FP 脚则向燃油泵提供较高的工作电压（相当于蓄电池电源电压），使燃油泵高速运转。

当发动机在怠速或小负荷工况下工作时，ECM 向燃油泵 ECU 的 FPC 脚输入一个中电位信号（2.5 V），燃油泵 ECU 的 FP 脚则向燃油泵提供较低的工作电压（约 9 V），使燃油泵低速运转。

当发动机的转速低于最低转速（如 120 r/min）时，ECM 向燃油泵 ECU 的 FPC 脚输入一个低电位信号（0 V），燃油泵 ECU 停止向燃油泵提供工作电压，使燃油泵停止工作。

（2）迈腾 1.8TSI 发动机燃油泵控制电路。

迈腾 1.8TSI 轿车燃油控制系统主要由电动油泵、带压力限制阀的滤清器、低压燃油压力传感器、燃油高压泵、燃油压力调节阀、高压燃油压力传感器、燃油轨道、压力限制阀、喷油器、发动机控制单元 ECU 和燃油泵控制单元等组成，如图 2-5-4 所示。

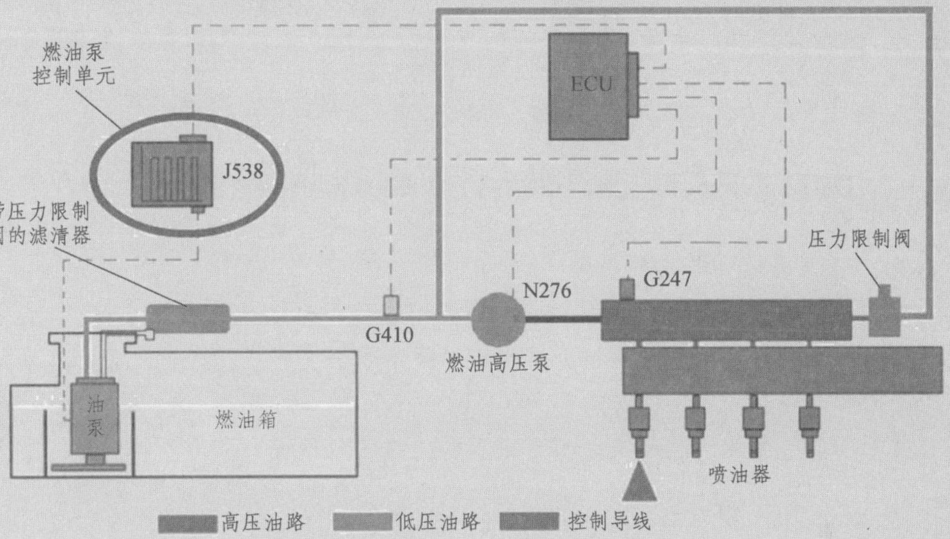

J538—燃油泵控制单元；G410—低压燃油压力传感器；N276—燃油压力调节阀；G247—高压燃油压力传感器。

图 2-5-4　迈腾 1.8TSI 轿车燃油控制系统组成

迈腾 1.8TSI 轿车发动机采用缸内直喷技术，燃油系统通过燃油高压泵（由轮轴驱动）把 50 ~ 650 kPa 的低压燃油转化为 1.1 ~ 3.0 MPa 的高压燃油，以满足不同工况的需求。燃油压力调节阀 N276 装在燃油高压泵上，属高频电磁阀。发动机控制单元根据装在高压油轨上的高压燃油压力传感器 G247 所监测到的信号，控制 N276 以精确调整占空比，从而得到所需的燃油压力。低压燃油系统的压力是由燃油箱中的电动燃油泵提供的，装在燃油箱上部的燃油泵控制单元 J538 根据脉宽调制信号，控制电动燃油泵工作，使低压燃油系统压力维持在 50 ~ 500 kPa。在发动机起动时，低压燃油系统的压力能达到 600 kPa 以上，用以保证发动机的正常起动及工作。其控制电路如图 2-5-5 所示。

这种燃油供给系统中，燃油压力分为两级：一级为低压回路，另一级为高压回路。该燃油泵控制单元控制的是低压油路中汽油泵的运转。它安装在后排座椅的下面，如果座椅受到过度挤压，就会压迫这个燃油泵控制单元，使之损坏或失效，从而造成发动机熄火。

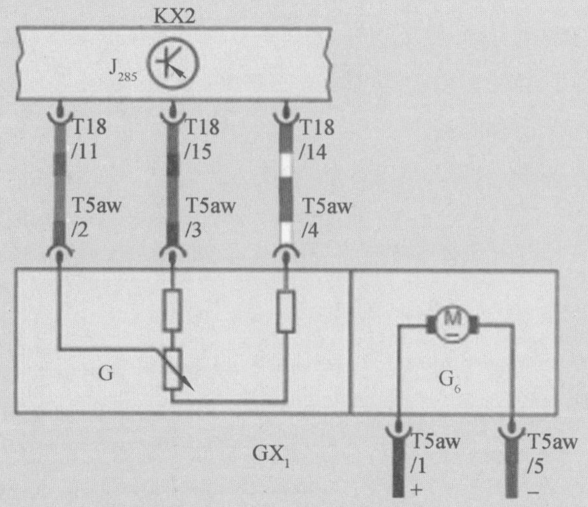

G—燃油表传感器；GX1—燃油供给单元；G6—预供给燃油泵；J285—组合仪表中的控制单元；KX2—组合仪表；T5aw—5 芯插头连接。

图 2-5-5　迈腾 1.8TSI 燃油泵控制电路

3. 电动燃油泵及其控制电路的检修（以卡罗拉为例）

1）用诊断仪检测

（1）读取故障码。将诊断仪与诊断插座相连，将点火开关置于“ON”，打开诊断仪开关按钮，进入故障码读取界面，读取故障码。根据故障码的提示，制订相应的检修计划。

（2）读取数据流。起动发动机，进入数据流读取界面，读取数据流。

将诊断仪检测到的故障码和数据流填入表 2-5-1 中。

表 2-5-1　诊断仪检测

故障码	
数据流	
结果分析：	

2）线束检测

点火开关置于“OFF”，将燃油泵的线束拔下，万用表选择电阻挡，分别测量插头端子之间，以及插头端子与 ECM 端子之间的电阻值，电路如图 2-5-2 所示。将数据填入表 2-5-2 中，并分析原因。

表 2-5-2　线束检测

测量端子	标准值/Ω	测量值/Ω	测量端子	标准值/Ω	测量值/Ω
1（L23）—AL1	<1		2（L23）—41（ECM）	<1	
4（L23）—E	<1		5（L23）—5（L22）	<1	
6（L23）—5（L22）	<1		4（L22）—5（L22）	0.3 ~ 3	
1（L23）—2（L23）	$\geqslant 10^4$		1（L23）—4（L23）	$\geqslant 10^4$	
结果分析：					

3）电压检测

起动发动机，用探针插入 L23 的线束端子，测量各端子之间的电压（见表 2-5-3）。

表 2-5-3　电压检测

测量端子	标准值/V	测量值/V	测量端子	标准值/V	测量值/V
1—4	12		5—6	12（大负荷）	
2—4	5（大负荷）			9（怠速或小负荷）	
	2.5（怠速或小负荷）			0（转速小于 120 r/min）	
	0（转速小于 120 r/min）				
结果分析：					

4）EFI-MAN 保险及主继电器的检测

EFI-MAN 保险为 25 A，EFI-MAN 主继电器如图 2-5-6 所示，保险及主继电器都安装在发动机舱的左侧继电器盒内。

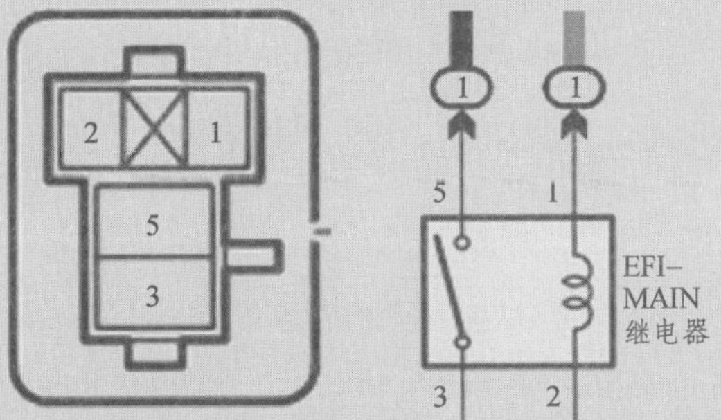

图 2-5-6　EFI-MAN 主继电器

（1）用万用表导通挡检测 EFI-MAN 保险通断，正常情况下是导通的，如果测出电阻为无穷大，则说明保险丝损坏，需更换。

（2）拔下 EFI-MAN 主继电器，检测主继电器端子之间的通断。

将测试结果填入表 2-5-4 中。

表 2-5-4　保险及主继电器检测

测量端子	标准值/Ω	测量值/Ω	测量端子	标准值/Ω	测量值/Ω
1—2（保险）	<1		1—2（继电器）	170	
3—4（继电器）	∞				

（3）EFI-MAN 主继电器供电检测。在主继电器的 1—2 端子之间加载 12 V 的电压，应该听到继电器吸合的声音，如果听不到声音，说明继电器损坏。

【任务小结】

本任务主要介绍了电动燃油泵及控制电路的组成及工作原理，重点阐述了如何检查电动燃油泵及控制电路的故障。通过本任务的学习，学生需了解电动燃油泵及控制电路的组成，掌握其工作原理和检测方法。

【课后习题】

1. 简述电动燃油泵的作用及安装位置。
2. 简述涡轮式电动燃油泵的结构和工作原理。

【任务实施】

1. 任务准备

（1）实训设备：电控发动机台架或轿车。

（2）实训工具：通用拆装工具、万用表、诊断仪、示波器。

（3）实训资料：实训工作页、维修手册、教材等。

（4）辅助材料：翼子板三件套防护套。

2. 实施步骤

1）车辆基本检查。

（1）实训车辆安全防护。

（2）登记车辆基本信息。

（3）车辆油、水、电基本检查。

2）电动燃油泵及其控制电路的检修（见表 2-5-5）

表 2-5-5　电动燃油泵及控制电路的故障检修任务工单

<table>
<tr><td>姓　名</td><td colspan="2"></td><td>学　号</td><td></td><td>分组号</td><td></td></tr>
<tr><td>实训时间</td><td colspan="2"></td><td>工具编号</td><td></td><td>设备编号</td><td></td></tr>
<tr><td>小组评分</td><td colspan="2"></td><td>教师评分</td><td></td><td>平均分</td><td></td></tr>
<tr><td colspan="7">一、计划与决策</td></tr>
<tr><td rowspan="2">任务分工</td><td>组长</td><td>主要操作</td><td>辅助操作</td><td>7S 管理</td><td>质检</td><td>备注</td></tr>
<tr><td></td><td></td><td></td><td></td><td></td><td></td></tr>
<tr><td colspan="4">检测和诊断步骤</td><td colspan="3">工具、仪器设备</td></tr>
<tr><td colspan="4">1.</td><td colspan="3"></td></tr>
<tr><td colspan="4">2.</td><td colspan="3"></td></tr>
<tr><td colspan="4">3.</td><td colspan="3"></td></tr>
<tr><td colspan="4">4.</td><td colspan="3"></td></tr>
<tr><td colspan="4">5.</td><td colspan="3"></td></tr>
<tr><td colspan="7">二、实　施</td></tr>
<tr><td colspan="7">（一）车辆基本检查</td></tr>
<tr><td colspan="3">实训车辆或台架的安全防护</td><td colspan="4"></td></tr>
<tr><td colspan="3" rowspan="3">实训车辆或台架基本信息</td><td colspan="4">车辆或台架品牌：</td></tr>
<tr><td colspan="4">车辆识别码或台架号：</td></tr>
<tr><td colspan="4">发动机型号：</td></tr>
<tr><td colspan="4">实训车辆或台架油、水、电的检查</td><td colspan="3">正常□　不正常□</td></tr>
<tr><td>读取故障码</td><td colspan="2">1.</td><td colspan="2">2.</td><td>3.</td><td>4.</td></tr>
</table>

续表

（二）电动燃油泵及其控制电路的检修（以卡罗拉为例）

1. 电路分析

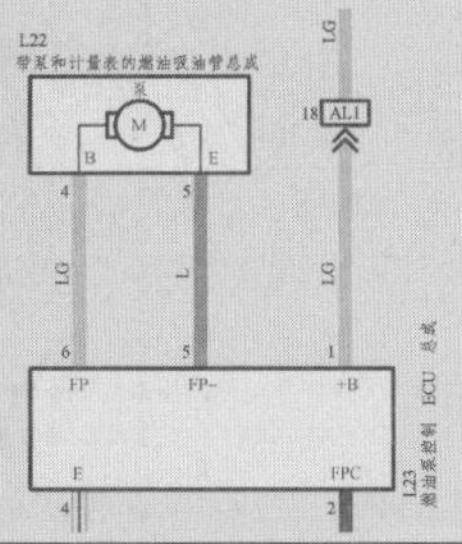

2. 读取故障码

将诊断仪与诊断插座相连，将点火开关置于“ON”，打开诊断仪开关按钮，进入故障码读取界面，读取故障码。根据故障码的提示，制订相应的检修计划

3. 线束的检测

点火开关置于“OFF”，将燃油泵的线束拔下，万用表选择电阻挡，分别测量插头端子之间，以及插头端子与 ECM 端子之间的电阻值

测量端子	标准值/Ω	测量值/Ω	测量端子	标准值/Ω	测量值/Ω
1（L23）—AL1	<1		2（L23）—41（ECM）	<1	
4（L23）—E	<1		5（L23）—5（L22）	<1	
6（L23）—5（L22）	<1		4（L22）—5（L22）	0.3～3	
1（L23）—2（L23）	$\geqslant 10^4$		1（L23）—4（L23）	$\geqslant 10^4$	

结果分析：

4. 电压检测

起动发动机，用探针插入 L23 的线束端子，测量各端子之间的电压

<table>
<tr><th>测量端子</th><th>标准值/V</th><th>测量值/V</th><th>测量端子</th><th>标准值/V</th><th>测量值/V</th></tr>
<tr><td>1—4</td><td>12</td><td></td><td rowspan="4">5—6</td><td rowspan="2">12（大负荷）</td><td rowspan="2"></td></tr>
<tr><td rowspan="3">2—4</td><td>5（大负荷）</td><td></td></tr>
<tr><td>2.5（怠速或小负荷）</td><td></td><td>9（怠速或小负荷）</td><td></td></tr>
<tr><td>0（转速小于 120 r/min）</td><td></td><td>0（转速小于 120 r/min）</td><td></td></tr>
</table>

结果分析：

5. EFI-MAN 保险及主继电器的检测

（1）EFI-MAN 保险检测。用万用表导通挡检测 EFI-MAN 保险通断

（2）EFI-MAN 主继电器端子之间的通断检测

测量端子	标准值/Ω	测量值/Ω	测量端子	标准值/Ω	测量值/Ω
1—2（保险）	<1		1—2（继电器）	170	
3—4（继电器）	∞				

续表

（3）EFI-MAN 主继电器供电检测			
吸合		不吸合	
结果分析：			
故障原因及排除方法：			
三、检查与评估			
1. 评估参考标准			
（1）工作任务（满分 10 分）			
① 明确工作任务，理解任务的重要性（9～10 分）			
② 明确工作任务，了解任务的重要性（8 分）			
③ 了解工作任务，了解任务的重要性（7 分）			
④ 基本了解工作任务，基本了解任务的重要性（6 分）			
⑤ 不了解工作任务，不了解任务的重要性（1～5 分）			
（2）工作计划（满分 10 分）			
① 根据工作任务制订详细的工作计划（9～10 分）			
② 根据工作任务制订较详细的工作计划（8 分）			
③ 根据工作任务制订可执行的工作计划（7 分）			
④ 根据工作任务制订一般的工作计划（6 分）			
⑤ 工作计划不全（1～5 分）			
（3）任务实施（满分 70 分）			
① 操作规范、过程完整、数据正确（63～70 分）			
② 操作规范、过程完整、数据基本正确（56～63 分）			
③ 操作规范、过程较完整、数据基本正确（49～56 分）			
④ 操作基本规范、过程基本完整、数据基本正确（42～49 分）			
⑤ 操作不规范、过程不完整、数据基本正确（1～42 分）			
（4）自我评价（满分 10 分）			
2. 小组考核			
工作任务	工作计划	任务实施	总分

续表

3. 教师考核							
工作任务		工作计划		任务实施		总分	
小组考核（40%）	录分人	教师考核（60%）		录分人	平均得分	统分人	

任务 6　喷油器及控制电路的故障检修

【任务目标】

1. 知识目标

（1）了解喷油器的类型和结构。

（2）掌握喷油器的工作原理。

（3）掌握喷油器控制电路的工作原理。

2. 能力目标

（1）能根据故障现象制订正确的检修计划。

（2）能正确使用常用诊断仪器和设备对喷油器及其控制电路进行检测和诊断。

（3）具备检修和更换喷油器的能力。

3. 素质目标

（1）具有严谨认真、实事求是的科学态度。

（2）能自主学习新知识、新技能。

（3）具有高度的职业责任心和安全意识，遵章守纪、规范操作。

（4）具有较强信息搜集能力，会查找汽车维修手册和相关国家标准。

（5）具有团队协作和吃苦耐劳的精神。

【案例导入】

一辆 1.6 排量的宝来手动挡轿车，怠速不稳，加速无力，读取故障码提示为 3 缸喷油器工作不良。

【案例分析】

当某一缸喷油器工作不良的时候，会影响该缸的工作性能，从而会导致发动机怠速不稳，加速无力。而喷油器工作不良很有可能是喷油器线圈或控制电路有故障。

【知识链接】

1. 喷油器的概述

1）喷油器的作用

喷油器是根据 ECU 的指令，将高压的燃油迅速喷入进气歧管末端或气缸内，以便燃油与空气混合，形成合适浓度的可燃混合气。

2）喷油器的分类

（1）按喷油器的结构可分为轴针式和轴孔式。轴针式喷油器针阀的前端有一段轴针，喷油器关闭时轴针露出喷孔，其优点是喷孔不易堵塞，缺点是燃油的雾化质量稍逊于孔式喷油器，且因为针阀的质量较大，动态响应较差。轴孔式喷油器针阀的前端没有轴针，故针阀不露出喷孔，喷孔数一般为 1 ~ 3 个，其优点是燃料雾化质量较好，响应速度快，缺点是喷孔易堵塞。

（2）按喷油器的阻值可分为高阻值（电阻为 13 ~ 16 Ω）和低阻值喷油器（电阻为 2 ~ 3 Ω）。

（3）按喷油器的驱动方式可分为电流驱动和电压驱动两种。电流驱动式的特点：无附加电阻，回路阻抗小，针阀开启速度快，喷油器喷油迟滞时间缩短，响应性好，但控制电路比较复杂。电压驱动式的特点：喷油滞后时间较长，但控制电路简单。

3）喷油器的结构

喷油器的外形如图 2-6-1 所示。

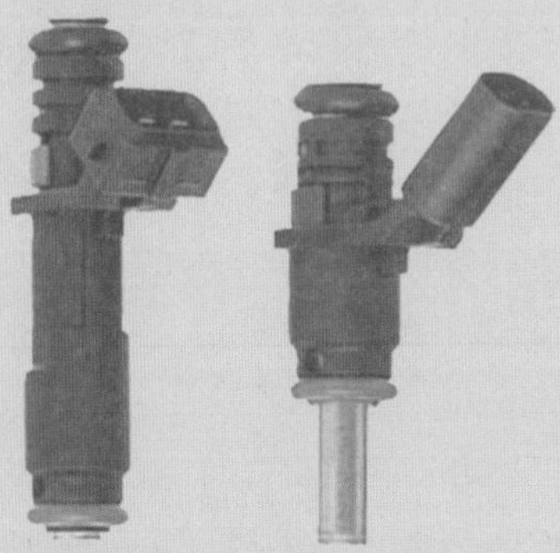

图 2-6-1　喷油器外形

喷油器一般由壳体、电磁线圈、回位弹簧、衔铁、针阀和滤网等组成。图 2-6-2 所示为缸外喷射喷油器的内部结构，图 2-6-3 所示为缸内喷射喷油器的内部结构。

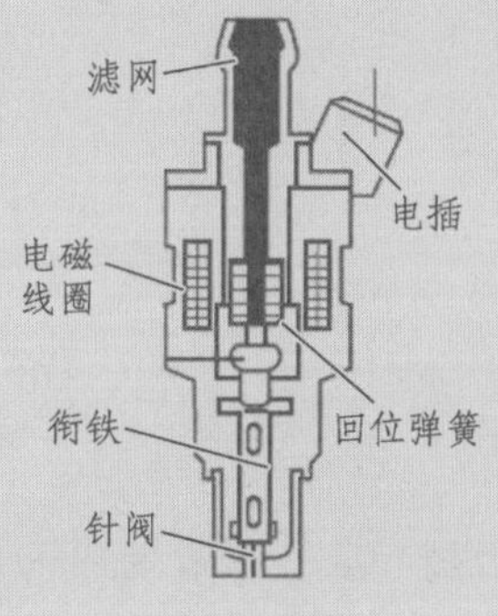

图 2-6-2　缸外喷射喷油器的内部结构

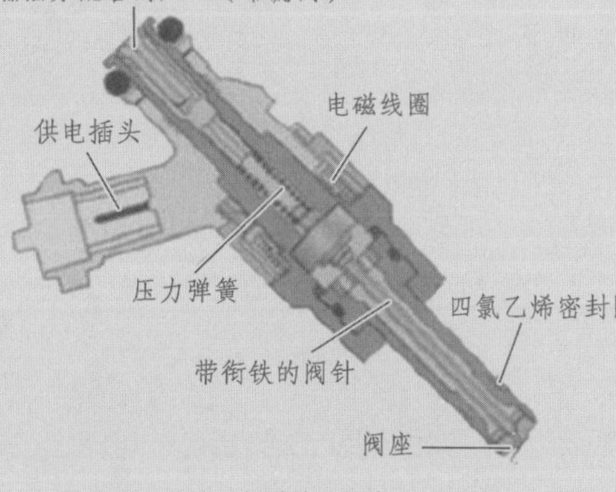

图 2-6-3　缸内喷射喷油器的内部结构

4）喷油器的工作原理

喷油器实际上是一个电磁阀，针阀与衔铁制成一体随衔铁一起移动。发动机工作时，ECU 根据有关信号，经运算判断后输出控制信号，控制大功率晶体管的导通与截止。当大功率晶体管导通时，即接通喷油器电磁线圈电路，产生磁场，针阀在磁场的作用下克服弹簧弹力离开阀座（针阀升程约为 0.1 mm），压力燃油经针阀和阀座之间的空隙喷入进气歧管或气缸。当大功率晶体管截止时，电磁线圈断电，电磁力消失，针阀在弹簧的作用下关闭喷油口，燃油器停止喷射。当喷油器结构确定后，喷油量的多少主要决定于喷油脉宽信号，即喷油器电磁线圈的通电时间。

5）喷油器的驱动方式与控制电路

（1）喷油器的驱动方式。

喷油器的驱动方式分为电流驱动与电压驱动两种。电流驱动只适用于低阻喷油器，直接与蓄电池连接，通过 ECU 中的晶体管对流过喷油器线圈的电流进行控制。电压驱动既适用于低阻喷油器，又可用于高阻喷油器。低阻喷油器采用电压驱动方式时，必须加入附加电阻器，因为低阻喷油器线圈的电阻较小，加入附加电阻器，可减小工作时流过线圈的电流，以防止线圈发热而损坏。

（2）喷油器的控制电路。

喷油器控制电路一般由点火开关直接或通过继电器间接提供电源，再由 ECU 控制喷油器的搭铁回路。丰田卡罗拉发动机喷油器的连接电路如图 2-6-4 所示，当点火开关置于“ON”时，IG2 号继电器触点吸合，为 4 个喷油器提供 12 V 的电源，4 个喷油器分别受 ECM 内功率晶体管控制搭铁。

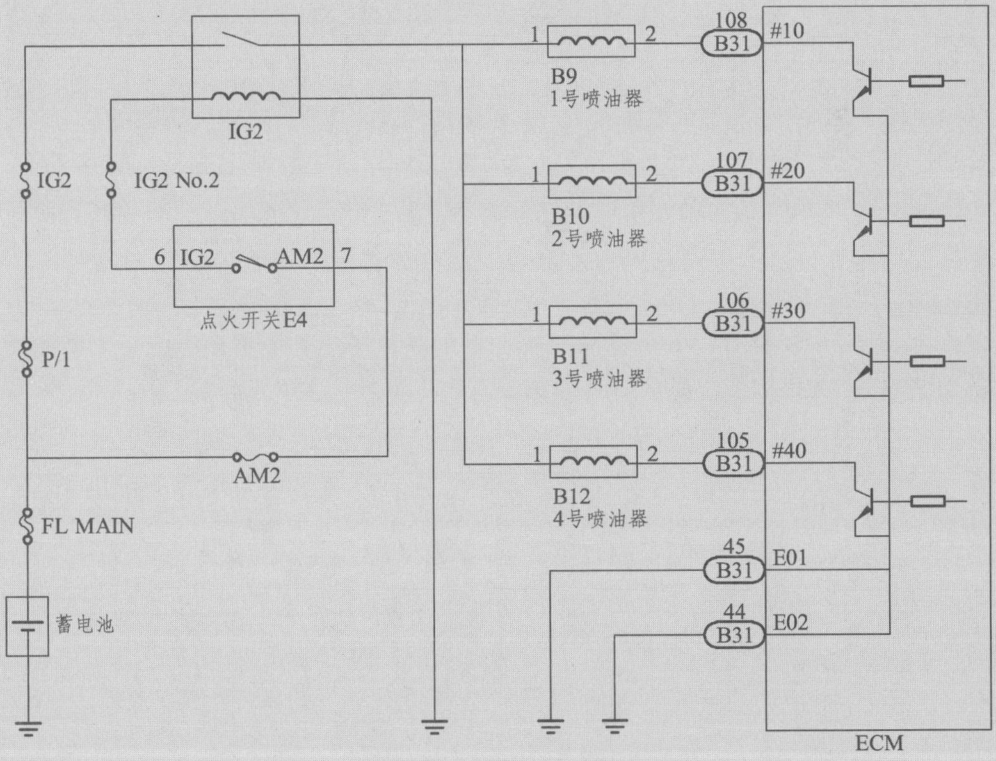

图 2-6-4　喷油器的连接电路

6）喷油器及控制电路的检测

（1）用诊断仪检测。

① 读取故障码。将诊断仪与诊断插座相连，将点火开关置于“ON”，打开诊断仪开关按钮，进入故障码读取界面，读取故障码。根据故障码的提示，制订相应的检修计划。

② 读取数据流。起动发动机，运转 5 min 以上，使发动机完全预热，达到正常工作温度。如果燃油反馈系统正常，则汽车应进入闭环控制状态。诊断时，如果采用带示波器的诊断仪，可通过观察示波器上氧传感器的信号来确认。

将诊断仪检测到的故障码和数据流填入表 2-6-1 中。

表 2-6-1　诊断仪检测

故障码	
数据流	
结果分析：	

喷油脉宽一般为 1.5 ~ 2.9 ms。如果脉宽达到 2.9 ~ 5.5 ms，一般是喷油器堵塞导致的。

诊断分析步骤：

a. 关掉空调和所有附属电器设备，让变速杆置于停车挡或空挡，用解码器读出此时的怠速喷油脉宽。

b. 拔掉油压调节器真空管，将胶管塞住，以防空气漏入进气道，这时应感到发动机转速明显上升。用鲤鱼钳瞬间适当夹紧回油管，人为增加喷油压力使混合气加浓，如燃油反馈控制系统和氧传感器正常，从诊断仪上可明显观察到喷油脉宽缩短，一般比怠速喷油脉宽减小 0.1 ~ 0.2 ms，这是发动机 ECU 对过浓混合气进行修正的结果。

c. 人为造成真空泄漏，使混合气过稀，如果系统工作正常，喷油脉宽将延长 0.01 ~ 0.04 ms，这是发动机 ECU 对稀混合气进行补偿的结果。

（2）电阻检测。

① 点火开关置于“OFF”，拔下喷油器的线束插座，测量插座端子之间和插头端子与 ECM 之间的电阻值。将数据填入表 2-6-2 中，并分析原因。

表 2-6-2　电阻检测

测量端子	标准值/Ω	测量值/Ω	测量端子	标准值/Ω	测量值/Ω
1—2（1 号喷油器）	12 ~ 16 或 2 ~ 3		1—2（2 号喷油器）	12 ~ 16 或 2 ~ 3	
1—2（3 号喷油器）	12 ~ 16 或 2 ~ 3		1—2（4 号喷油器）	12 ~ 16 或 2 ~ 3	
2（1 号）—108（ECM）	<1		2（2 号）—107（ECM）	<1	
2（3 号）—106（ECM）	<1		2（4 号）—105（ECM）	<1	

（3）电压检测。

点火开关置于“ON”，测量 1 号端子与搭铁端子之间的电压值，正常值应该为 12 V。将数据填入表 2-6-3 中，并分析原因。

表 2-6-3　电压检测

测量端子	标准值/V	测量值/V	测量端子	标准值/V	测量值/V
1（1 号喷油器）—E	12		1（3 号喷油器）—E	12	
1（2 号喷油器）—E	12		1（4 号喷油器）—E	12	

（4）听诊器检测。

起动发动机，用听诊器或长柄改锥听喷油器是否有“嗒嗒、嗒嗒”的工作声音，如果没有声音，说明喷油器或控制电路有故障。可用试灯接在喷油器的线束插头上再起动发动机，若试灯闪烁，说明喷油器控制系统工作正常，故障在喷油器。将测试结果填入表 2-6-4 中。

表 2-6-4　听诊器检测

喷油器号	是否有响声	试灯是否闪烁	喷油器号	是否有响声	试灯是否闪烁
1 号喷油器			2 号喷油器		
3 号喷油器			4 号喷油器		

（5）用喷油器清洗检测仪检测。

喷油器清洗检测仪外形如图 2-6-5 所示。

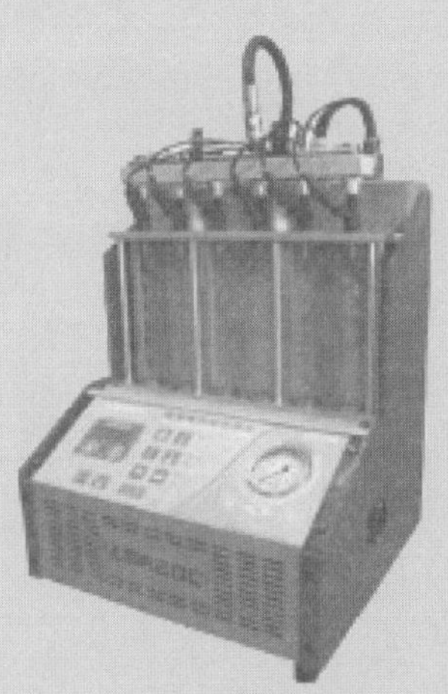

图 2-6-5　喷油器清洗检测仪外形

① 准备工作。

a. 将喷油器放入汽油或清洗油中，仔细清洗外部油污后用软布擦拭干净。检查喷油嘴上的橡胶圈是否损坏，如有损坏，应及时更换。

b. 打开清洗检测仪电源。

c. 从量筒上方的圆孔倒入专用喷油器测试剂两瓶，约 1 850 mL 。

d. 在超声波清洗槽内放入清洗支架，倒入适量的专用清洗剂（要浸过支架表面）。

② 超声波清洗。

将驱动线插头依次插入喷油器插孔中，将喷油器放入清洗槽内的清洗支架孔位上，按选择键选择超声波清洗项，设置清洗时间（设备默认 10 min），按工作键超声波清洗开始。

注意：超声槽内无清洗剂时严禁打开超声系统以免造成设备损坏。

③ 反向冲洗。

a. 将喷油器用偶件连接于分油器与量筒架之间，旋紧锁紧杆，接好高压管接头，将驱动线插头逐一插入喷油器插孔中。

b. 按选择键选择反向冲洗项，按工作键冲洗开始，同时将系统压力调至 0.25 ~ 0.30 MPa。

④ 喷油器的安装冲洗测试。

a. 将喷油器固定在分油器与量筒架之间，旋紧锁紧杆，按选择键至全开喷射测试项，按工作键冲洗开始，系统压力仍保持在 0.25 ~ 0.30 MPa，冲洗结束后自动停机。

b. 搬下泄油手杆，按选择键依次选择怠速测试、中速测试、高速测试、自动变速测试项进行模拟测试工作，压力仍保持在 0.25 ~ 0.30 MPa。当液面达到量筒的 2/3 时按下停止键或暂停键。观测在不同工况下各喷油器的流量均衡性。同一车上所有喷油器的喷油量偏差不应超过 2%。

c. 保持喷油器安装位置不动，按选择键选择检漏测试项，按下工作键，同时将压力调至 0.3 MPa，观测各喷油器密封性。每分钟滴漏不超过两滴为合格。

d. 选择精确观测喷油形状项，按确定键开始工作，观察同一车上所有喷油器的喷油形状是否一致。

【任务小结】

本任务介绍了喷油器及其控制电路的组成，分析了喷油器及其控制电路的工作原理和检测方法。通过本任务的学习，学生需掌握喷油器及其控制电路的工作原理，能利用相应检测设备对喷油器及其控制电路的故障进行诊断和排除。

【课后习题】

1. 简述喷油器安装位置及作用。
2. 简述喷油器的分类。
3. 简述喷油器的组成及工作原理。
4. 简述喷油器的驱动方式及控制电路。
5. 简述喷油器清洗检测仪的使用方法。

【任务实施】

1. 任务准备

（1）实训设备：电控发动机台架或轿车。

（2）实训工具：通用拆装工具。

（3）实训资料：实训工作页、维修手册、教材等。

（4）辅助材料：翼子板三件套防护套。

2. 实施步骤

1）车辆基本检查

（1）实训车辆安全防护。

（2）登记车辆基本信息。

（3）车辆油、水、电基本检查。

2）喷油器及控制电路的检修（见表 2-6-5）

表 2-6-5　喷油器及控制电路故障检修任务工单

<table>
<tr><td>姓　名</td><td colspan="2"></td><td colspan="2">学　号</td><td></td><td>分组号</td><td colspan="2"></td></tr>
<tr><td>实训时间</td><td colspan="2"></td><td colspan="2">工具编号</td><td></td><td>设备编号</td><td colspan="2"></td></tr>
<tr><td>小组评分</td><td colspan="2"></td><td colspan="2">教师评分</td><td></td><td>平均分</td><td colspan="2"></td></tr>
<tr><td colspan="9">一、计划与决策</td></tr>
<tr><td rowspan="2">任务分工</td><td>组长</td><td>主要操作</td><td colspan="2">辅助操作</td><td>7S 管理</td><td>质检</td><td colspan="2">备注</td></tr>
<tr><td></td><td></td><td colspan="2"></td><td></td><td></td><td colspan="2"></td></tr>
<tr><td colspan="5">检测和诊断步骤</td><td colspan="4">工具、仪器设备</td></tr>
<tr><td colspan="5">1.</td><td colspan="4"></td></tr>
<tr><td colspan="5">2.</td><td colspan="4"></td></tr>
<tr><td colspan="5">3.</td><td colspan="4"></td></tr>
<tr><td colspan="5">4.</td><td colspan="4"></td></tr>
<tr><td colspan="5">5.</td><td colspan="4"></td></tr>
<tr><td colspan="9">二、实施</td></tr>
<tr><td colspan="9">（一）车辆基本检查</td></tr>
<tr><td colspan="3">实训车辆或台架的安全防护</td><td colspan="6"></td></tr>
<tr><td colspan="3" rowspan="3">实训车辆或台架基本信息</td><td colspan="6">车辆或台架品牌：</td></tr>
<tr><td colspan="6">车辆识别码或台架号：</td></tr>
<tr><td colspan="6">发动机型号：</td></tr>
<tr><td colspan="5">实训车辆或台架油、水、电的检查</td><td colspan="4">正常☐　不正常☐</td></tr>
<tr><td>读取故障码</td><td colspan="2">1.</td><td colspan="2">2.</td><td colspan="2">3.</td><td colspan="2">4.</td></tr>
</table>

续表

（二）喷油器及控制电路检修

1. 读取数据流

起动发动机，运转 5 min 以上，使发动机完全预热，达到正常工作温度

测量条件	标准值/ms	测量值/ms	测量条件	标准值/ms	测量值/ms
怠速运行	1.5 ~ 2.9		堵住真空管	比怠速小 0.1 ~ 0.2	
拔掉真空管	比怠速大 0.01 ~ 0.04				

结果分析：

2. 电阻检测

点火开关置于“OFF”，拔下喷油器的线束插座，测量插座端子之间和插头端子与 ECM 之间的电阻值

测量端子	标准值/Ω	测量值/Ω	测量端子	标准值/Ω	测量值/Ω
1—2（1 号喷油器）	12 ~ 16 或 2 ~ 3		1—2（2 号喷油器）	12 ~ 16 或 2 ~ 3	
1—2（3 号喷油器）	12 ~ 16 或 2 ~ 3		1—2（4 号喷油器）	12 ~ 16 或 2 ~ 3	
2（1 号）—108（ECM）	<1		2（2 号）—107（ECM）	<1	
2（3 号）—106（ECM）	<1		2（4 号）—105（ECM）	<1	

结果分析：

3. 电压测量

测量	标准值/V	测量值/V	测量端子	标准值/V	测量值/V
1（1 号喷油器）—E	12		1（3 号喷油器）—E	12	
1（2 号喷油器）—E	12		1（4 号喷油器）—E	12	

结果分析：

4. 听诊器检测

喷油器号	是否有响声	试灯是否闪烁	喷油器号	是否有响声	试灯是否闪烁
1 号喷油器			2 号喷油器		
3 号喷油器			4 号喷油器		

结果分析：

5. 用喷油器清洗检测仪检测

续表

<table>
<tr><td colspan="6">结果分析：</td></tr>
<tr><td colspan="6">三、检查与评估</td></tr>
<tr><td colspan="6">1. 评估参考标准</td></tr>
<tr><td colspan="6">（1）工作任务（满分 10 分）</td></tr>
<tr><td colspan="6">① 明确工作任务，理解任务的重要性（9～10 分）</td></tr>
<tr><td colspan="6">② 明确工作任务，了解任务的重要性（8 分）</td></tr>
<tr><td colspan="6">③ 了解工作任务，了解任务的重要性（7 分）</td></tr>
<tr><td colspan="6">④ 基本了解工作任务，基本了解任务的重要性（6 分）</td></tr>
<tr><td colspan="6">⑤ 不了解工作任务，不了解任务的重要性（1～5 分）</td></tr>
<tr><td colspan="6">（2）工作计划（满分 10 分）</td></tr>
<tr><td colspan="6">① 根据工作任务制订详细的工作计划（9～10 分）</td></tr>
<tr><td colspan="6">② 根据工作任务制订较详细的工作计划（8 分）</td></tr>
<tr><td colspan="6">③ 根据工作任务制订可执行的工作计划（7 分）</td></tr>
<tr><td colspan="6">④ 根据工作任务制订一般的工作计划（6 分）</td></tr>
<tr><td colspan="6">⑤ 工作计划不全（1～5 分）</td></tr>
<tr><td colspan="6">（3）任务实施（满分 70 分）</td></tr>
<tr><td colspan="6">① 操作规范、过程完整、数据正确（63～70 分）</td></tr>
<tr><td colspan="6">② 操作规范、过程完整、数据基本正确（56～63 分）</td></tr>
<tr><td colspan="6">③ 操作规范、过程较完整、数据基本正确（49～56 分）</td></tr>
<tr><td colspan="6">④ 操作基本规范、过程基本完整、数据基本正确（42～49 分）</td></tr>
<tr><td colspan="6">⑤ 操作不规范、过程不完整、数据基本正确（1～42 分）</td></tr>
<tr><td colspan="6">（4）自我评价（满分 10 分）</td></tr>
<tr><td colspan="6">2. 小组考核</td></tr>
<tr><td colspan="2">工作任务</td><td>工作计划</td><td colspan="2">任务实施</td><td>总分</td></tr>
<tr><td colspan="2"></td><td></td><td colspan="2"></td><td></td></tr>
<tr><td colspan="6">3. 教师考核</td></tr>
<tr><td colspan="2">工作任务</td><td>工作计划</td><td colspan="2">任务实施</td><td>总分</td></tr>
<tr><td colspan="2"></td><td></td><td colspan="2"></td><td></td></tr>
<tr><td>小组考核（40%）</td><td>录分人</td><td>教师考核（60%）</td><td>录分人</td><td>平均得分</td><td>统分人</td></tr>
<tr><td></td><td></td><td></td><td></td><td></td><td></td></tr>
</table>

任务 7　燃油压力调压器的故障检修

【任务目标】

1. 知识目标

（1）了解燃油压力调压器的结构。

（2）掌握燃油压力调压器的工作原理。

2. 能力目标

（1）能根据故障现象制订正确的检修计划。

（2）能正确进行压力测试，并根据压力值对油路故障检测和诊断。

（3）具备检修和更换燃油压力调压器的能力。

3. 素质目标

（1）具有严谨认真、实事求是的科学态度。

（2）能自主学习新知识、新技能。

（3）具有高度的职业责任心和安全意识，遵章守纪、规范操作。

（4）具有较强信息搜集能力，会查找汽车维修手册和相关国家标准。

（5）具有团队协作和吃苦耐劳的精神。

【案例导入】

一辆 1.6L 排量的卡罗拉手动挡轿车，无法起动，起动系统运转正常，无故障码。

【案例分析】

当油轨内油压不足时，会影响到发动机的起动性能。燃油压力调压器工作不良，就会影响油路的油压，如果油压过低会导致发动机无法起动。

【知识链接】

1. 燃油压力调压器的概述

1）燃油压力调压器的作用

（1）有回油管的燃油供给系统。燃油压力调节器安装在油轨上，如图 2-7-1 所示。由于进气管内的气体压力是随发动机转速和负荷的变化而变化的，其作用是通过调整油轨内燃油的压力，使喷油器上、下压差保持恒定，保证燃油喷射量只受喷油脉宽的控制。

（2）无回油管的燃油供给系统。燃油压力调节器安装在油箱内，燃油泵总成上，如图 2-7-2 所示。其作用是将燃油压力控制在一个恒定的压力值。

两种油路的燃油压力调节器都可以缓冲燃油泵供油时产生的压力脉动和喷油器断续喷油引起的压力波动。

图 2-7-1　有回油管的燃油供给系统

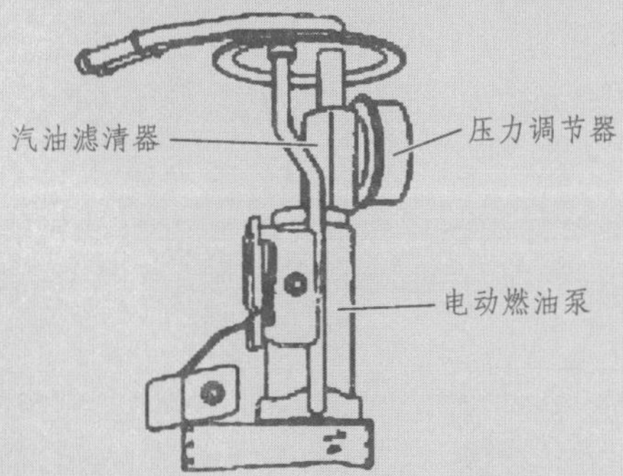

图 2-7-2　无回油管的燃油压力调节器总成

2）燃油压力调压器的结构和工作原理

（1）燃油压力调压器的结构。

燃油压力调节器主要由弹簧、阀体、阀门和铝合金壳体组成。阀体固定在金属膜片上，阀体与阀门之间安装有一个球阀。球阀用弹片托起，球阀与阀体之间设有一个弹力较小的弹簧，使球阀与阀门保持接触。在铝合金壳体上，设有油管接头和真空管接头，进油口接头与燃油分配管连接，回油口接头连接回油管并与油箱相通，真空管接头与节气门至进气歧管之间的真空管连接，如图 2-7-3 所示。

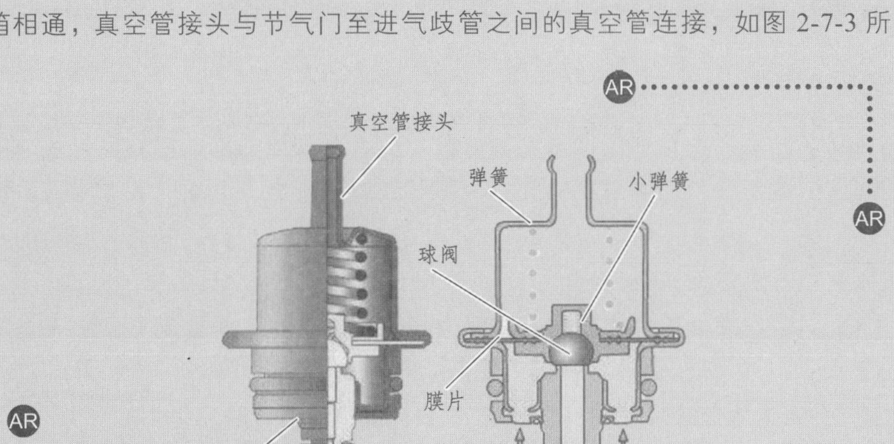

图 2-7-3　燃油压力调节器

（2）燃油压力调压器的工作原理。

① 油压调节器实际上是一个由膜片控制的过流型溢流阀。膜片将调节器分隔为上弹簧室和下燃油室，由膜片控制溢流阀的开度，以保持上、下两室的压力平衡。

② 当燃油室油压升高超过弹簧压力与真空气体压力的合力时，膜片向上拱曲，调节器阀门打开，部分燃油从球阀经回油口流回油箱，使燃油压力降低，当压力降低到调节器设定的控制油压时，球阀关闭，以保持从油泵单向阀到压力调节器之间油路具有一定压力。

（3）燃油压力调压器的输出特性。

① 当进气歧管内的气体压力下降时（真空度增大），膜片上移，回油阀开度增加，回油量增加，燃油分配管内油压下降，保持与变化了的进气歧管压力差值的恒定（0.25 MPa）。

② 当进气歧管内的气体压力升高时（真空度减小），膜片下移，回油阀开度减小，回油量减少，燃油分配管内油压升高，保持与变化了的进气歧管压力差值的恒定（0.25 MPa）。其输出特性如图 2-7-4 所示。

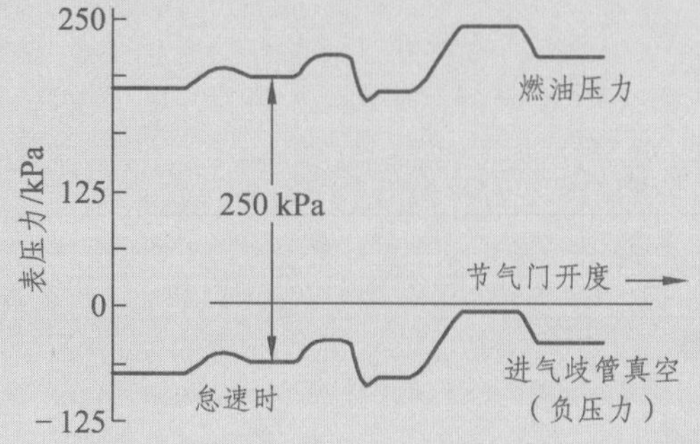

图 2-7-4　歧管内压力、油轨内压力与节气门开度的变化关系

2. 燃油系统的压力测试

1）燃油系统的压力释放

在安装燃油系统组件或检修燃油系统之前，必须要先释放燃油喷射系统内残留的油压。若不释放燃油系统的压力，将导致燃油溢出，严重的会造成人员伤害和财产损失。对燃油系统零部件进行维修时，必须戴上护目镜并遵守安全规章制度，以避免发生任何人身伤害。

（1）对装有燃油压力检测阀的进气道燃油喷射系统，释放燃油系统压力的步骤如下：

① 将蓄电池负极导线断开，以防不小心起动发动机时喷射燃油。

② 打开燃油箱加油盖以释放油箱内燃油蒸气压。

③ 用一块抹布包住燃油分配管压力测试端口，卸下防尘帽。

④ 在燃油分配管压力测试端口上连接燃油压力表。

⑤ 在压力表上安装一根软管连接到一个可盛放汽油的容器内，然后打开表盘

上的阀门释放燃油压力，这样汽油将流入容器内。一定要保证该放油管内的所有燃油都排入容器内。

（2）没有安装燃油分配管压力测试端口，释放燃油系统压力步骤如下：

① 打开燃油箱加油盖以消除其蒸气压力。

② 拆下燃油泵的保险丝或燃油泵继电器。

③ 起动发动机使其运转，直到燃油系统内燃油消耗完，并且发动机停止工作。

④ 使起动机工作 3 s 以释放残余的燃油压力。

⑤ 断开电源负极接线，以防不小心起动发动机时喷射燃油。

2）燃油系统压力测试

燃油系统压力测试包括供油系统的油压检查、密封性能和保压能力的检查。

为了保证发动机在各种工况下，供油系统都能供给足够的燃油，在不同工作条件下，供油系统实际供给的燃油压力并非一固定值。

（1）当电源电压正常，将油压表连接到燃油分配管进油口处，起动发动机并怠速运行时，油压表压力额定值应为（450 ± 20）kPa。

（2）随着节气门开度的增大，油压表压力应逐渐增大，当节气门全部打开时，压力值会达到 300 kPa 左右。

（3）当拔下油压调节器上的真空管时，油压表压力必须升高到 300 kPa。

如油压不符合上述规定，说明供油系统故障，应予以检修或更换有关部件。导致油压过高的原因是油压调节器损坏，应予以更换新品。导致油压过低的原因是油管接头或油管漏油、燃油滤清器堵塞、蓄电池电压过低或油压调节器损坏。

（4）当电源电压正常，起动发动机并怠速运行，用鲤鱼钳夹住回油管，压力表读数会增加。

（5）发动机正常工作一段时间后，断开点火开关，10 min 后，油压表压力必须高于 200 kPa。如压力低于 200 kPa，说明燃油系统密封不严或燃油压力调节器损害。

（6）再次起动发动机并怠速运转使压力达到额定值后，断开点火开关，并夹住回油管，同时观察油压表压力。10 min 后，如表压力高于 200 kPa，说明油压调节器失效，应予以更换。如表压力低于 200 kPa，说明输油管、喷油器有泄漏或燃油泵止回阀故障或喷油器进油口 O 形密封圈失效，需逐步进行检修。拔下喷油器检查其漏油情况时，在油压正常情况下，每分钟滴油应不超过 2 滴。

【任务小结】

本任务介绍了燃油压力调节器的组成及工作原理，阐述了燃油系统压力测试的方法。通过本任务的学习，学生需掌握燃油压力调节器的组成及工作原理，掌握燃油系统压力测试的方法，根据燃油系统的压力对油路系统的故障能做出准确的判断。

【课后习题】

1. 简述燃油压力调节器安装位置及作用。
2. 简述燃油压力调节器的工作原理。
3. 简述燃油压力测试的注意事项及测试方法。

【任务实施】

1. 任务准备

（1）实训设备：电控发动机台架或轿车。

（2）实训工具：通用拆装工具、燃油压力表及接头。

（3）实训资料：实训工作页、维修手册、教材等。

（4）辅助材料：翼子板三件套防护套。

2. 实施步骤

1）车辆基本检查

（1）实训车辆安全防护。

（2）登记车辆基本信息。

（3）车辆油、水、电基本检查。

2）燃油系统压力测试（见表 2-7-1）

表 2-7-1 燃油系统压力测试任务工单

<table>
<tr><td>姓　名</td><td colspan="2"></td><td colspan="2">学　号</td><td></td><td>分组号</td><td></td></tr>
<tr><td>实训时间</td><td colspan="2"></td><td colspan="2">工具编号</td><td></td><td>设备编号</td><td></td></tr>
<tr><td>小组评分</td><td colspan="2"></td><td colspan="2">教师评分</td><td></td><td>平均分</td><td></td></tr>
<tr><td colspan="9">一、计划与决策</td></tr>
<tr><td rowspan="2">任务分工</td><td>组长</td><td>主要操作</td><td>辅助操作</td><td>7S 管理</td><td>质检</td><td colspan="3">备注</td></tr>
<tr><td></td><td></td><td></td><td></td><td></td><td colspan="3"></td></tr>
<tr><td colspan="4">检测和诊断步骤</td><td colspan="5">工具、仪器设备</td></tr>
<tr><td colspan="4">1.</td><td colspan="5"></td></tr>
<tr><td colspan="4">2.</td><td colspan="5"></td></tr>
<tr><td colspan="4">3.</td><td colspan="5"></td></tr>
<tr><td colspan="4">4.</td><td colspan="5"></td></tr>
<tr><td colspan="4">5.</td><td colspan="5"></td></tr>
<tr><td colspan="9">二、实　施</td></tr>
<tr><td colspan="9">（一）车辆基本检查</td></tr>
<tr><td colspan="3">实训车辆或台架的安全防护</td><td colspan="6"></td></tr>
<tr><td colspan="3" rowspan="3">实训车辆或台架基本信息</td><td colspan="6">车辆或台架品牌：</td></tr>
<tr><td colspan="6">车辆识别码或台架号：</td></tr>
<tr><td colspan="6">发动机型号：</td></tr>
<tr><td colspan="5">实训车辆或台架油、水、电的检查</td><td colspan="4">正常□　不正常□</td></tr>
<tr><td colspan="2">读取故障码</td><td colspan="2">1.</td><td>2.</td><td colspan="2">3.</td><td colspan="2">4.</td></tr>
<tr><td colspan="9">（二）燃油系统压力测试</td></tr>
<tr><td colspan="9">1. 燃油系统的压力释放</td></tr>
</table>

续表

（1）对装有燃油压力检测阀的进气道燃油喷射系统，释放燃油系统压力步骤： ①
②
③
④
⑤
（2）没有安装燃油分配管压力测试端口，释放燃油系统压力步骤： ①
②
③
④
⑤

2. 燃油系统压力测试

测试条件	压力值/MPa	测试条件	压力值/MPa	测试条件	压力值/MPa
怠速时的压力		节气门打开 50%		节气门打开 75%	
拔下真空管		夹住回油管		静置 10 min	

3. 结果分析

4. 故障诊断与排除

续表

<table>
<tr><td colspan="12">三、检查与评估</td></tr>
<tr><td colspan="12">1. 评估参考标准</td></tr>
<tr><td colspan="12">（1）工作任务（满分 10 分）</td></tr>
<tr><td colspan="12">① 明确工作任务，理解任务的重要性（9～10 分）</td></tr>
<tr><td colspan="12">② 明确工作任务，了解任务的重要性（8 分）</td></tr>
<tr><td colspan="12">③ 了解工作任务，了解任务的重要性（7 分）</td></tr>
<tr><td colspan="12">④ 基本了解工作任务，基本了解任务的重要性（6 分）</td></tr>
<tr><td colspan="12">⑤ 不了解工作任务，不了解任务的重要性（1～5 分）</td></tr>
<tr><td colspan="12">（2）工作计划（满分 10 分）</td></tr>
<tr><td colspan="12">① 根据工作任务制订详细的工作计划（9～10 分）</td></tr>
<tr><td colspan="12">② 根据工作任务制订较详细的工作计划（8 分）</td></tr>
<tr><td colspan="12">③ 根据工作任务制订可执行的工作计划（7 分）</td></tr>
<tr><td colspan="12">④ 根据工作任务制订一般的工作计划（6 分）</td></tr>
<tr><td colspan="12">⑤ 工作计划不全（1～5 分）</td></tr>
<tr><td colspan="12">（3）任务实施（满分 70 分）</td></tr>
<tr><td colspan="12">① 操作规范、过程完整、数据正确（63～70 分）</td></tr>
<tr><td colspan="12">② 操作规范、过程完整、数据基本正确（56～63 分）</td></tr>
<tr><td colspan="12">③ 操作规范、过程较完整、数据基本正确（49～56 分）</td></tr>
<tr><td colspan="12">④ 操作基本规范、过程基本完整、数据基本正确（42～49 分）</td></tr>
<tr><td colspan="12">⑤ 操作不规范、过程不完整、数据基本正确（1～42 分）</td></tr>
<tr><td colspan="12">（4）自我评价（满分 10 分）</td></tr>
<tr><td colspan="12">2. 小组考核</td></tr>
<tr><td colspan="3">工作任务</td><td colspan="3">工作计划</td><td colspan="3">任务实施</td><td colspan="3">总分</td></tr>
<tr><td colspan="3"></td><td colspan="3"></td><td colspan="3"></td><td colspan="3"></td></tr>
<tr><td colspan="12">3. 教师考核</td></tr>
<tr><td colspan="3">工作任务</td><td colspan="3">工作计划</td><td colspan="3">任务实施</td><td colspan="3">总分</td></tr>
<tr><td colspan="3"></td><td colspan="3"></td><td colspan="3"></td><td colspan="3"></td></tr>
<tr><td colspan="2">小组考核（40%）</td><td colspan="2">录分人</td><td colspan="2">教师考核（60%）</td><td colspan="2">录分人</td><td colspan="2">平均得分</td><td colspan="2">统分人</td></tr>
<tr><td colspan="2"></td><td colspan="2"></td><td colspan="2"></td><td colspan="2"></td><td colspan="2"></td><td colspan="2"></td></tr>
</table>

任务 8　缸内直喷发动机的故障检修

【学习目标】

1. 知识目标

（1）掌握燃油系统的组成及作用。

（2）了解高压喷油器的种类及作用。

（3）掌握喷油器控制电路的工作原理。

（4）了解高压燃油泵的结构、作用及工作原理；

（5）掌握燃油压力传感器的结构及作用。

2. 能力目标

（1）能够完成高压燃油压力的检测。

（2）能够完成喷油器的清洗。

（3）能够完成喷油器及线路的检测。

（4）能够完成高压泵的检测及更换。

（5）能够完成燃油压力传感器及线路的检测。

3. 素质目标

（1）具有严谨认真、实事求是的科学态度。

（2）能自主学习新知识、新技能。

（3）具有高度的职业责任心和安全意识，遵章守纪、规范操作。

（4）具有较强信息搜集能力，会查找汽车维修手册和相关国家标准。

（5）具有团队协作和吃苦耐劳的精神。

【案例导入】

一辆别克新君威轿车，搭载 LTD2.01 缸内直喷发动机，行驶 20 000 km，出现加速不良、怠速抖动故障。

【案例分析】

经过试车发现该车有规律的间歇性抖动，通常这是由于发动机某个缸或是某几个缸工作不理想即缺缸造成的。考虑到缸内直喷发动机不能轻易通过断高压喷油器插头或高压线来做断缸实验。首先采用上海通用专用诊断仪 MDL+GDS，对车辆发动机系统进行 4 缸的工作平衡测试，结果发现 1、4 缸平衡数值明显低于 2、3 缸，而且 2、3 缸的平衡值也不太理想。然后将 1 缸喷油器与 2 缸喷油器对调，重新进行 4 缸的工作平衡测试，而这次数值表明 2、4 缸的平衡值较低，因此大致可以判断 1、4 缸喷油器故障。考虑到该车行驶里程仅有 20 000 km，喷油器机械及电器故障可能性很小。与车主交谈中得知该车经常在小加油站加油，怀疑该车是由于长时间使用不达标汽油导致喷油器针孔被汽油胶质堵塞，而 1、4 缸喷油器针孔的堵塞现象更严重。使用喷油器专门清洗设备清洗高压油嘴，故障排除。

【知识链接】

1. 缸内直喷发动机概述

缸内直喷发动机是将燃油直接喷入气缸，在气缸内形成可燃混合气，而传统的自然吸气式发动机是将燃油喷射在进气歧管内，在进气道内形成可燃混合气，然后被负压吸入发动机。两种不同燃油喷射方式，如图 2-8-1 所示。

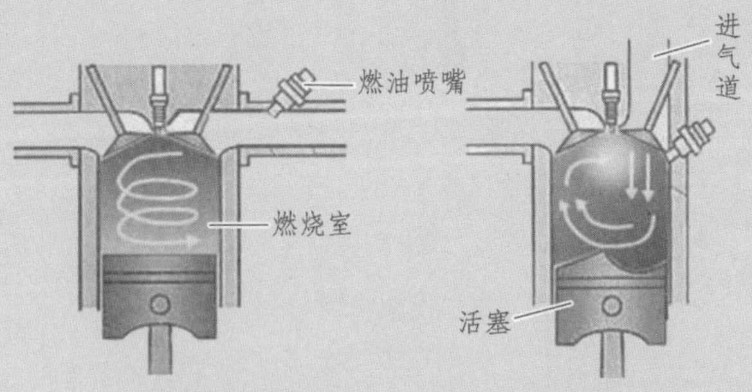

（a）普通燃油喷射　　（b）缸内燃油喷射

图 2-8-1　两种不同燃油喷射方式

缸内燃油喷射发动机具有以下优点：

（1）可以实现脉冲增压。

（2）可采用更大的气门叠开角。

（3）进气管内无燃料沉积。

（4）进气管造型不受制约。

（5）可以提高压缩比。

（6）可以实现混合气分层燃烧。

（7）可直接冷却燃烧室部件。

2. 缸内直喷发动机的种类及工作原理

根据缸内直喷发动机工作原理不同，可以将其分为燃油直接喷射缸内直喷发动机（Gasoline Direct Injection，GDI）、燃油分层喷射缸内直喷发动机（Fuel Stratified Injection，FSI）、带涡轮增压器的燃油分层喷射缸内直喷发动机（Turbo Fuel Stratified Injection，TFSI），以及带机械增压器和涡轮增压器的燃油分层喷射缸内直喷发动机 [Twincharger（Fuel）Stratified Injection，TSI]等 4 种。

1）GDI 发动机

（1）GDI 发动机燃油供给系统基本组成和工作原理。

系统主要由低压输油泵、燃油压力传感器、喷油压力控制阀、高压油泵、蓄压燃油轨、喷油器等组成。GDI 发动机广泛应用内开式旋流喷油器，只有一个喷孔，工作油压为 5.0～10 MPa，工作原理如图 2-8-2 所示。

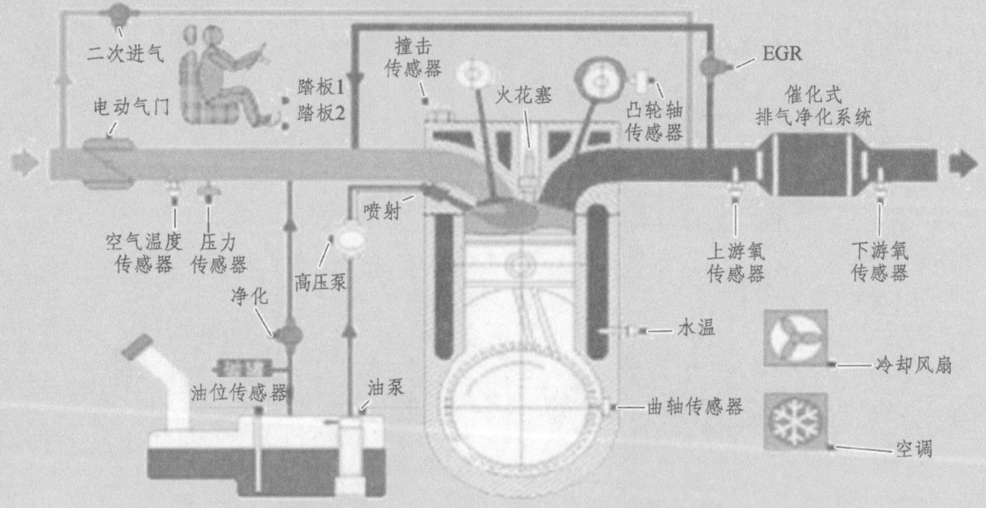

图 2-8-2　GDI 发动机工作原理

（2）燃油喷射过程。

GDI 发动机分两步喷射（见图 2-8-3），第一步在进气冲程中喷射汽油以降低气体温度，适应高压缩比；第二步在压缩冲程后期喷射汽油，形成层状混合气形态。

（a）第一步喷射　　（b）第二步喷射

图 2-8-3　两步喷射过程

（3）燃油喷射模式。

GDI 发动机有单阶段和多阶段两种喷射模式。

① 单阶段喷射模式。在中小负荷时，燃油在压缩行程后期喷入，并通过活塞顶部形状和气流运动来限制其扩散，形成的可燃混合气集中在火花塞周围，从而使 GDI 汽油机达到与柴油机相当的经济性。在大负荷和全负荷时，燃油在进气行程中喷入气缸，实现均质预混合燃烧，以保持汽油机升功率高的特点。

② 多阶段喷射模式。在进气行程中先喷入所需燃料的 1/4，形成极稀的均质混合气，其余燃料在压缩行程后期再次喷入，形成分层混合气，如图 2-8-4 所示。

应用该技术可实现发动机从中小负荷到大负荷的平稳过渡，降低气缸内的气体温度，抑制爆燃的产生。

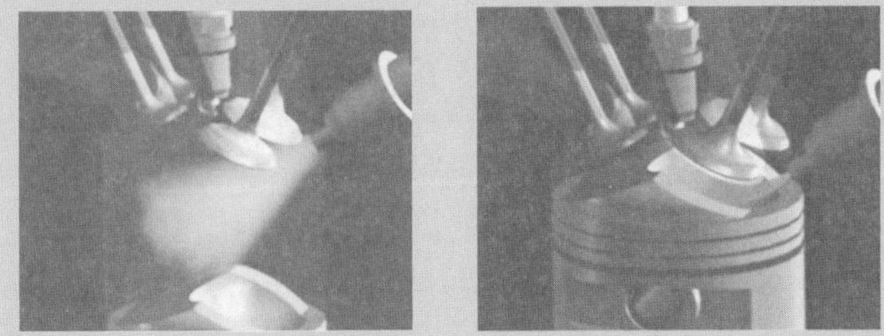

图 2-8-4　多阶段燃油喷射

（4）燃烧系统。

GDI 发动机燃烧系统按喷油器和火花塞的相对位置和混合气的组织形式可分为 3 种类型：

① 喷束引导法——燃油喷嘴靠近火花塞布置，火花塞位于燃油喷束的边缘，这种方式的优点是保证当整个燃烧室内为稀薄混合气时，火花塞周围仍能形成可供点火的混合气浓度。

② 壁面引导法——燃油喷嘴远离火花塞布置，利用特殊形状的活塞表面配合气流运动，将燃油蒸气导向火花塞并在火花塞间隙形成合适浓度的混合气。

③ 气流引导法——同样是燃油喷嘴远离火花塞，利用缸内有组织的气流运动来达到上述目的。

（5）缸内空气运动的组织。

GDI 发动机缸内空气的运动有涡流、滚流和挤流，目前大部分 GDI 发动机采用涡流作为缸内空气运动的主要形式。其特点是持续时间长，在缸内的径向发散少，对保持混合气的相对集中和分层有利，可以充分利用它来维持压缩冲程中的混合气分层。

（6）GDI 发动机的优点。

① 与传统式汽油机比较有如下优点：

a. 燃油经济性更好。

b. 最高动力相似。

c. 扭力更好，特别在低转速时。

d. 有害的气体更少。

② 与柴油机比较有如下优点：

a. 更大的动力与扭力。

b. 操作更迅速。

c. 振动少。

d. 反应更敏捷。

e. NO_x 的含量更少。

③ 与稀薄燃烧的汽油机比较有如下优点：

a. 燃油经济性更好。

b. 输出功率较大。

c. 扭力更大。

d. 有害气体更少。

（7）GDI 发动机存在的问题。

① 中小负荷下未燃碳氢（UBHC）的排放较多。

② 空燃比不在当量比附近，目前成熟的三元催化技术不能得到有效利用，因而 NO_x 排放较高。GDI 发动机较高的压缩比和较快的反应放热率也会引起 NO_x 升高。可采用 EGR 技术解决这个问题。

③ 在低负荷、过渡工况和冷起动的情况下，GDI 发动机的微粒排放比进气道喷射发动机有明显增加。

④ 在理论要求的范围内控制分层混合气的组织和燃烧较为困难。

⑤ 工况变化时（实现“早喷”和“迟喷”之间的平滑过渡）所要求的喷射策略较为复杂，发动机负荷的“无级”变化较难。

⑥ 气缸内的燃烧沉积物较多，使用高能点火，影响火花塞寿命。

⑦ 喷嘴本身无自洁作用，容易结垢污染。

⑧ 高压供油系统零部件的磨损较快、成本较高等。

⑨ 结构比较复杂，可靠性、耐久性有待进一步检验。

⑩ 维护保养不便。

2）FSI 发动机

（1）FSI 发动机的分层燃烧技术。

FSI 发动机的分层燃烧技术指把燃油直接喷射到气缸中去，以获得更好的点火和燃烧条件。通过对燃烧室内部形状的设计，让混合气能产生较强的涡流使空气和汽油充分混合。然后使火花塞周围区域能有较浓的混合气，其他周边区域有较稀的混合气，保证在顺利点火的情况下尽可能地实现稀薄燃烧。而这种在不同区域拥有不同混合气浓度的燃烧技术叫作汽油机分层燃烧技术，如图 2-8-5 所示。

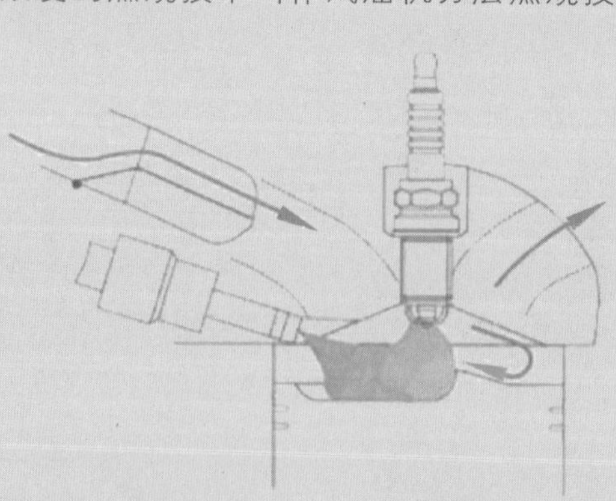

图 2-8-5　分层燃烧示意

由于活塞顶部设计了一个利于形成涡流的凹坑，汽油喷射入凹坑以后，可以向上运动到火花塞附近，在火花塞附近形成一个较浓的区域，有利于点火。当中心区域点燃以后，放出的热量大大高于火花塞点火能量，因此就很容易引燃周边汽油浓度较小的区域实现稀薄燃烧。

（2）大众 FSI 发动机两次燃油喷射工作过程。

① 第一次喷射是在进气行程的时候喷入部分汽油，让汽油跟空气能有充分的时间混合。

② 第二次喷射是在压缩终了时，活塞接近上止点的时候喷入部分汽油，让火花塞周围形成较浓的区域，利于点火。

在整个压缩过程中，活塞顶部都在形成强烈的涡流，这样空气跟汽油就能混合得更均匀，燃烧更充分，如图 2-8-6 所示。

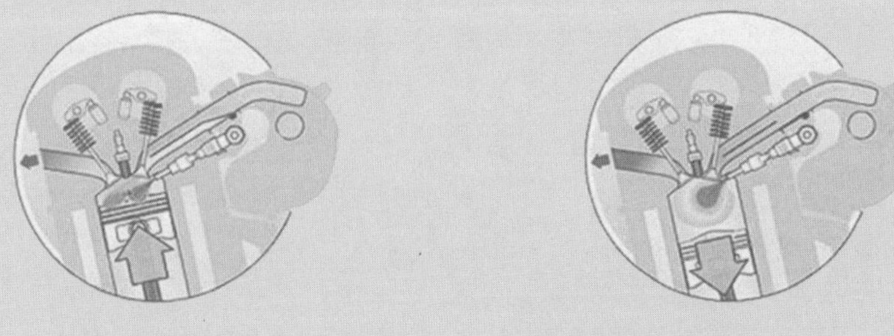

（a）燃油系统在发动机压缩冲程喷注燃油　　（b）燃油与空气在进气冲程同步注入混合

图 2-8-6　大众 FSI 发动机两次燃油喷射示意图

（3）FSI 发动机的工作方式。

FSI 发动机有三种工作方式，分层充气模式、均质稀混合气模式和均质混合气模式。FSI 发动机按照发动机负荷工况，可以自动选择工作模式：在低负荷时为分层稀薄燃烧；在中间负荷状态时，采用均质稀混合气模式；在高负荷时则为均质理论空燃比（14.6～14.7）燃烧。在三种运行模式中，燃料的喷射时间有所不同，真空作用的开关阀进行开启/关闭来控制进气气流的形态。

① 分层充气模式工作过程。在分层充气模式下，过量空气系数为 1.6～3 的稀混合气。空气经过接近全开的节气门引入燃烧室。此时，进气歧管阀将下部进气道完全关闭，这样吸入的空气在上部进气道流动的速度就加快了，于是空气会呈旋涡状流入气缸内。活塞上的凹坑会增强这种涡旋流动效果，与此同时，节气门会进一步打开，以便尽量减小节流损失。在压缩行程上止点前约 60°时，高压燃油以 10～15 MPa 的压力喷入火花塞附近，混合气形成只发生在 40°～50°曲轴转角之间，如图 2-8-7 所示。

② 均质稀混合气模式工作过程。在均质稀混合气模式下，过量空气系数为 1.55 左右的稀混合气。在这种工作模式下，和分层充气模式一样，节气门开度大，进气歧管关闭。燃油在进气冲程（点火上止点前 300°左右时）喷射，产生加速稀薄混合气燃烧的纵涡流，形成混合气的时间也就比较长，有利于形成均匀的稀混合气，如图 2-8-8 所示。

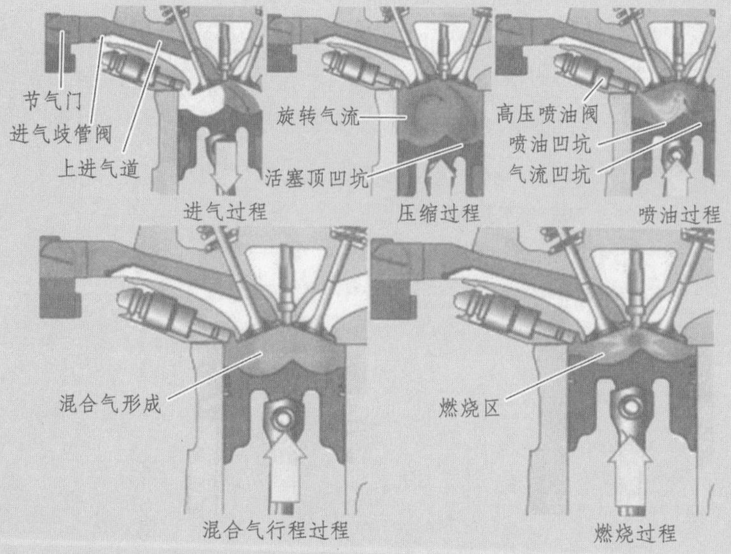

图 2-8-7　分层充气模式工作过程

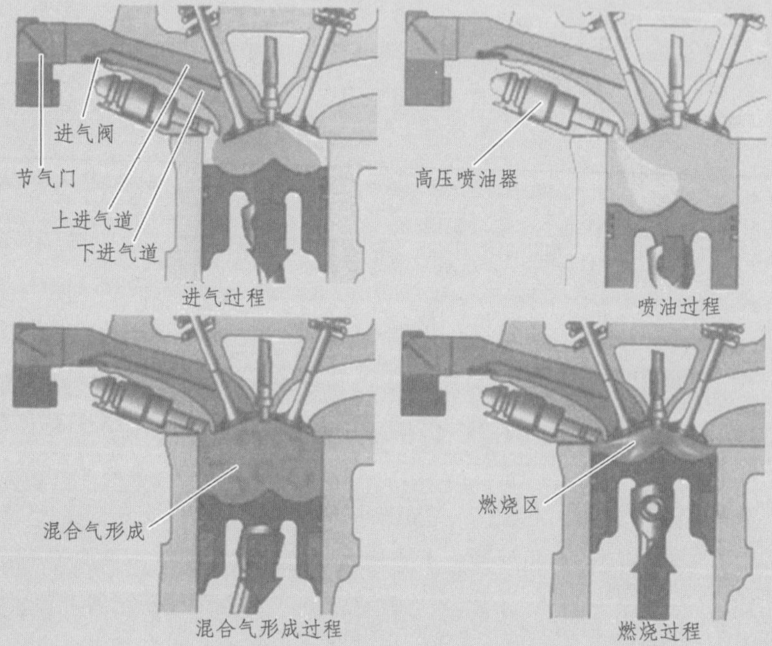

图 2-8-8　均质稀混合气模式工作过程

③ 均质混合气模式工作过程。在均质混合气模式下，过量空气系数为 1 左右的理论混合气。节气门开度按照油门踏板的位置来控制，在发动机负荷较大且转速较高时，进气阀就会完全打开，于是吸入的空气就经过上、下进气道进入气缸。燃油在进气冲程中喷射，燃油和空气就有更充足的时间来混合，并且可以利用空气流动旋转的涡流来击碎燃油颗粒，使之混合更加充分，均质混合气易于燃烧，可不必借助涡流作用，如图 2-8-9 所示。

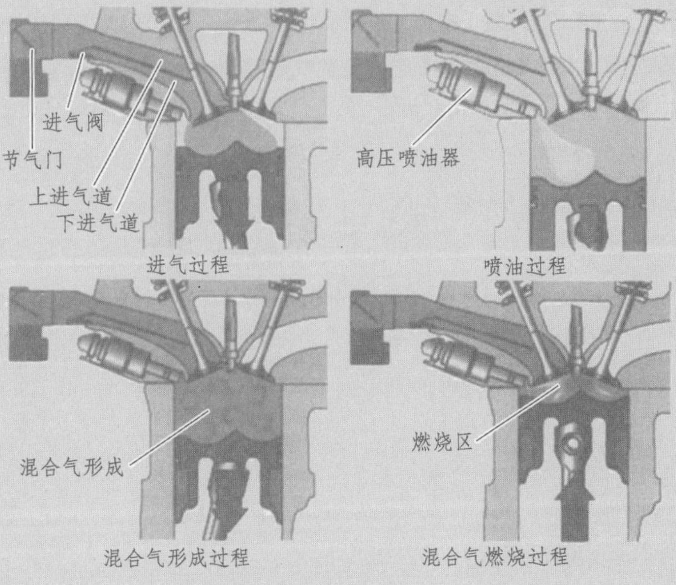

图 2-8-9　均质混合气形成过程

采用 FSI 技术，可实现空燃比等于 30 的稀混合气模式，其节油效果最高可达 20%。因为在富氧环境中会产生大量的 NO_x，所以稀薄燃烧技术的一个障碍是 NO_x 的净化，为了解决此问题，FSI 发动机配置了 NO_x 存储式催化净化反应器。

（4）FSI 发动机的优点。

① 燃油消耗率低。

② 热效率高。

③ 废气再循环率高。

④ 压缩比高。

⑤ 优化超速切断效果。

3）TFSI 发动机

TFSI 发动机是在 FSI 发动机的基础上增加了一个涡轮增压机。涡轮增压是利用排气的高温高压推动废气涡轮高速转动，在带动进气涡轮压缩进气，提高空气密度，同时 ECU 控制增大喷油量，配合高密度的进气，因此可以在排量不变的条件下提高发动机工作效率。其工作原理如图 2-8-10 所示。

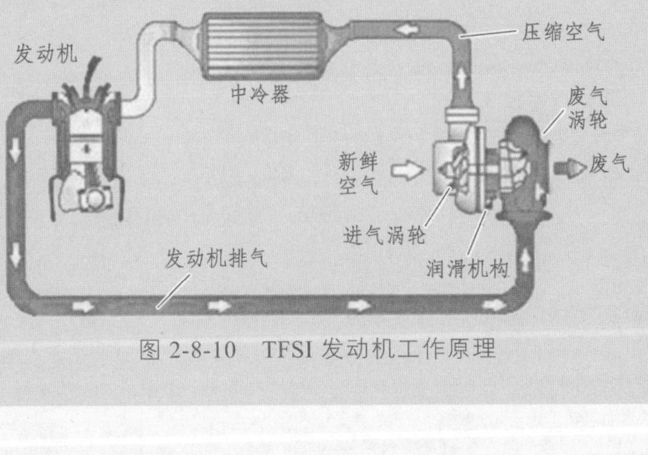

图 2-8-10　TFSI 发动机工作原理

由于涡轮增压器是靠排气推动的，因此在发动机转速低时涡轮并不工作。但在这个时候涡轮还是转动的，只是排气压力不够，达不到增大进气压力的效果。随着转速的上升（约 1 500 r/min 或以上），排气压力逐渐加大，涡轮就进入了正常的工作状态，达到增压的目的和效果。但是，当转速接近额定的时候（约 5 000 r/min 或以上），发动机本身的内压超过了排气压力，这时涡轮同样是不工作的。

实际上发动机的一般工作区间在 1500 ~ 5 000 r/min，所以涡轮增压以它优越的经济性和动力性得到了众多用户的认可。

4）TSI 发动机

（1）工作原理。

TSI（涡轮机械增压燃油分层喷射发动机）的设计非常巧妙，它实际上是把一个涡轮增压器（Turbocharger）和机械增压器（Supercharger）一起装到一台发动机里面。TSI 中的 T 不是指 Turbocharger 而是 Twincharger（双增压）的意思。涡轮增压发动机在较低和较高转速时都有一个动力的空挡，为了进一步提高发动机的效率，增加一个机械增压装置，并让它在低转速时加大进气压力。而涡轮增压器的尺寸可以再大一些，去弥补高转速时的动力空挡，从而达到一个从低到高转速的全段优异动力表现。其工作原理如图 2-8-11 所示。

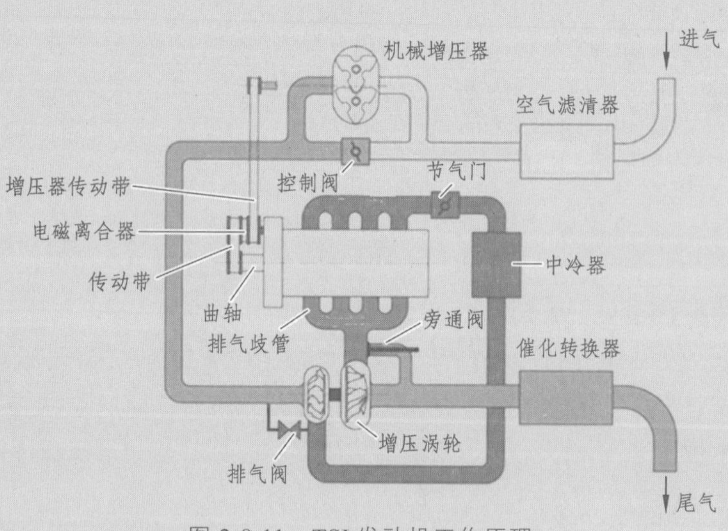

图 2-8-11　TSI 发动机工作原理

（2）结构特点。

机械增压器和涡轮增压器在进气道中是被串联在一起的。空气从空气过滤器进入到进气管以后，首先要经过机械增压器，然后通过进气管的引导再经过涡轮增压器，最后进入到进气歧管当中。虽然机械增压器和涡轮增压器是相互串联在一起的，但两者并不总是同时工作。

ECU 能够控制进排气旁通阀的开闭，也能控制机械增压器与发动机相连接的电磁离合器的开闭。

（3）TSI 发动机工作过程。

当发动机处于怠速工况时，机械增压器的电磁离合器是分离的，此时发动机与机械增压器之间动力是断开的，而且机械增压器附近的进气旁通阀打开，空气并没有流经机械增压器，而是从旁通阀直接吸入。此时，涡轮增压的进气旁通阀也是打开的，这就相当于进气绕过了涡轮，直接被吸入气缸。也就是说在怠速工况时，涡轮增压器和机械增压器都是不工作的，这相当于一台自然吸气发动机。

当发动机在部分负荷工况下低转速运转时，ECU 会接通机械增压器的电磁离合器，并且关闭机械增压旁通阀，让机械增压器开始工作，此时的增压值为 120 kPa。机械增压器有增强低速扭矩的特点，而且在低转速时对发动机功率的消耗并不大，所以使用机械增压既能够获得良好的油门响应，又能够增大发动机扭矩输出。

当发动机转速超过 1 500 r/min 时，涡轮开始介入，此时的增压值提高到 250 kPa。当发动机转速达到 3 500 r/min 以上的高转速时，机械增压器开始停止增压，此时完全依靠涡轮增压来进行增压，增压值从 250 kPa 降到 130 kPa。

3. 缸内直喷发动机高压燃油系统的组成及工作原理

高压燃油系统是实现缸内直喷最为关键的一部分，由于气缸内压力已经很大，因此需要喷油系统具备更高的压力。高压燃油系统由高压油泵、喷油器、燃油压力传感器、燃油分配管等组成，低压燃油系统由电动燃油泵、燃油滤清器和油管等组成，如图 2-8-12 所示。进气凸轮轴驱动高压燃油泵，高压泵将来自燃油箱的低压油加压后泵至燃油分配管，燃油再经高压喷油器喷射至特殊活塞顶部组成的燃烧室内，与高速气流的空气混合，形成雾化度更高的可燃混合气，提供燃烧。

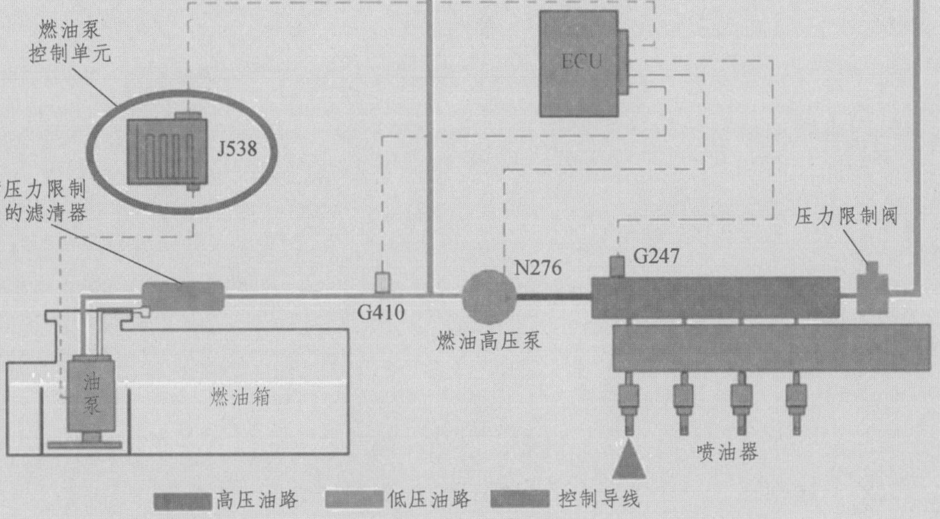

图 2-8-12　缸内直喷发动机（迈腾）燃油系统组成示意

1）高压喷油器的结构和工作原理

（1）高压喷油器的结构。

高压喷油器的结构如图 2-8-13 所示，由针阀、阀座、电磁线圈、压力弹簧、密封圈等组成。喷油器安装在气缸盖上的喷油器安装孔内，它的前端探入燃烧室，将燃油直接喷入气缸内，在气缸内形成可燃混合气。喷油器按喷孔的个数可以分为单孔式和多孔式两种，其电磁线圈的电阻值在 1 ~ 3 Ω。

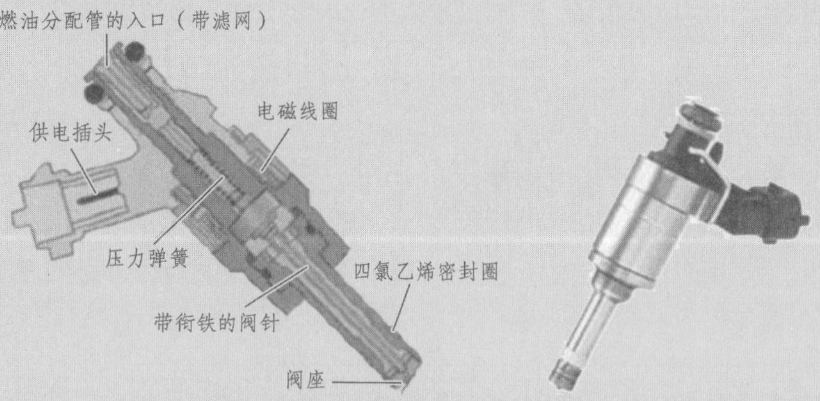

图 2-8-13　高压喷油器的结构示意图

（2）高压喷油器的工作原理。

当发动机 ECU 不发出喷油脉冲信号时，供电接头无电，电磁线圈无电流通过，喷油器内的针阀被压力弹簧压在喷油器出口的阀座上。当发动机 ECU 发出喷油脉冲信号时，喷油器的电磁线圈电路被触发通电，电磁线圈产生磁场吸力，带动针阀离开阀座约 0.1 mm，燃油从针阀和阀座之间的精密出油孔喷出。当喷油结束后，喷油器电磁线圈的电流被切断，电磁力迅速消失，在喷油器压力弹簧的作用下，针阀迅速回位，阀门关闭，喷油器停止喷油。喷油器开启时间为 0.5 ~ 1.5 ms。

2）高压燃油泵的结构及工作原理

（1）高压燃油泵的结构。

缸内直喷发动机一般采用单柱塞式高压燃油泵，高压泵将从低压系统中过来的低压燃油加压到 5 ~ 15 MPa，然后送入燃油分配管，由燃油分配管再把燃油分配到各个高压喷油器。燃油分配管设计得足够大，可以补偿在喷油时产生的轻微的压力波动。

高压燃油泵由泵柱塞、燃油压力调节阀、输油室、进油阀、壳体等组成，如图 2-8-14 所示。

（2）高压燃油泵的工作原理。

高压燃油泵的工作过程分为进油、回油、供油三个阶段，大众牌的车辆一般都以进气凸轮轴驱动高压泵，安装在气缸盖的左侧，也有一些车辆采用排气凸轮轴驱动高压泵。

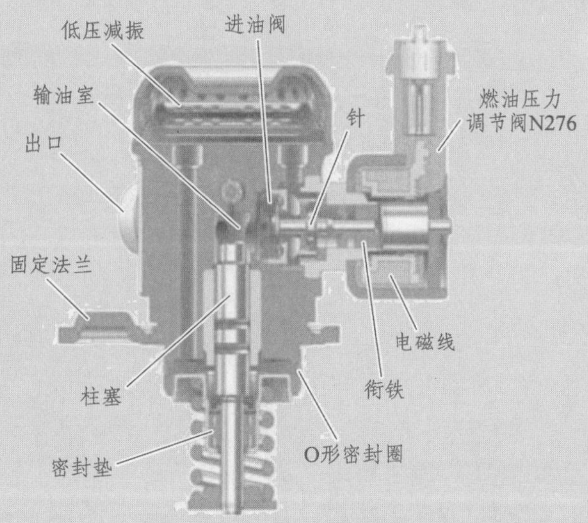

图 2-8-14　高压燃油泵示意

① 进油过程。

进油过程中，泵室内的燃油压力近似等于低压系统内压力，进油阀在针阀弹簧力的作用下打开，随着高压泵柱塞向下运动的过程中，泵室的容积不断增大，燃油流入泵室，如图 2-8-15 所示。

② 回油过程。

回油过程中，柱塞向上运动，进油阀处于打开状态。泵室内的油压近似于低压系统的油压，进油阀仍然处于打开状态。随着柱塞向上运动，泵室内过多的燃油被压回到低压系统，以此来调节实际供油量，回油在系统中产生的液体脉动被系统中的压力缓冲器衰减，如图 2-8-16 所示。

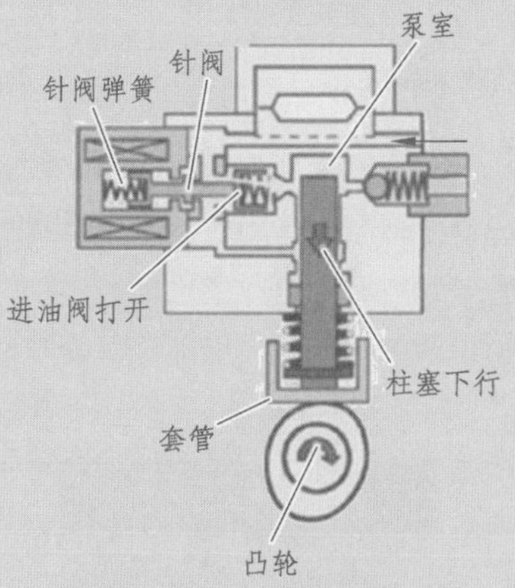

图 2-8-15　进油过程

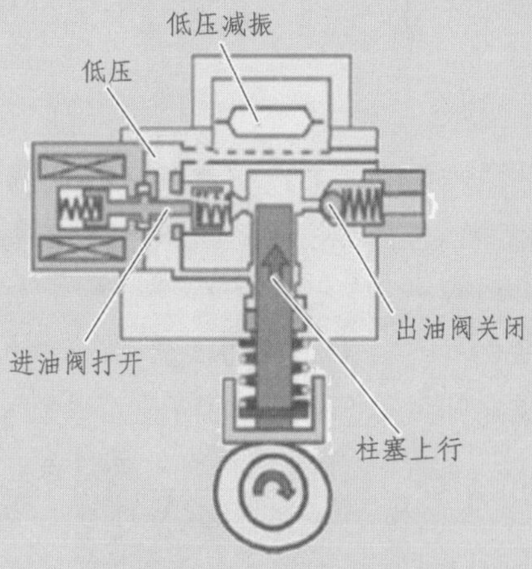

图 2-8-16　回油过程

③ 压油过程。

压油时，发动机 ECU 根据需要油量计算出柱塞泵的供油起始行程，给燃油压力控制阀 N276 供电，电磁阀线圈通电，针阀受到电磁力的作用带动进油阀向左运动至进油阀关闭，隔断低压油腔和泵室，柱塞上行，泵室容积减小，燃油压力升高，出油阀被高压燃油顶开，高压油泵将泵室内的燃油压入油轨，如图 2-8-17 所示。

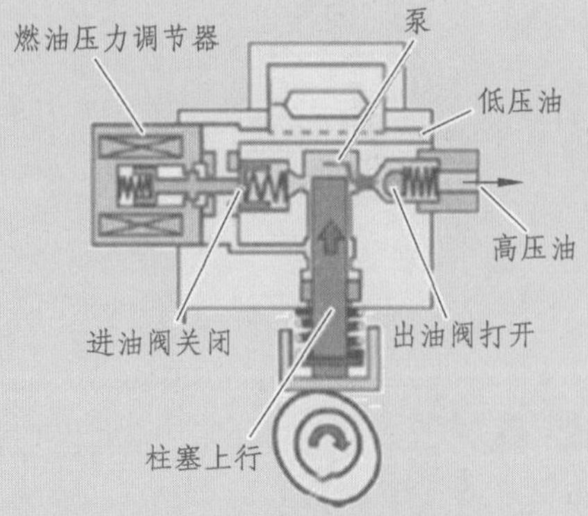

图 2-8-17　压油过程

3）燃油压力传感器结构及功用

燃油压力传感器安装于燃油分配器上，用于测量高压燃油系统的燃油压力，发动机 ECU 还会根据这个信号，通过高压泵内的燃油压力调节阀来调节高压燃油压力。燃油压力传感器由带有传感器元件的膜片、集成电路、电气接头、壳体等组成，如图 2-8-18 所示。

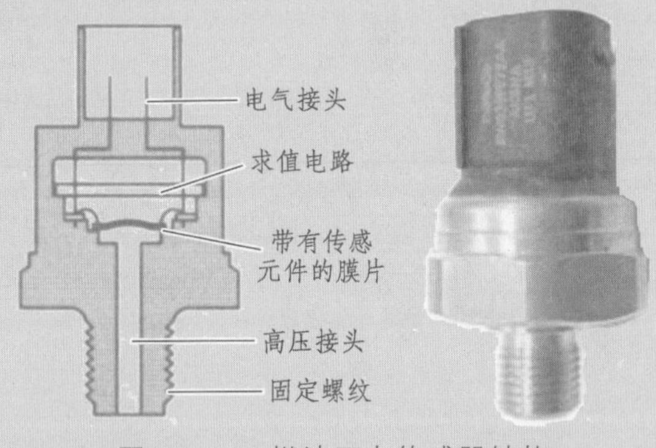

图 2-8-18　燃油压力传感器结构

迈腾燃油压力传感器插头的安装位置如图 2-8-19 所示，安装在进气歧管下侧的燃油分配器上，拔下燃油压力传感器插头 T3br（见图 2-8-20），1 号端子为传感器接地端子，电压为 0 V；2 号端子为传感器信号线端子，压力随燃油压力的变化而变化（0.3 ~ 4.65 V）；3 号端子为传感器的供电端子，由发动机控制单元提供，在点火开关“ON”和车辆发动时都为 5 V。

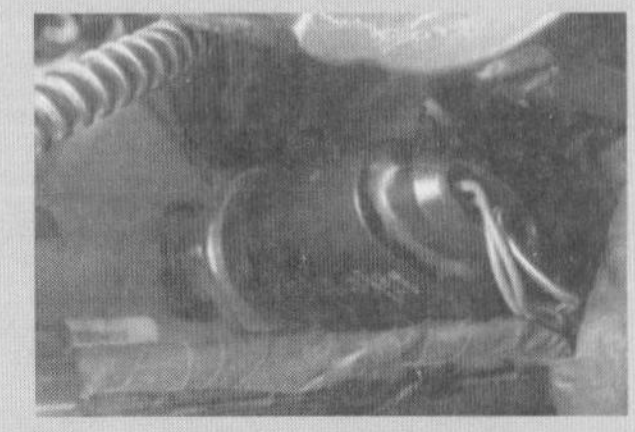

图 2-8-19　燃油压力传感器插头安装位置

图 2-8-20　燃油压力传感器插头

4）进气歧管翻板控制机构

（1）进气歧管翻板的功用。

缸内直喷发动机的进气歧管采用了进气翻板控制技术，通过控制进气歧管翻板的开闭，可以满足发动机在不同工况下的充气需求。如发动机在低速工况时，通过进气歧管翻板关闭下进气通道，可以减少气流通过的横截面积，来增加气流流速，结合活塞顶的特殊设计，有效形成强烈的进气涡流，有利于混合气的形成与雾化，如图 2-8-21 所示。当发动机进入高速工况时，进气歧管翻板开启下进气通道，增大气流通过的横截面积，以获得更多进气，提高发动机的输出功率，如图 2-8-22 所示。

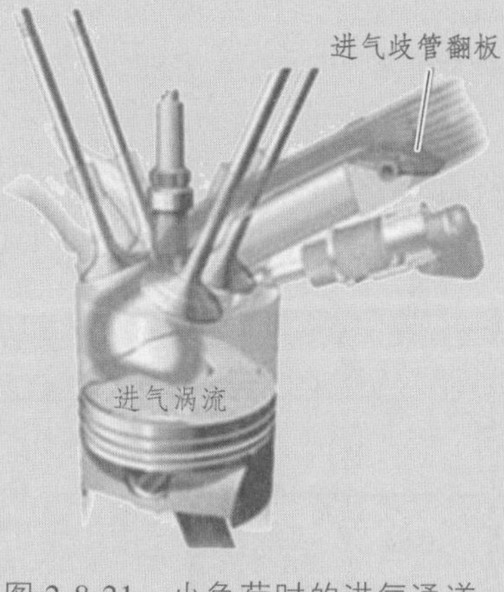

图 2-8-21　小负荷时的进气通道

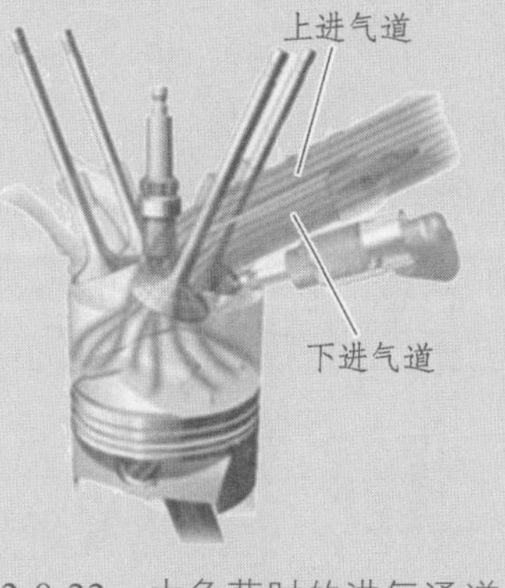

图 2-8-22　大负荷时的进气通道

（2）进气歧管翻板控制机构的组成及控制原理。

进气歧管翻板控制机构由进气歧管翻板、进气歧管风门电位计、进气歧管翻板转换阀、真空执行元件组成。进气歧管翻板将进气道分成了上进气道和下进气道，翻板关闭时，下进气道关闭，上进气道打开；翻板打开时，上、下进气道都打开。大众 1.8T 发动机进气歧管翻板在低速时关闭，在 3 000 r/min 时开始打开。当发动机转速到达 3 000 r/min 时，发动机控制单元驱动进气歧管翻板转换阀动作，使真空执行元件内的真空度增大，真空执行元件拉动进气歧管翻板轴使进气歧管翻板打开，进气歧管翻板电位计监测当前翻板的开启位置，将信号反馈给发动机控制单元，发动机控制单元分析此负荷信号，再结合进气量、发动机转速等信号对发动机进行控制。大众 1.8T 发动机进气歧管翻板结构如图 2-8-23 所示。

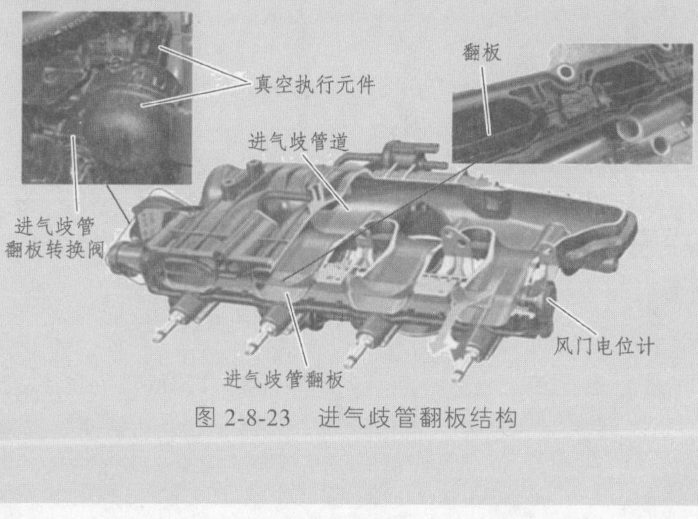

图 2-8-23　进气歧管翻板结构

4. 缸内直喷发动机高压燃油系统组成元件的检修

1）高压喷油器的检修

（1）高压喷油器的测量。

缸内直喷发动机喷油器电磁线圈的电阻为 1 ~ 3 Ω，通常具备良好的响应性。发动机 ECU 控制喷油器的开启电压为 65 V，控制单元内部有 DC/DC 变压器将 12 V 转换成 65 V。开启时需要 12 A 的电流，但保持开启时仅为 2.6 A，这样针阀继续保持张开时，只加载较小的 12 V 电压就能实现。喷油器末端细长，以提高冷却效果，喷油器有一个安装卡夹，只要拆卸就需更换。为了避免点火线圈的电磁干扰，连接导线采用双绞线。迈腾 1.8TSI 发动机喷油器控制电路如图 2-8-24 所示。

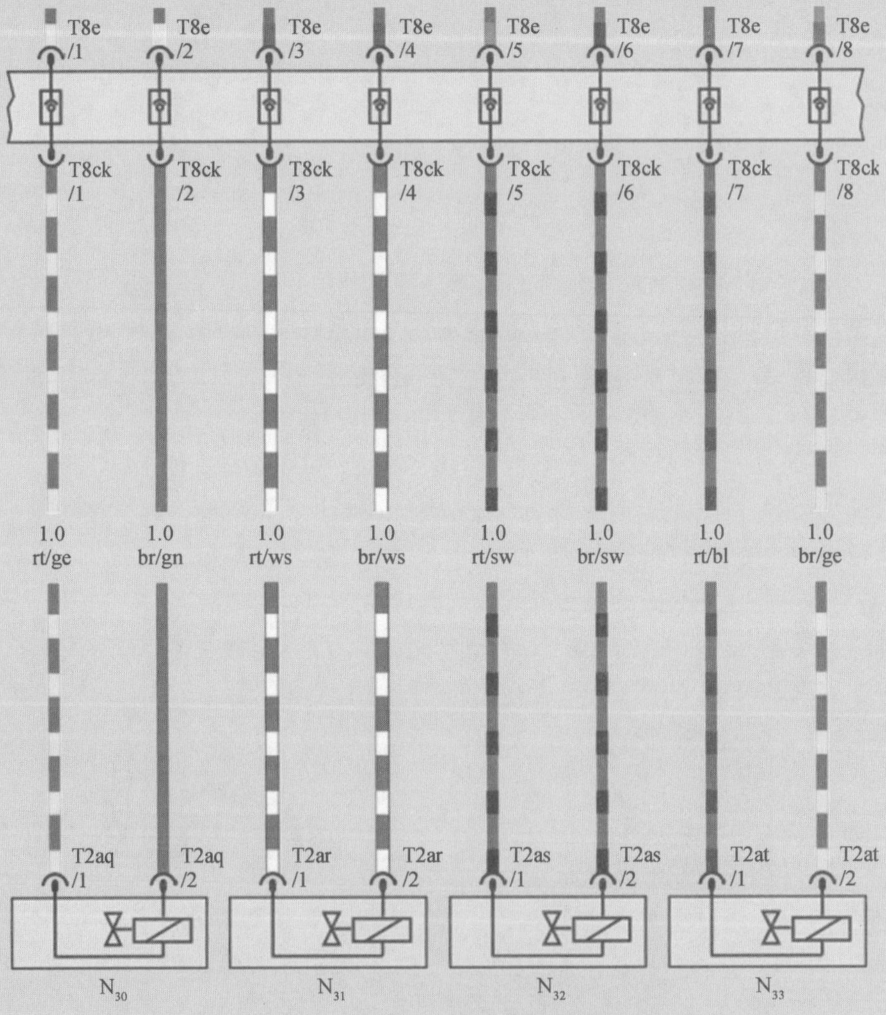

图 2-8-24　迈腾 1.8TSI 发动机喷油器控制电路

① 读取喷油器数据流。连接诊断仪，起动发动机读取喷油器数据流，观察不同转速下的喷油器数据变化情况，将数据填入表 2-8-1 中（怠速时标准值在 0.5 ~

1 ms，加速到 4 000 r/min 以上时可达 4.85 ms)。

表 2-8-1　喷油器数据

转速/（r/min）	怠速时喷油脉宽	
	标准值/ms	测量值/ms
1 200	0.5 ~ 1	
2 000	1 ~ 4.85	
3 000		
4 000		

② 电阻测量。因为缸内直喷发动机的喷油器都安装在气缸盖上，所以检测喷油器的电阻比较麻烦，需拆卸进气歧管，但可以通过转接插头“T8”来测量喷油器的阻值。将测量的数据填入表 2-8-2 中。

表 2-8-2　电阻测量

测量端子	标准值/Ω	测量值/Ω	测量端子	标准值/Ω	测量值/Ω
T8ck/1—T8ck/2	1 ~ 3		T8ck/3—T8ck/4	1 ~ 3	
T8ck/5—T8ck/6	1 ~ 3		T8ck/7—T8ck/8	1 ~ 3	
T8ck/1—T105/64	<1		T8ck/2—T105/85	<1	
T8ck/3—T105/23	<1		T8ck/4—T105/1	<1	
T8ck/5—T105/22	<1		T8ck/6—T105/2	<1	
T8ck/7—T105/65	<1		T8ck/8—T105/43	<1	

③ 电压测量。迈腾 1.8TSI 车辆的喷油器驱动电压可高达 90 V，目的是通过大电流在瞬间快速起动喷油器，90 V 的峰值保持 0.5 ms 左右，然后在喷射时间的其余时段保持 12 V 左右的电压。与传统喷油器不同，点火开关“ON”，喷油器无供电电压，车辆起动后，由于喷油器的动作频率太快，喷油器的信号电压无法用万用表测量，所以检查喷油器的信号电压可以通过示波器测量波形。将测量的数据填入表 2-8-3 中。

表 2-8-3　电压测量

测量端子	标准值/V	测量值/V	测量端子	标准值/V	测量值/V
T8ck/1—T8ck/2（瞬间）	65		T8ck/3—T8ck/4（瞬间）	65	
T8ck/5—T8ck/6（瞬间）	65		T8ck/7—T8ck/8（瞬间）	65	
T8ck/1—T8ck/2（开启）	12		T8ck/3—T8ck/4（开启）	12	
T8ck/5—T8ck/6（开启）	12		T8ck/7—T8ck/8（开启）	12	

（2）喷油器的清洗。

高压喷油器有两种清洗方法，一是拆卸清洗，清洗得比较干净彻底，但工作量比较大，拆装烦琐；二是免拆清洗，操作简单，但效果逊于拆卸清洗。

① 拆卸清洗。

a. 拆装喷油器。高压喷油器由于安装位置比较深，所以拆卸比较复杂，需要将进气歧管及燃油分配器拆下。先拆下进气歧管，再拆下燃油分配器，如果喷油器卡在燃油分配器内，将喷油器小心地从燃油分配器管道内拉出。如果喷油器卡在气缸盖内，则要小心地用力拉出，不要损坏喷油器插头。如果条件允许，也可用大众4S 店内专用工具拆卸。拆下喷油器后检查燃烧室密封圈是否正常，损坏则更换。安装喷油器时，不得给燃烧室密封圈上涂抹机油或其他润滑剂，但在安装 O 形密封圈时，要用少许干净机油将其润滑，以便轻松地将喷油器导入燃油分配器中。

b. 清洗喷油器。将清洗液加入超声波清洗仪，清洗液必须加到超声波清洗仪注口的上边缘处。将喷油器插到底，直至插入到定位板中，将温度旋钮旋至 50 °C，清洗时间旋至 30 min，最后按下按钮，启动超声波清洗仪清洗。注意，清洗完喷油器后，必须更换每一个喷油器的燃烧室密封环。

② 免拆清洗。

免拆清洗和传统车辆燃油系统清洗区别不大，只是清洗设备需连接在高压泵进油管的低压燃油管路上，清洗设备一端连至低压燃油管路，一端连至高压空气管路，如图 2-8-25 所示。设备里盛满燃油清洗剂和添加剂，连通高压空气，起动发动机，高压空气的压力满足了低压燃油系统所需的燃油压力，此时燃油箱及内部的燃油泵是被“搁置”的，清洗设备代替了低压燃油泵工作。经过大约二三十分钟，清洗设备内的清洗剂和添加剂燃烧完全，清洗结束。

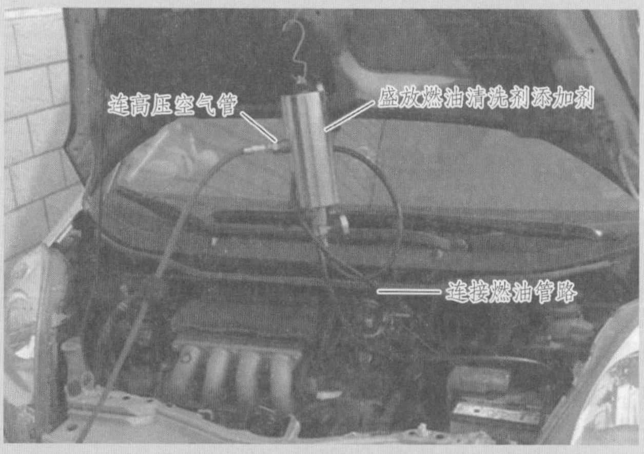

图 2-8-25　喷油器免拆清洗

2）迈腾 TSI 发动机燃油压力调节阀的检测

燃油压力调节阀 N276 与高压燃油泵做成一体，安装在高压泵的顶部，不能单独更换。发动机 ECU 通过这个调节阀来将燃油压力调整为 3 ~ 11 MPa。在检测燃油压力调节阀时，不能给调节阀的两端子直接供电超过 1 s 以上，否则会损坏压力调节阀。

（1）读取故障码。用故障诊断仪读取故障码，看是否有关于燃油压力调节器的故障。

（2）电阻测量。拔下 N276 插头，用万用表测量 N276 的两个端子电阻值（填入表 2-8-4 中），如图 2-8-26 所示。标准值为 1.5 ~ 3 Ω，如果过小或过大，则更换高压泵。

表 2-8-4　电阻测量

端子名称	标准值/Ω	测量值/Ω	端子名称	标准值/Ω	测量值/Ω
1—2	1.5 ~ 3		2—T60/19	<1	
1—SB17	<1		J757/87—SB17		

（3）电压测量。N276 的 1 号端子为供电端子，2 号端子为搭铁端子（通过 ECU 控制内部搭铁），1 号端子的供电由 17 号保险丝 SB17 控制，在点火开关打到“ON”和车辆发动时为蓄电池电压。将测量结果填入表 2-8-5 中。

表 2-8-5　电压测量

端子名称	测量条件	标准值/V	测量值/V
1—SB17/87	钥匙开关置“OFF”	0	
1—SB17/87	钥匙开关置“ON”	12	

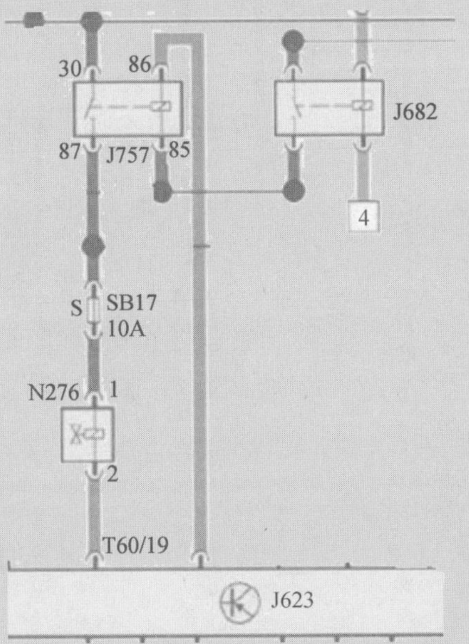

图 2-8-26　燃油压力调节阀控制电路

（4）波形测量。用示波器测量燃油压力调节阀 N276 的 1 号端子波形，调节阀的通电时间大约为 40 ms，即发动机工作时，高压燃油泵每 40 ms 就建立一次高压，为燃油系统提供高压燃油。

3）高压油泵的更换

（1）拆卸。拆卸前，车辆熄火，点火开关关闭，拔下燃油压力调节阀 N276

的插头，松开连至高压泵的低压供油管卡箍，拔下供油软管，卸除燃油系统内的压力，用抹布吸收外溢的燃油，再拆下高压泵上高压燃油管锁紧螺母。最后拆下高压泵的两个紧固螺栓，小心地拉出高压泵，注意套管有可能会卡在气缸盖内，如果卡在里面，可用尖嘴钳取出。

（2）安装。更换新的O形密封圈，检查套管是否损坏，如果损坏必须更换新的，将高压泵连同套管小心地（注意凹槽）插入到气缸盖的开口中，将高压泵固定螺栓用手拧紧，转动曲轴，直至套管处于最深处，拧紧高压泵紧固螺栓至22 N·m。安装低压燃油软管和高压供油管至高压泵，先用手拧上高压管路接头螺母，确保不要拧偏，再拧紧至10 N·m，最后插上N276插头，完成安装。

4）燃油压力传感器及线路的检测

燃油压力传感器的电路如图2-8-27所示，G247为燃油压力传感器。

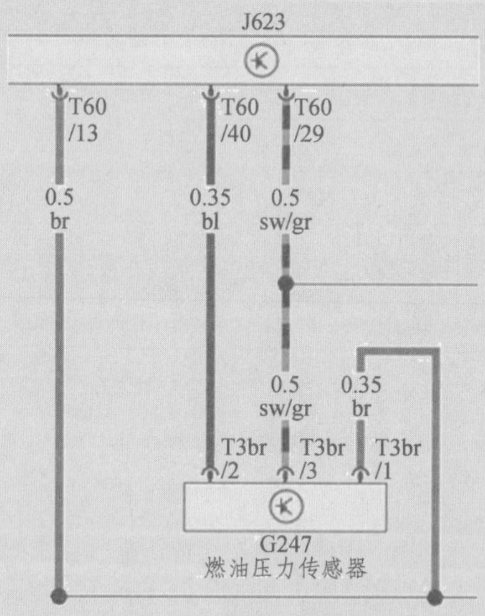

图2-8-27　燃油压力传感器电路

（1）读故障码。

（2）电阻测量（见表2-8-6）。

① 拔下燃油压力传感器插头，测量燃油压力传感器插座1号端子、2号端子和3号端子间电阻值。

② 测量燃油压力传感器G247插头之间及与发动机J623的插头T60之间的电阻值。

表2-8-6　电阻测量

端子名称	标准值/Ω	测量值/Ω	端子名称	标准值/Ω	测量值/Ω
1—2	∞		1—3	∞	
2—3	∞		1—T60/13	<1	
2—T60/40	<1		3—T60/29	<1	

（3）电压测量。用万用表的电压挡测量 G247 插头 T3br 的三个端子的电压，将结果填入表 2-8-7。

表 2-8-7　电压测量

端子名称	标准值/V	测量值/V	端子名称	标准值/V	测量值/V
1—2	0.3 ~ 4.65		1—3	5	

5）进气歧管总成转换阀的故障检修

（1）用故障诊断仪读取故障码，看是否有关于进气歧管转换阀的相关故障。

（2）读取数据流。连接诊断仪。读取进气歧管翻板转换阀数据流，当发动机转速由小变大，达到 3 000 r/min 时，进气歧管转换阀开启位置应该由 0%变为 99%，如果开启位置始终保持在一个位置不变，则进气歧管转换阀或其线路存在故障。

（3）电阻测量。拔开进气歧管转换阀 N316 插头，拔开发动机控制单元插头 J623 和插头 T60，测量 N316-2 端子至 T60-20 端子间线路的电阻值，将结果填入表 2-8-8。进气歧管转换阀的电路如图 2-8-28 所示。

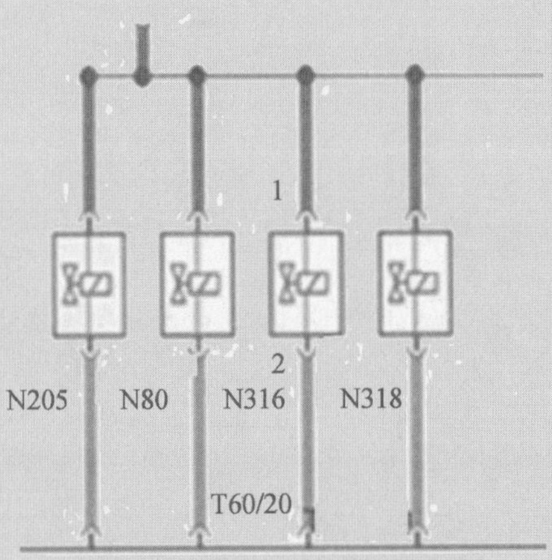

图 2-8-28　进气歧管转换阀电路

表 2-8-8　电阻测量

端子名称	标准值/Ω	测量值/Ω	端子名称	标准值/Ω	测量值/Ω
1—2	40		2—T60/20	<1	

（4）电压测量（见表 2-8-9）。拔下进气歧管转换阀 N316 插头，点火开关“ON”，用万用表测量 1 号端子电压，标准值应为蓄电池电压，不符合则检查“SB18”保险丝是否烧损。

表 2-8-9　电压测量

端子名称	标准值/V	测量值/V
1—搭铁	12	

【任务小结】

本任务介绍了燃油系统组成及作用，阐述了高压喷油器及控制电路工作原理、高压燃油泵工作原理和燃油压力传感器工作原理。通过本任务的学习，学生需掌操缸内直喷发动机组成元器件故障的诊断及排除。

【课后习题】

1. 简述缸内直喷发动机与缸外喷射的区别。
2. 简述缸内燃油喷射发动机的优点。
3. 简述 GDI 发动机燃油供给系统基本组成和工作原理。
4. 简述 FSI 发动机的工作方式。
5. 简述 TSI 发动机的工作过程。
6. 简述高压喷油器的结构和工作原理。
7. 简述高压燃油泵的结构及工作原理。
8. 简述进气歧管翻板控制机构的组成及控制原理。

【任务实施】

1. 任务准备

（1）实训设备：缸内直喷发动机台架或轿车。

（2）实训工具：通用拆装工具、万用表、示波器、诊断仪。

（3）实训资料：实训工作页、维修手册、教材等。

（4）辅助材料：翼子板三件套防护套。

2. 实施步骤

1）车辆基本检查

① 实训车辆安全防护。

② 登记车辆基本信息。

③ 车辆油、水、电基本检查。

2）缸内直喷发动机高压燃油系统组成元件的检修（见表 2-8-10）。

表 2-8-10　缸内直喷发动机高压燃油系统组成元件的检修任务工单

<table>
<tr><td>姓　名</td><td colspan="2"></td><td colspan="2">学　号</td><td></td><td>分 组 号</td><td></td></tr>
<tr><td>实训时间</td><td colspan="2"></td><td colspan="2">工具编号</td><td></td><td>设备编号</td><td></td></tr>
<tr><td>小组评分</td><td colspan="2"></td><td colspan="2">教师评分</td><td></td><td>平均分</td><td></td></tr>
<tr><td colspan="9">一、计划与决策</td></tr>
<tr><td rowspan="2">任务分工</td><td>组长</td><td>主要操作</td><td colspan="2">辅助操作</td><td>7S 管理</td><td colspan="2">质检</td><td>备注</td></tr>
<tr><td></td><td></td><td colspan="2"></td><td></td><td colspan="2"></td><td></td></tr>
<tr><td colspan="5">检测和诊断步骤</td><td colspan="4">工具、仪器设备</td></tr>
<tr><td colspan="5">1.</td><td colspan="4"></td></tr>
<tr><td colspan="5">2.</td><td colspan="4"></td></tr>
<tr><td colspan="5">3.</td><td colspan="4"></td></tr>
<tr><td colspan="5">4.</td><td colspan="4"></td></tr>
<tr><td colspan="5">5.</td><td colspan="4"></td></tr>
<tr><td colspan="9">二、实　施</td></tr>
<tr><td colspan="9">（一）车辆基本检查</td></tr>
<tr><td colspan="3">实训车辆或台架的安全防护</td><td colspan="6"></td></tr>
<tr><td colspan="3" rowspan="3">实训车辆或台架基本信息</td><td colspan="6">车辆或台架品牌：</td></tr>
<tr><td colspan="6">车辆识别码或台架号：</td></tr>
<tr><td colspan="6">发动机型号：</td></tr>
<tr><td colspan="5">实训车辆或台架油、水、电的检查</td><td colspan="4">正常☐　不正常☐</td></tr>
<tr><td>读取故障码</td><td colspan="2">1.</td><td colspan="2">2.</td><td colspan="2">3.</td><td colspan="2">4.</td></tr>
</table>

续表

（二）高压喷油器的检修（以迈腾 TSI 发动机为例）		
1. 读取数据流。		
转速/（r/min）	标准值/ms	测量值/ms
1 200	0.5 ~ 1	
2 000	1 ~ 4.85	
3 000		
4 000		
结果分析：		

2. 电阻测量

迈腾 TSI 可以通过转接插头“T8”来测量喷油器的阻值

测量端子	标准值/Ω	测量值/Ω	测量端子	标准值/Ω	测量值/Ω
T8ck/1—T8ck/2	1 ~ 3		T8ck/3—T8ck/4	1 ~ 3	
T8ck/5—T8ck/6	1 ~ 3		T8ck/7—T8ck/8	1 ~ 3	
T8ck/1—T105/64	<1		T8ck/2—T105/85	<1	
T8ck/3—T105/23	<1		T8ck/4—T105/1	<1	
T8ck/5—T105/22	<1		T8ck/6—T105/2	<1	
T8ck/7—T105/65	<1		T8ck/8—T105/43	<1	

结果分析：

3. 电压测量

测量端子	标准值/V	测量值/V	测量端子	标准值/V	测量值/V
T8ck/1—T8ck/2（瞬间）	65		T8ck/3—T8ck/4（瞬间）	65	
T8ck/5—T8ck/6（瞬间）	65		T8ck/7—T8ck/8（瞬间）	65	
T8ck/1—T8ck/2（开启）	12		T8ck/3—T8ck/4（开启）	12	
T8ck/5—T8ck/6（开启）	12		T8ck/7—T8ck/8（开启）	12	

结果分析：

4. 喷油器的清洗

（1）拆卸清洗：

（2）免拆清洗：

续表

（三）燃油压力调节阀的检测

1. 电阻测量

拔下 N276 插头，用万用表测量 N276 的两个端子电阻值

端子名称	标准值/Ω	测量值/Ω	端子名称	标准值/Ω	测量值/Ω
1—2	1 ~ 3		2—T60/19	<1	
1—SB17	<1		J757/87—SB17	<1	

结果分析：（如果一切正常，请检测继电器 J757）

2. 电压测量

端子名称	测量条件	标准值/V	测量值/V
1—SB17/87	钥匙开关置“OFF”	0	
1—SB17/87	钥匙开关置“ON”	12	

结果分析：

3. 高压油泵的更换

（1）拆卸：

（2）安装：

（四）燃油压力传感器及线路的检测

1. 电阻测量

端子名称	标准值/Ω	测量值/Ω	端子名称	标准值/Ω	测量值/Ω
1—2	∞		1—3	∞	
2—3	∞		1—T60/13	<1	
2—T60/40	<1		3—T60/29	<1	

结果分析：

2. 电压测量

端子名称	标准值/V	测量值/V	端子名称	标准值/V	测量值/V
1—2	0.3 ~ 4.65		1—3	5	

续表

<table>
<tr><td colspan="6">结果分析：</td></tr>
<tr><td colspan="6">（五）进气歧管转换阀的故障检修</td></tr>
<tr><td colspan="6">1. 读取数据流</td></tr>
<tr><td colspan="6">2. 电阻测量</td></tr>
<tr><td>端子名称</td><td>标准值/Ω</td><td>测量值/Ω</td><td>端子名称</td><td>标准值/Ω</td><td>测量值/Ω</td></tr>
<tr><td>1—2</td><td>40</td><td></td><td>2—T60/20</td><td><1</td><td></td></tr>
<tr><td colspan="6">3. 电压测量</td></tr>
<tr><td colspan="2">端子名称</td><td colspan="2">标准值/V</td><td colspan="2">测量值/V</td></tr>
<tr><td colspan="2">1—搭铁</td><td colspan="2">12</td><td colspan="2"></td></tr>
<tr><td colspan="6">故障诊断与排除：</td></tr>
<tr><td colspan="6">三、检查与评估</td></tr>
<tr><td colspan="6">1. 评估参考标准</td></tr>
<tr><td colspan="6">（1）工作任务（满分 10 分）</td></tr>
<tr><td colspan="6">① 明确工作任务，理解任务的重要性（9～10 分）</td></tr>
<tr><td colspan="6">② 明确工作任务，了解任务的重要性（8 分）</td></tr>
<tr><td colspan="6">③ 了解工作任务，了解任务的重要性（7 分）</td></tr>
<tr><td colspan="6">④ 基本了解工作任务，基本了解任务的重要性（6 分）</td></tr>
<tr><td colspan="6">⑤ 不了解工作任务，不了解任务的重要性（1～5 分）</td></tr>
<tr><td colspan="6">（2）工作计划（满分 10 分）</td></tr>
<tr><td colspan="6">① 根据工作任务制订详细的工作计划（9～10 分）</td></tr>
<tr><td colspan="6">② 根据工作任务制订较详细的工作计划（8 分）</td></tr>
<tr><td colspan="6">③ 根据工作任务制订可执行的工作计划（7 分）</td></tr>
<tr><td colspan="6">④ 根据工作任务制订一般的工作计划（6 分）</td></tr>
<tr><td colspan="6">⑤ 工作计划不全（1～5 分）</td></tr>
<tr><td colspan="6">（3）任务实施（满分 70 分）</td></tr>
<tr><td colspan="6">① 操作规范、过程完整、数据正确（63～70 分）</td></tr>
<tr><td colspan="6">② 操作规范、过程完整、数据基本正确（56～63 分）</td></tr>
<tr><td colspan="6">③ 操作规范、过程较完整、数据基本正确（49～56 分）</td></tr>
<tr><td colspan="6">④ 操作基本规范、过程基本完整、数据基本正确（42～49 分）</td></tr>
<tr><td colspan="6">⑤ 操作不规范、过程不完整、数据基本正确（1～42 分）</td></tr>
</table>

续表

（4）自我评价（满分 10 分）			
2. 小组考核			
工作任务	工作计划	任务实施	总分
3. 教师考核			
工作任务	工作计划	任务实施	总分

小组考核（40%）	录分人	教师考核（60%）	录分人	平均得分	统分人

任务 9　谐波增压进气系统的故障检修

【任务目标】

1. 知识目标

（1）了解谐波增压进气系统的组成及分类。

（2）掌握谐波增压进气系统的工作原理。

（3）掌握谐波增压系统的故障检测和排除方法。

2. 能力目标

（1）能根据故障现象制订正确的检修计划。

（2）能正确使用常用诊断仪器和设备对谐波增压进气系统进行检测和诊断。

（3）具备检修和更换谐波增压进气系统元器件的能力。

3. 素质目标

（1）具有严谨认真、实事求是的科学态度。

（2）能自主学习新知识、新技能。

（3）具有高度的职业责任心和安全意识，遵章守纪、规范操作。

（4）具有较强信息搜集能力，会查找汽车维修手册和相关国家标准。

（5）具有团队协作和吃苦耐劳的精神。

【案例导入】

一辆大众迈腾 1.8TSI 轿车，据用户反映，该车中高速行驶时急加速无力，车速达到 120 km/h 以上时，再加速，发动机就会因动力不足而出现抖动现象。

【案例分析】

当可变进气控制系统真空电磁阀或控制电路有故障时，空气还是经过长的进气道进入气缸，降低了充气效率，因而会出现加速无力的故障现象。

【知识链接】

1. 谐波增压进气系统的工作原理

1）谐波进气增压系统（Acoustic Control Induction System，ACIS）工作原理

当气体高速流向进气门时，如进气门突然关闭，进气门附近气流流动突然停止，但由于惯性，进气管仍在进气，于是进气门附近气体被压缩，压力上升。随后，被压缩的气体开始膨胀，向进气气流相反方向流动，压力下降。膨胀气体的波传到进气管口时又被反射回来，形成压力波。

利用进气行程进气管内高速流动气体的惯性效应、波动效应，使进气管内的压力波与进气门的开启配合，当进气门开启时，使反射回来的压力波正好传到该

气门附近，从而形成进气增压的效果，提高发动机的充气效率和功率。

（1）惯性效应。在节气门已全开的情况下，利用进气的空气谐振，进一步加大充气量。

（2）波动效应。空气在进气管内流动时，具有一定的惯性并且会在进气管内产生一种往复运动的压力波，如果此压力波达到进气门时即开启进气门，则会明显提高进气充量。

2）谐波进气增压系统的影响因素

（1）进气管的长度。

（2）进气管的容积。

（3）进气管的声速。

（4）发动机转速。

为此，可按照气体压力波传播的特点设计进气道，使进气道的长度、形状都可改变。一些中、高级汽车的进气常采用谐波进气增压系统。

3）发动机不同转速对进气管的要求

发动机的不同转速都对应最佳的进气管长度和进气管容积，压力波随着进气管长度的增加而变长。

（1）进气管长，发动机在中、低转速时转矩增加较大。

（2）进气管短，发动机在高转速时功率增加较大。

随着发动机工况的变化而连续改变进气管长度和进气管容积，可以更好地利用谐振效应，进而提高进气效率，提高发动机的功率和扭矩。

2. 可变进气系统的工作过程

1）进气管长度可变的进气系统

大众汽车公司的 1.8L ANQ 发动机中有一个双进气道的进气歧管，如图 2-9-1 所示，它能够在长进气道和短进气道之间进行切换。

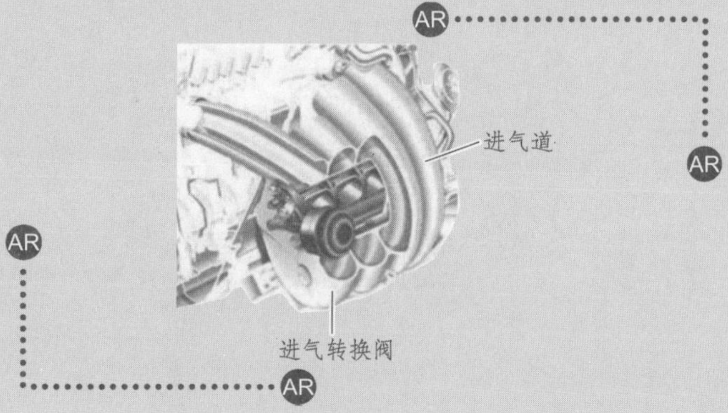

图 2-9-1　进气管长度可变的进气系统

发动机在低转速时，空气经过长的进气道进入气缸，使气缸充气最佳，且转矩增大。发动机在高转速时，空气流经短进气道，可提高效率，如图 2-9-2 所示。

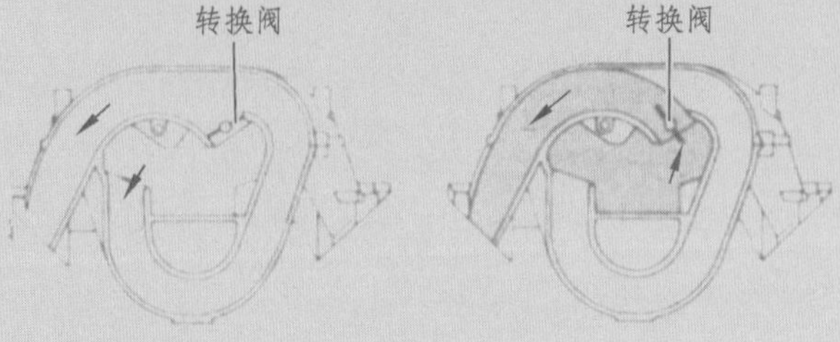

图 2-9-2　进气管长度可变的进气控制

目前，能代表可变进气管技术最高水平的是一种长度可以无级变化的可变进气系统，其结构模型如图 2-9-3 所示。当发动机低转速时，转鼓 2 处于图示位置，空气经过进气口 3→转鼓 2 的开口→进气通道 1 和进气门进入气缸，进气管路较长。当发动机转速升高时，转鼓 2 逆时针转动，进气管路变短。

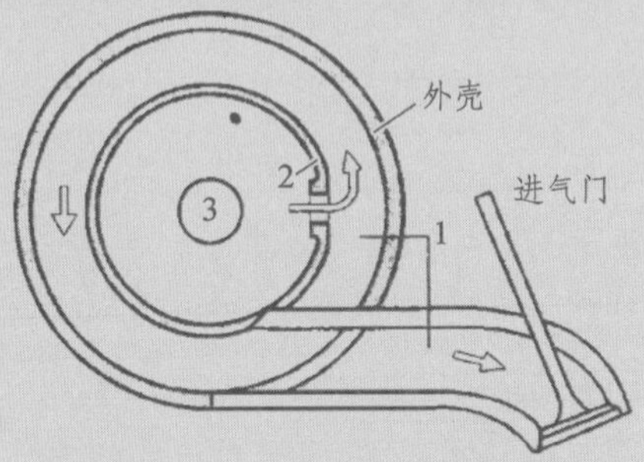

1—进气道；2—转鼓；3—进气口。

图 2-9-3　无级变化的可变进气系统

宝马汽车发动机上采用了进气管长度无级可变的进气系统，如图 2-9-4 所示。在进气管箱体的中央，有一个空气转鼓，它的内腔通到上游进气管（空气滤清器端），它的空气出口则通往进气道。空气转鼓与电动机轴相连。当电动机带动转鼓转动时，就可以改变进气管的有效长度，使之与曲轴转速相匹配。

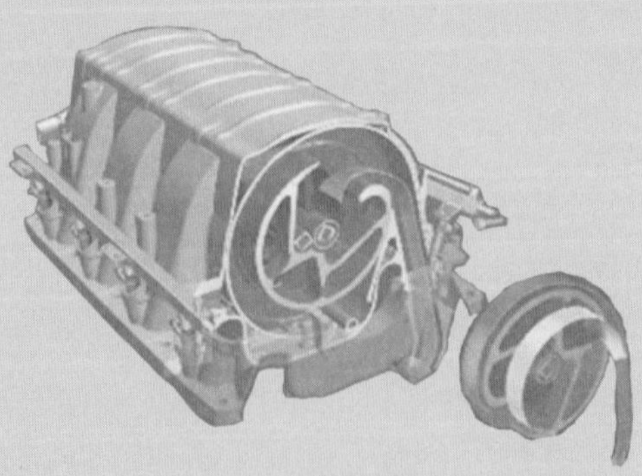

图 2-9-4　宝马发动机的可变进气系统

在低转速下，发动机控制单元使电动机逆时针转动，使用长的进气管；在高转速下，电动机带动转鼓顺时针转动，使用短的进气管。由于进气管长度的调节是无级变化的，因此被称为长度无级可变的进气机构。它能使任意曲轴转速下的进气管长度值达到最佳，充气效率提高，所以提升了发动机的性能。

2）进气管直径可变的进气系统

丰田公司的双进气管可变进气系统工作原理如图 2-9-5 所示。图中显示为一个缸的四个气门，两个进气门各配有一个进气管，其中一个进气通道中装有进气转换阀。发动机在低速中、小负荷下工作时，转换阀关闭，只利用一个进气通路，如图 2-9-5（a）所示，此时进气流速提高，进气惯性大，可提高发动机转矩；当发动机在高速大负荷下工作时，转换阀开启，进气通路为两条，如图 2-9-5（b）所示，此时进气截面积大大增加，进气阻力减小，气缸充气量增加，使发动机高速大负荷时的动力性得到提高。

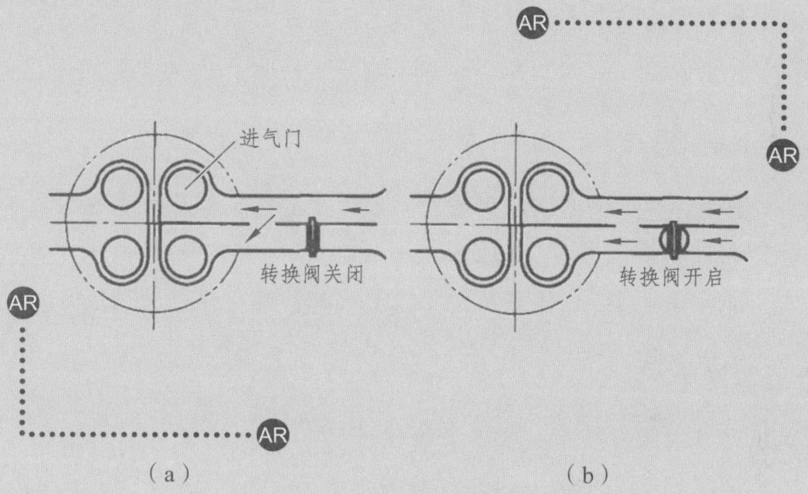

图 2-9-5　进气管直径可变的进气系统

3. 可变进气系统故障检修（以大众发动机为例）

发动机的进气歧管内有一个受真空控制的膜片式转换阀，如图 2-9-6 所示。转换阀膜片气室中的工作压力受进气歧管转换电磁阀控制。进气歧管转换电磁阀则由 ECU 根据发动机的转速进行控制。

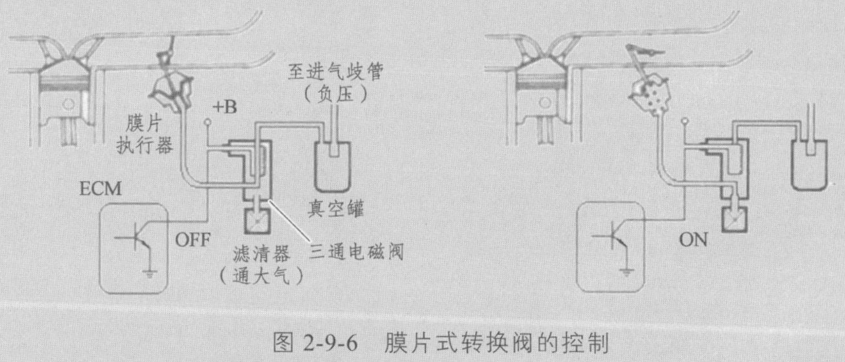

图 2-9-6　膜片式转换阀的控制

1）可变进气转换电磁阀的检查

（1）检查电磁阀线圈的阻值，应符合规定。否则，更换电磁阀。

（2）在断电状态下，用压缩空气从电磁阀的通大气口处吹入，空气应不能通过；用压缩空气从电磁阀的通真空口处吹入，空气应从通膜片式转换阀接口处流出。否则，更换可变进气转换电磁阀。

（3）在通电状态下，用压缩空气从电磁阀的通大气口处吹入，空气应从膜片式转换阀接口处流出；用压缩空气从电磁阀的通真空口处吹，空气应不能通过。否则，更换可变进气转换电磁阀。

2）膜片式转换阀的检查

（1）检查膜片式转换阀是否有卡死、变形等现象。

（2）检查膜片式转换阀是否有泄漏现象。可以用手动真空泵连接到膜片式转换阀的膜片室，并施加真空到一定的值然后观察在一定的时间内真空度的变化情况。如果真空度下降，则说明存在泄漏，需要更换膜片式转换阀。

【任务小结】

本任务简要介绍了谐波增压进气系统的工作原理，阐述了两种可变进气系统的工作过程和故障检修过程。通过本任务学习，学生需了解谐波增压进气系统的工作原理，掌握两种可变进气系统的工作过程和故障检修的方法。

【课后习题】

1. 简述谐波增压进气系统的工作原理。
2. 简述谐波进气增压系统的影响因素。
3. 简述发动机不同转速对进气管的要求。
4. 简述进气管长度可变进气系统的工作过程。
5. 简述进气管直径可变进气系统的工作过程。

【任务实施】

1. 任务准备

（1）实训设备：电控发动机台架或轿车。

（2）实训工具：通用拆装工具。

（3）实训资料：实训工作页、维修手册、教材等。

（4）辅助材料：翼子板三件套防护套。

2. 实施步骤

1）车辆基本检查

（1）实训车辆安全防护。

（2）登记车辆基本信息。

（3）车辆油、水、电基本检查。

2）谐波增压进气系统故障检修（见表 2-9-1）

表 2-9-1　谐波增压进气系统故障检修任务工单

<table>
<tr><td>姓　名</td><td colspan="2"></td><td colspan="2">学　号</td><td>分组号</td><td></td></tr>
<tr><td>实训时间</td><td colspan="2"></td><td colspan="2">工具编号</td><td>设备编号</td><td></td></tr>
<tr><td colspan="7">一、计划与决策</td></tr>
<tr><td rowspan="2">任务分工</td><td>组长</td><td>主要操作</td><td>辅助操作</td><td>7S 管理</td><td>质检</td><td>备注</td></tr>
<tr><td></td><td></td><td></td><td></td><td></td><td></td></tr>
<tr><td colspan="4">检测和诊断步骤</td><td colspan="3">工具、仪器设备</td></tr>
<tr><td colspan="4">1.</td><td colspan="3"></td></tr>
<tr><td colspan="4">2.</td><td colspan="3"></td></tr>
<tr><td colspan="4">3.</td><td colspan="3"></td></tr>
<tr><td colspan="4">4.</td><td colspan="3"></td></tr>
<tr><td colspan="4">5.</td><td colspan="3"></td></tr>
<tr><td colspan="7">二、任务实施</td></tr>
<tr><td colspan="7">（一）车辆基本检查</td></tr>
<tr><td colspan="2">实训车辆或台架的安全防护</td><td colspan="5"></td></tr>
<tr><td colspan="2" rowspan="3">实训车辆或台架基本信息</td><td colspan="5">车辆或台架品牌：</td></tr>
<tr><td colspan="5">车辆识别码或台架号：</td></tr>
<tr><td colspan="5">发动机型号：</td></tr>
<tr><td colspan="3">实训车辆或台架油、水、电的检查</td><td colspan="4">正常☐　不正常☐</td></tr>
<tr><td>读取故障码</td><td colspan="2">1.</td><td>2.</td><td>3.</td><td colspan="2">4.</td></tr>
<tr><td colspan="7">（二）可变进气系统故障检修（以大众发动机为例）</td></tr>
<tr><td colspan="7">1. 可变进气转换电磁阀的检查</td></tr>
<tr><td colspan="7">（1）检查电磁阀线圈的阻值</td></tr>
</table>

续表

检查结果：
结果分析：
（2）断电测试
测试结果：
结果分析：
（3）通电测试
测试结果：
结果分析：
2. 膜片式转换阀的检查
（1）检查膜片式转换阀是否有卡死、变形等现象
检查结果：
结果分析：
（2）检查膜片式转换阀是否有泄漏现象
检查结果：
结果分析：
故障原因和排除的方法：
三、检查与评估
1. 评估参考标准
（1）工作任务（满分 10 分）
① 明确工作任务，理解任务的重要性（9～10 分）
② 明确工作任务，了解任务的重要性（8 分）
③ 了解工作任务，了解任务的重要性（7 分）
④ 基本了解工作任务，基本了解任务的重要性（6 分）
⑤ 不了解工作任务，不了解任务的重要性（1～5 分）
（2）工作计划（满分 10 分）
① 根据工作任务制订详细的工作计划（9～10 分）
② 根据工作任务制订较详细的工作计划（8 分）
③ 根据工作任务制订可执行的工作计划（7 分）
④ 根据工作任务制订一般的工作计划（6 分）
⑤ 工作计划不全（1～5 分）

续表

（3）任务实施（满分 70 分）					
① 操作规范、过程完整、数据正确（63～70 分）					
② 操作规范、过程完整、数据基本正确（56～63 分）					
③ 操作规范、过程较完整、数据基本正确（49～56 分）					
④ 操作基本规范、过程基本完整、数据基本正确（42～49 分）					
⑤ 操作不规范、过程不完整、数据基本正确（1～42 分）					
（4）自我评价（满分 10 分）					
2. 小组考核					
工作任务	工作计划		任务实施	总分	
3. 教师考核					
工作任务	工作计划		任务实施	总分	
小组考核（40%）	录分人	教师考核（60%）	录分人	平均得分	统分人

任务 10　涡轮增压系统的故障检修

【任务目标】

1. 知识目标

（1）了解涡轮增压系统的功用和分类。

（2）掌握涡轮增压系统的组成和工作原理。

（3）掌握涡轮增压系统的故障检测和排除方法。

2. 能力目标

（1）能在车上准确地找到涡轮增压系统所在的位置。

（2）能利用检测仪器或设备进行涡轮增压系统的故障检测和排除。

（3）能正确拆卸和安装涡轮增压系统零部件。

3. 素质目标

（1）具有严谨认真、实事求是的科学态度。

（2）能自主学习新知识、新技能。

（3）具有高度的职业责任心和安全意识，遵章守纪、规范操作。

（4）具有较强信息搜集能力，会查找汽车维修手册和相关国家标准。

（5）具有团队协作和吃苦耐劳的精神。

【案例导入】

一辆大众宝来小轿车发动机动力不足，最高车速仅能达到 80 km/h。

【案例分析】

涡轮增压系统不能正常工作时，发动机在工作的过程中，没有增压作用，导致发动机动力不足。

【知识链接】

1. 涡轮增压系统的功用和类型

1）涡轮增压系统的功用

所谓涡轮增压，就是利用涡轮机将空气进行预压缩，然后再供入气缸的一种技术措施。它通过提高进气的密度来增加进气量，从而可以使发动机的功率增加。实践证明，在小型汽车发动机上采用增压技术后，不仅可以获得良好的动力性，燃油经济性也有所提高。

2）涡轮增压系统的类型

按涡轮的驱动形式，可以将涡轮增压系统分为以下两种：

（1）废气涡轮增压。

涡轮增压器的涡轮位于发动机的排气管路上，被发动机排出的废气推动旋转，并带动与其同轴的压气机泵轮工作。泵轮位于发动机的进气管路上，它转动时使进气管内的空气压力升高。新鲜空气经压气机增压后进入气缸，因此气缸的进气量提高，如图 2-10-1 所示。

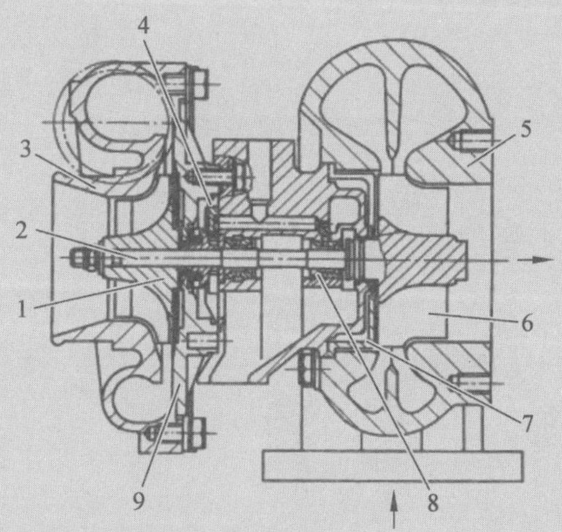

1—压气机叶轮；2—转子轴；3—压气机壳；4—膜片弹簧；5—涡轮壳；
6—涡轮；7—隔热板；8—轴承；9—压气机后盖。

图 2-10-1　废气涡轮增压器结构

（2）机械涡轮增压。

由曲轴经齿轮增速器驱动或由曲轴经同步齿形带及电磁离合器驱动，旋转的涡轮叶轮将空气压缩后送入气缸。机械涡轮增压系统能有效提高发动机功率，与废气涡轮增压相比，其低速增压性能好，另外机械涡轮增压器与发动机容易匹配，结构也比较紧凑。但是由于驱动增压器需要消耗发动机功率，因此燃油消耗率比非增压发动机略高。

2. 废气涡轮增压系统的组成和工作原理

1）废气涡轮增压系统的组成

迈腾 1.8T 发动机采用的是废气涡轮增压系统，其组成如图 2-10-2 所示。该系统主要由涡轮增压器、膜片执行器、中间冷却器、废气泄放阀等组成。系统的电控元件有发动机控制模块 J623、增压压力调节电磁阀 N75、增压空气再循环电磁阀 N249、空气流量计 G70、发动机转速传感器 G28 和增压压力传感器 G31 等。

2）废气涡轮增压系统的工作原理

涡轮增压器由涡轮、泵轮及中间体三部分组成，如图 2-10-3 所示。

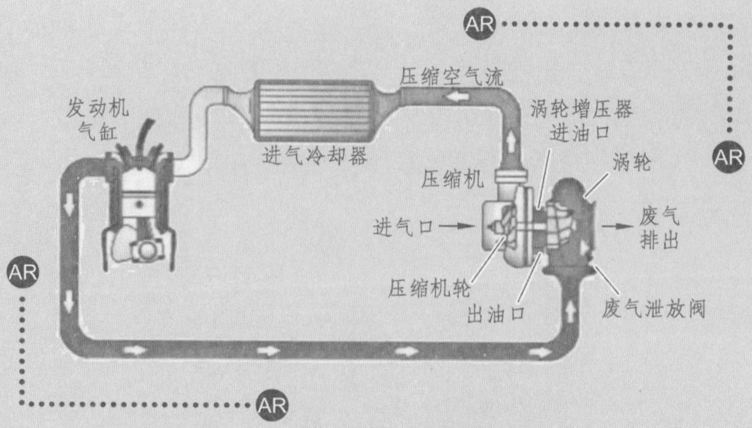

图 2-10-2　废气涡轮增压系统的组成

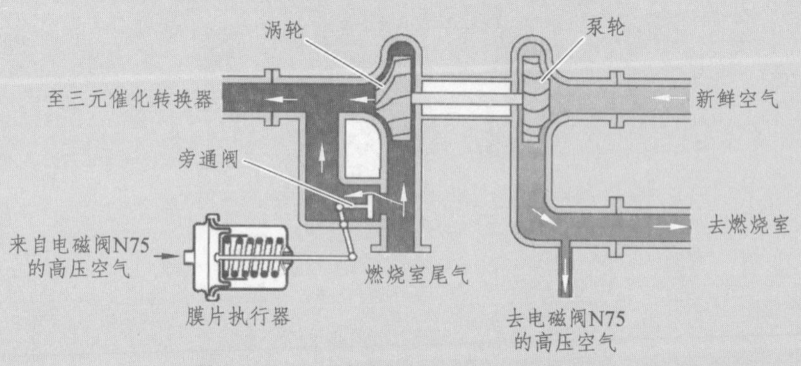

图 2-10-3　涡轮增压器及膜片执行器

燃烧室废气经过特定形状的喷管进入径流式涡轮机，然后经三元催化转化器排出。排气流过涡轮机的喷管（管径由粗变细）时降压、降温、增速、膨胀，其势能和内能转变为动能，推动涡轮机旋转，并带动增压器轴和压气机泵轮一起旋转。

新鲜空气经进气道进入压气机，离心式压气机旋转时，空气在离心力的作用下，沿着压气机叶片流向泵轮周边，其流速、压力和温度均有较大的提高，然后进入扩压管（管径由细变粗）。空气流经扩压管时速度下降，压力升高，大部分动能转变为势能，温度也有所升高。

膜片式控制阀的右室通大气，内有弹簧作用在膜片上。左室则连到增压压力控制电磁阀 N75。

与膜片连接的联动杆用来控制排气旁通阀的开启与关闭。当左室压力低时，弹簧推动膜片左移，并带动联动杆将排气旁通阀关闭。当左室压力高时，膜片右移，并通过联动杆将排气旁通阀打开，使部分排气直接排入大气，从而降低涡轮机转速和增压压力。

增压压力控制电磁阀 N75 是一种两位三通式电磁阀，其位置和结构分别如图 2-10-4 和图 2-10-5 所示。其 3 个管口分别通高压空气端（增压器下游）、低压空气端（增压器上游）和增压器膜片执行器。增压压力控制电磁阀 N75 的通断由发动机控制模块 J623 控制。当电磁阀断电时，膜片执行器的左室与低压空气端连通。当电磁阀通电时，膜片执行器的左室与高压空气端连通。

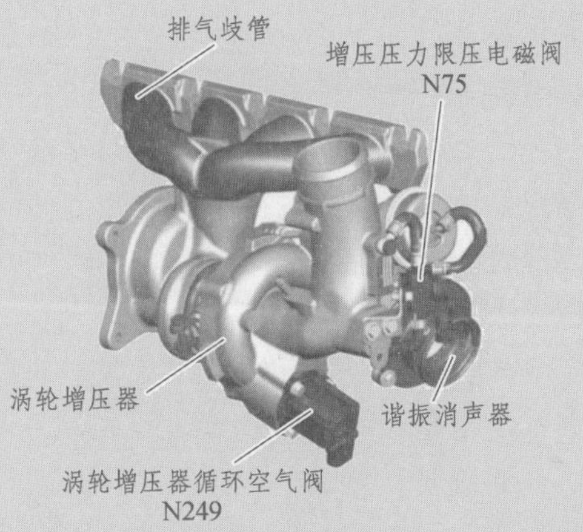

图 2-10-4　增压压力控制电磁阀 N 75 的位置

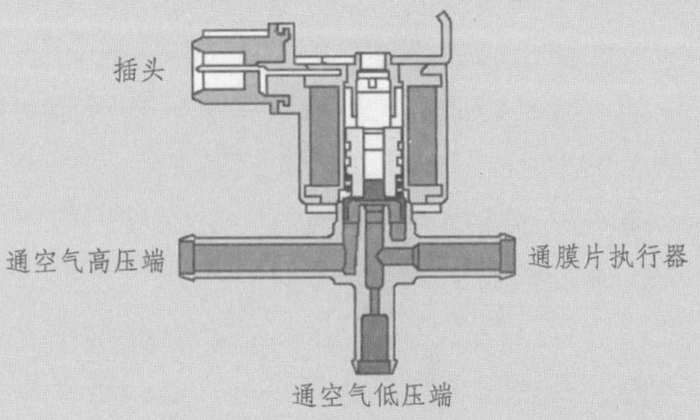

图 2-10-5　增压压力控制电磁阀 N 75 结构

大负荷行驶时，突然松开加速踏板，节气门开度迅速减小，而涡轮转速仍然较高，若不加以控制，增压空气继续流向节气门，可能造成节气门的损坏。

此时，发动机控制模块（ECM）将增压空气再循环电磁阀（N249）打开，接通空气再循环机械阀的真空回路，如图 2-10-6 所示。这样，增压气体在管路中形成局部循环，避免了增压空气冲击节气门。

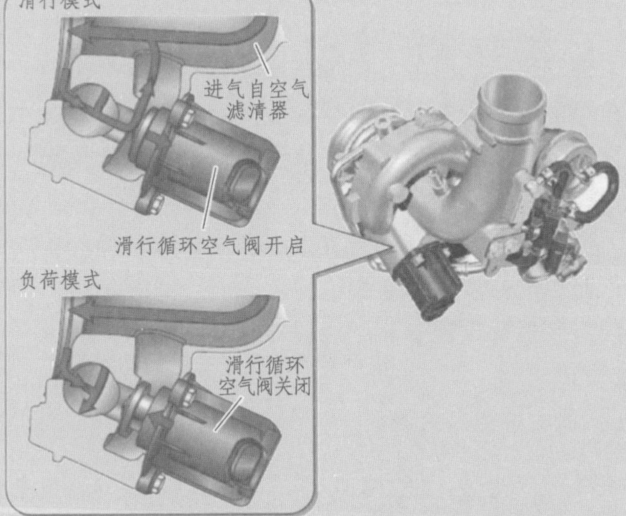

图 2-10-6　废气涡轮增压系统的怠速和超速切断控制

增压压力与涡轮转速有关，而涡轮转速又取决于废气能量。发动机在高速大负荷时的废气能量多，增压压力高；在低速小负荷时的废气能量少，增压压力低。因此，涡轮增压发动机的低速转矩小，加速性差。为了获得低速大转矩和良好的加速性，轿车用涡轮增压器的设计转速常为标定转速的40%。这样，在高速时的增压压力将会过高，增压器可能超速。同时，还会使汽油机的热负荷过大并发生爆燃，为此必须对增压压力进行调节。

发动机运转时，控制模块J623根据空气流量、发动机转速、增压压力等传感器的信号，对增压压力控制电磁阀N75的通断进行控制，改变膜片室中的压力，使排气旁通阀动作。当实际进气压力低于理论值时，旁通阀门关小；当实际进气压力高于理论值时，旁通阀门开大。

有的系统还能按照预先编制好的程序，在急加速时，允许增压压力在短时间内超出限定值，以提高发动机的加速性。

另外还有一种设计，就是调节涡轮叶片的角度，通过阻力的改变来调节涡轮的转速，从而改变增压量。

汽油机采用增压技术后，爆燃的倾向增大。为了获得较好的效果，很多系统将点火正时调节与增压压力调节相结合来进行控制。因为如果只是单一地降低增压压力，则会引起发动机运行性能降低；另外由于涡轮增压发动机的排气温度较高，也不宜单独采用调节点火正时的方法来控制爆燃，否则高温废气对涡轮有不利影响。通常，对于爆燃的第一反应是减小点火提前角，一旦达到点火延迟极限（该极限随废气的温度而改变）后，为进一步减少爆燃倾向，采取降低增压压力的方式。当爆燃消失时，又将点火提前角调节至最佳值，以使发动机输出尽可能大的转矩。当点火提前角达到最佳时，再慢慢地增加增压压力。

3. 废气涡轮增压系统故障检修

1）涡轮增压系统可能产生的故障

（1）电气系统故障。

① 增压压力控制电磁阀可能会出现线圈老化、断路等故障。

② 控制电路可能会出现断路、短路和接触不良等故障。

③ 发动机控制模块可能会出现程序错乱、硬件损坏等故障。

（2）机械故障。

① 增压压力控制电磁阀可能会出现卡死、堵塞等故障。

② 膜片执行器可能会发生损坏的故障。

③ 涡轮增压器可能会出现卡死、烧毁等故障。

（3）管路故障。

管路故障主要是发生空气泄漏。

2）废气涡轮增压系统故障检修

（1）读取故障码和数据流，根据故障码的提示制定相应的维修技术。

（2）增压压力控制电磁阀的检修。

① 从增压压力控制电磁阀（N75）上拆下软管，接上辅助软管，起动执行元件诊断，并触发增压压力控制电磁阀，电磁阀将发出“咔嚓”声，并打开和关闭（通过向辅助软管吹气检查）。如果电磁阀无“咔嚓”声应对增压压力控制电磁阀进行电气检查。

② 点火开关置于“OFF”，拔下电磁阀 N75 的导线插接器，用数字万用表的电阻挡测量插座两端子之间的电阻，其值应在 25 ~ 35 Ω。如超出规定范围，更换新的增压压力控制电磁阀。如果在规定范围内，应检查增压压力控制电磁阀的供电。

③ 起动发动机，将数字万用表的电压测量挡串接在搭铁及端子 1 之间，其电压规定值为蓄电池电压。如没有达到规定值，检测端子 1 通过熔丝到燃油泵继电器的导线是否断路或短路及增压压力控制电磁阀的触发情况。

④ 点火开关置于“OFF”，拔下电磁阀 N75 的导线插接器，将二极管试灯串接在插头端子 1 和端子 2 之间，起动执行元件诊断功能，触发增压压力控制电磁阀，二极管试灯应闪亮。如二极管试灯不闪亮或常亮，检测线束的导线是否断路或对正极、对负极短路。如需要，排除断路/短路故障。

（3）膜片执行器检修。

在膜片执行器的通气口加高压气体，观察膜片执行器是否动作，如果不动作说明膜片执行器损坏，应更换。

（4）检查涡轮增压器可能会出现卡死、烧毁。

（5）检查管路是否有破损或漏气故障。

【任务小结】

本任务主要介绍了涡轮增压系统的作用和组成，重点阐述了涡轮增压系统的工作原理和故障检修。通过本任务的学习，学生需了解涡轮增压系统的作用和组成，掌握涡轮增压系统的工作原理和故障检修方法。

【课后习题】

1. 简述涡轮增压系统的作用。
2. 简述涡轮增压器的组成元器件。
3. 简述涡轮增压系统的工作原理。
4. 简述涡轮增压系统可能存在的故障。

【任务实施】

1. 任务准备

（1）实训设备：电控发动机台架或轿车。

（2）实训工具：通用拆装工具。

（3）实训资料：实训工作页、维修手册、教材等。

（4）辅助材料：翼子板三件套防护套。

2. 实施步骤

1）车辆基本检查

① 实训车辆安全防护。

② 登记车辆基本信息。

③ 车辆油、水、电基本检查。

2）涡轮增压系统故障检修（见表 2-10-1）

表 2-10-1　涡轮增压系统故障检修任务工单

<table>
<tr><td>姓　名</td><td colspan="2"></td><td colspan="2">学　号</td><td></td><td>分组号</td><td></td></tr>
<tr><td>实训时间</td><td colspan="2"></td><td colspan="2">工具编号</td><td></td><td>设备编号</td><td></td></tr>
<tr><td colspan="9">一、计划与决策</td></tr>
<tr><td rowspan="2">任务分工</td><td>组长</td><td>主要操作</td><td colspan="2">辅助操作</td><td>7S 管理</td><td>质检</td><td>备注</td></tr>
<tr><td></td><td></td><td colspan="2"></td><td></td><td></td><td></td></tr>
<tr><td colspan="5">检测和诊断步骤</td><td colspan="3">工具、仪器设备</td></tr>
<tr><td colspan="5">1.</td><td colspan="3"></td></tr>
<tr><td colspan="5">2.</td><td colspan="3"></td></tr>
<tr><td colspan="5">3.</td><td colspan="3"></td></tr>
<tr><td colspan="5">4.</td><td colspan="3"></td></tr>
<tr><td colspan="5">5.</td><td colspan="3"></td></tr>
<tr><td colspan="8">二、任务实施</td></tr>
<tr><td colspan="8">（一）车辆基本检查</td></tr>
<tr><td colspan="3">实训车辆或台架的安全防护</td><td colspan="5"></td></tr>
<tr><td colspan="3" rowspan="3">实训车辆或台架基本信息</td><td colspan="5">车辆或台架品牌：</td></tr>
<tr><td colspan="5">车辆识别码或台架号：</td></tr>
<tr><td colspan="5">发动机型号：</td></tr>
<tr><td colspan="5">实训车辆或台架油、水、电的检查</td><td colspan="3">正常☐　　不正常☐</td></tr>
<tr><td>读取故障码</td><td colspan="2">1.</td><td colspan="2">2.</td><td>3.</td><td colspan="2">4.</td></tr>
</table>

续表

（二）增压压力控制电磁阀（N75）的检修（以大众迈腾为例）
1. 功能测试
测试结果：
结果分析：
2. 测量电阻（阻值应在 25～35 Ω）
测量结果：
结果分析：
3. 试灯检测
测量结果：
结果分析：
（三）膜片执行器检修
检测结果：
结果分析：
（四）检查涡轮增压器
检查结果：
结果分析：
（五）检查管路
检查结果：
结果分析：
故障原因和排除的方法：
三、检查与评估
1. 评估参考标准
（1）工作任务（满分 10 分）
① 明确工作任务，理解任务的重要性（9～10 分）
② 明确工作任务，了解任务的重要性（8 分）
③ 了解工作任务，了解任务的重要性（7 分）
④ 基本了解工作任务，基本了解任务的重要性（6 分）
⑤ 不了解工作任务，不了解任务的重要性（1～5 分）
（2）工作计划（满分 10 分）
① 根据工作任务制订详细的工作计划（9～10 分）
② 根据工作任务制订较详细的工作计划（8 分）
③ 根据工作任务制订可执行的工作计划（7 分）

续表

④ 根据工作任务制订一般的工作计划（6 分）
⑤ 工作计划不全（1～5 分）
（3）任务实施（满分 70 分）
① 操作规范、过程完整、数据正确（63～70 分）
② 操作规范、过程完整、数据基本正确（56～63 分）
③ 操作规范、过程较完整、数据基本正确（49～56 分）
④ 操作基本规范、过程基本完整、数据基本正确（42～49 分）
⑤ 操作不规范、过程不完整、数据基本正确（1～42 分）
（4）自我评价（满分 10 分）

2. 小组考核

工作任务	工作计划	任务实施	总分

3. 教师考核

工作任务	工作计划	任务实施	总分

小组考核（40%）	录分人	教师考核（60%）	录分人	平均得分	统分人

任务 11 可变配气控制系统的故障检修

【任务目标】

1. 知识目标

（1）了解可变配气控制系统的功用和分类。

（2）掌握可变配气控制系统的结构和工作原理。

（3）掌握可变配气控制系统的故障检测和排除方法。

2. 能力目标

（1）能在车上准确找到可变配气控制系统元器件所在的位置。

（2）能利用检测仪器或设备进行可变配气控制系统的故障检测和排除。

（3）能正确拆卸和安装可变配气控制系统的元器件。

3. 素质目标

（1）具有严谨认真、实事求是的科学态度。

（2）能自主学习新知识、新技能。

（3）具有高度的职业责任心和安全意识，遵章守纪、规范操作。

（4）具有较强信息搜集能力，会查找汽车维修手册和相关国家标准。

（5）具有团队协作和吃苦耐劳的精神。

【案例导入】

一辆丰田卡罗拉小轿车功率下降，燃油消耗增加。

【案例分析】

丰田车系采用的是双 VVT-i 可变配气正时系统，如果凸轮轴正时机油控制阀工作不良，ECU 就无法根据发动机的工况对气门正时进行控制，导致发动机功率下降，燃油消耗增加。

【知识链接】

1. 可变配气控制系统的功用和分类

1）可变配气控制系统的功用

可变配气相位改变了配气相位固定不变的状态，在发动机运转工况范围内提供最佳的配气正时，提高了充气系数，较好地解决了高转速与低转速、大负荷与小负荷下动力性与经济性的矛盾，在一定程度上改善了废气排放、怠速稳定性和低速平稳性，降低了怠速转速。

同一台发动机转速不同时，应有不同的配气相位角，转速越高，提前角和滞后角也应随之加大。这是因为固定相位角，只能对一种转速有利，满足了低转速的要求，就满足不了高转速的要求。过大的配气相位角，将使发动机的低速性能变坏。这是因为低速时，混合气流动速度慢，燃烧速度也较慢，进气提前角过大时，有可能将混合气挤出缸外，造成回火和怠速不稳。反之，过小的配气相位角，将使高速性能变坏。这是因为高速时，混合气流动速度快，燃烧速度加快，惯性能量也加大，进排气门应加大早开晚关的角度，才能保证充分利用惯性能量，防止气流滞留缸外，使进气充分、排气彻底。

2）可变配气控制系统的分类

目前发动机采用的可变配气控制系统主要有 4 种代表性产品，包括丰田公司的 VVT-i、大众公司的 VVT、本田公司的 VTEC 和宝马公司的 Valvetronic 电子气门系统。

2. 丰田 VVT-i 控制系统

1）丰田 VVT-i（Variable Valve Timing-intelligent）系统的组成

丰田 VVT-i 系统由传感器、发动机 ECU 和执行机构（VVT-i 控制器、凸轮轴正时机油控制阀）三部分组成，如图 2-11-1 所示。

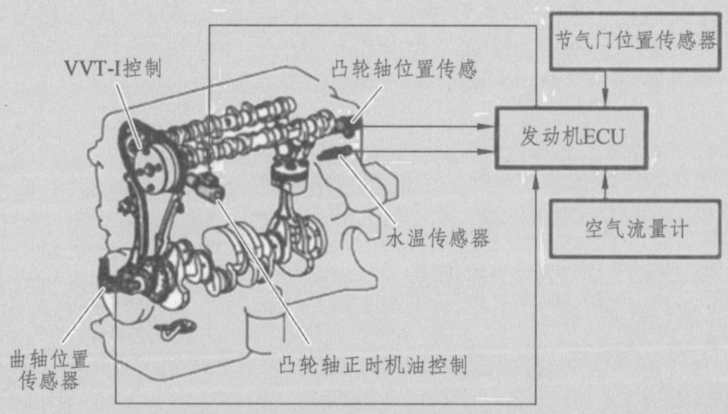

图 2-11-1　丰田 VVT-i 系统的组成

发动机 ECU 根据发动机转速、进气量、节气门位置和水温等信号计算出一个最优气门正时，凸轮轴正时机油控制阀根据发动机 ECU 的控制指令，选择至 VVT-i 控制器的不同油路以处于提前、滞后或保持这三种不同的工作状态，控制原理如图 2-11-2 所示。此外，发动机 ECU 根据来自凸轮轴位置传感器和曲轴位置传感器的信号检测实际的气门正时，从而尽可能地进行反馈控制，以获得预定的气门正时。

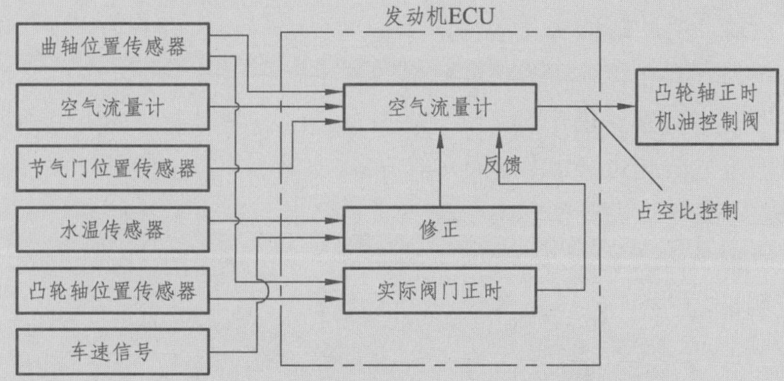

图 2-11-2　丰田 VVT-i 系统控制原理

2）丰田 VVT-i 控制系统工作原理

丰田 VVT-i 控制系统采用叶片式 VVT 控制器，由正时链条驱动的外壳、固定在凸轮轴上的叶片、锁销等组成，如图 2-11-3 所示。当发动机停机时，进气凸轮轴被调整到最大延迟状态以维持起动性能。在发动机起动后，油压并未立即传到 VVT-i 控制器时，锁销使 VVT-i 控制的动作机械部件锁定，防止撞击产生噪声。当油压达到一定压力，推动锁销解锁，控制器的叶片部分在油压推动下相对齿轮壳旋转一定的角度，从而使凸轮轴在 60°范围内向前或者向后旋转，从而改变进、排气门开启时刻，将配气正时控制在最佳状态。

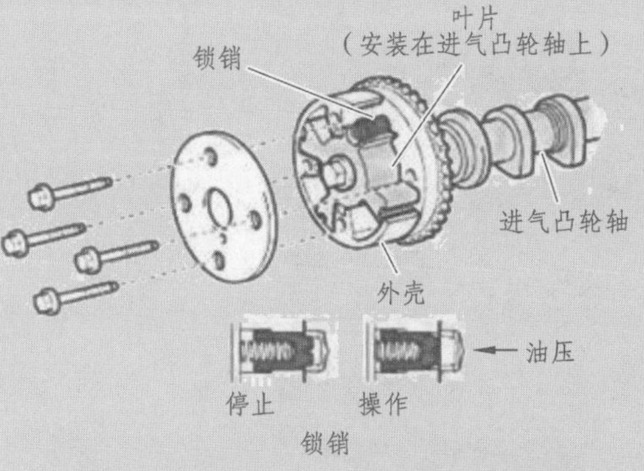

图 2-11-3　丰田 VVT-i 控制系统的控制器

凸轮轴正时机油控制阀的结构如图 2-11-4 所示，由发动机 ECU 进行占空比控制，控制滑阀位置和分配流到 VVT-i 控制器提前侧或延迟侧的油压。发动机停止时，进气门正时是处于最大延迟角度位置。

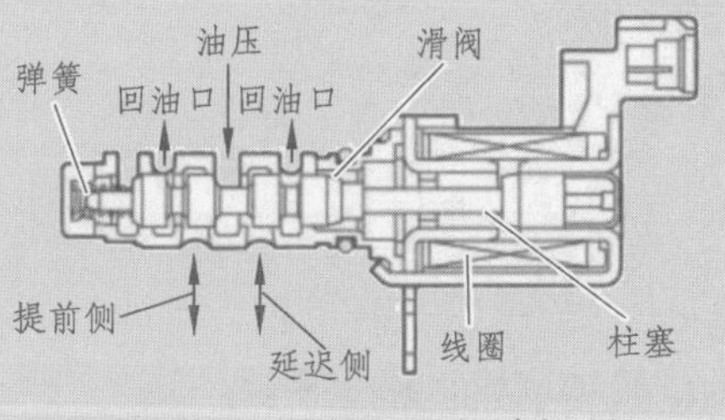

图 2-11-4　凸轮轴正时机油控制阀

正时提前，由发动机 ECU 控制凸轮轴正时控制阀的位置，油压作用于气门正时提前侧的叶片室，使进气凸轮轴向气门正时的提前方向旋转，如图 2-11-5 所示。正时延迟，则油压作用于气门正时延迟侧的叶片室，使进气凸轮轴向气门正时的延迟方向旋转，如图 2-11-6 所示。正时保持，发动机 ECU 根据具体的运作参数进行处理，并计算出目标配气正时角度，当达到目标配气正时以后，凸轮轴正时控制阀通过关闭油道来保持油压，即保持现在气门正时的状态，如图 2-11-7 所示。

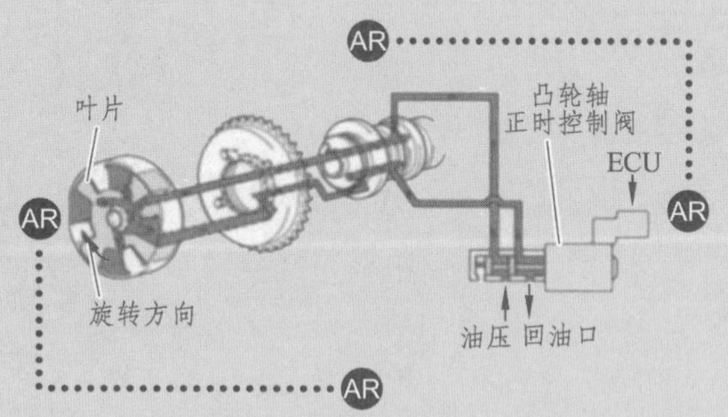

图 2-11-5　VVT-i 正时提前控制

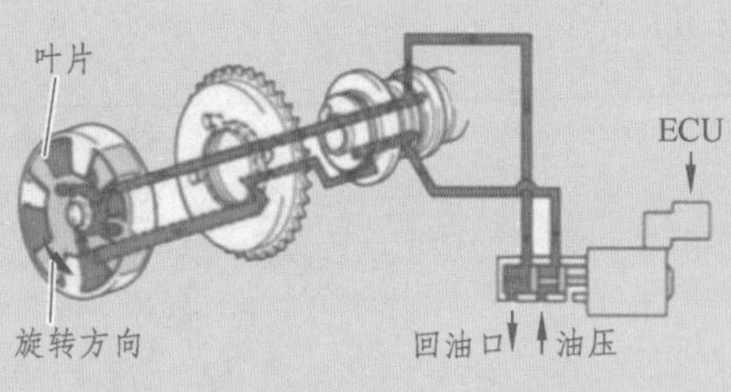

图 2-11-6　VVT-i 正时延迟控制

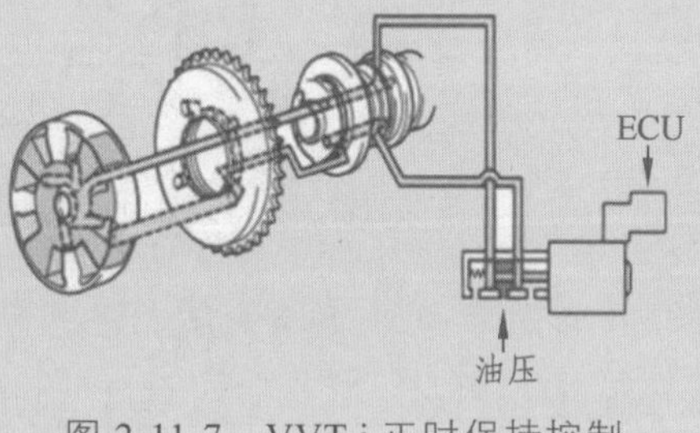

图 2-11-7　VVT-i 正时保持控制

3. 大众 VVT 控制系统

1）大众 VVT 组成

大众 VVT 控制系统的组成与丰田 VVT-i 系统相似，只是 VVT 控制器及控制策略有所差异。在大众 ANQ、AEB、AWL 等发动机中 VVT 控制系统采用链式控制器，主动链轮为排气凸轮轴链轮，由链条驱动进气凸轮轴，仅能对进气凸轮轴角度进行调节。链式控制器由凸轮轴调节阀、凸轮轴调整器、调整链条等组成，如图 2-11-8 所示。

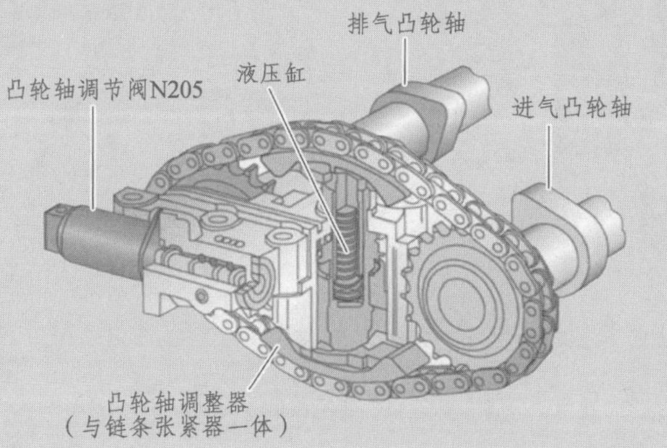

图 2-11-8　大众 VVT 组成

2）大众 VVT 的工作原理

VVT 控制器利用机油压力推动液压缸上下运动，在液压缸运动的同时带动正时链条上下端长度发生变化。其正时调整控制策略可分为功率调整与扭矩调整。当凸轮轴调节阀 N205 接通控制油道 A 时，张紧器向上运动，进气凸轮推迟一定角度为功率调节，如图 2-11-9 所示。链条下部短，上部长，进气门延迟关闭，进气管内气流流速高，气缸充气量足，因此高转速时功率大。

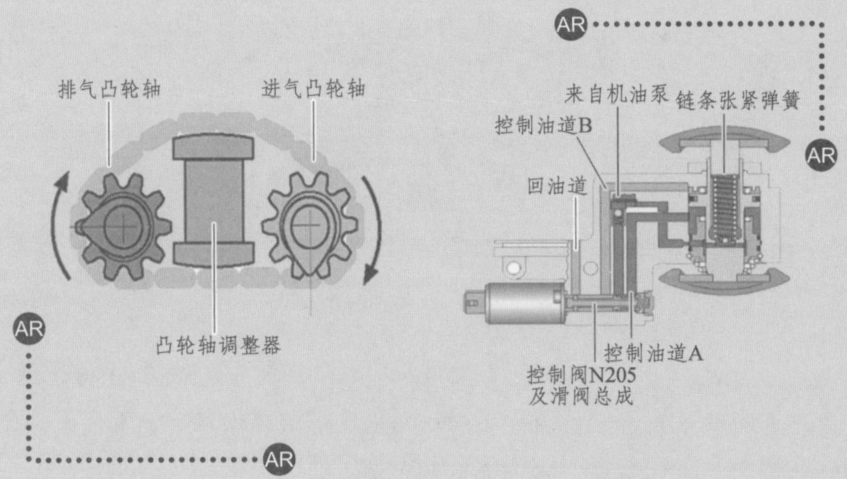

图 2-11-9　大众链式 VVT 控制器功率调整

当凸轮轴调节阀 N205 接通控制油道 B 时，张紧器向下运动，进气凸轮轴提前一定的角度为扭矩调节，如图 2-11-10 所示。凸轮轴调整器向下拉长，链条上部变短，下部变长。因为排气凸轮轴被齿形带固定了，此时排气凸轮轴不能转动，进气凸轮轴转过一个角度，进气门提前关闭。在这个位置时，中、低转速可获得大扭矩输出。

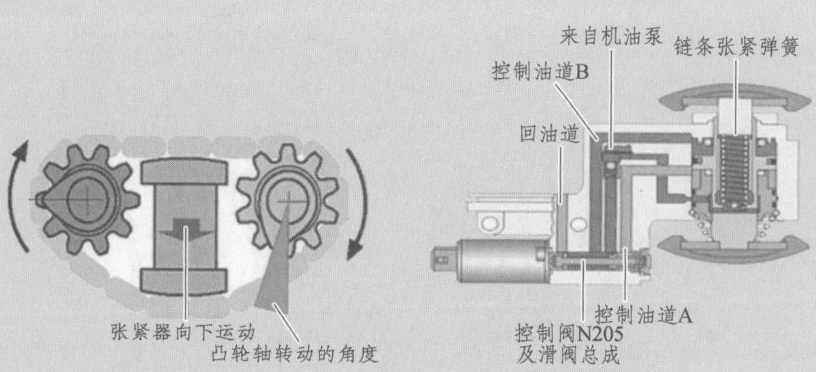

图 2-11-10　大众链式 VVT 控制器扭矩调整

4. 本田 VTEC 控制系统

本田汽车公司在 1989 年推出了自行研制的 VTEC 机构（Variable Valve Life Timing & Vavle Electronic Control，可变气门正时及升程电子控制），是世界上第一个能同时控制气门开闭时间及升程两种不同情况的气门控制系统。该机构由 ECM 控制，它可以同时改变进气门的正时和升程，使发动机在低速时具有较高的燃烧效率和较低的燃油消耗，在高速时则具有较高的功率。

1）VTEC 控制系统的组成

VTEC 控制系统的组成如图 2-11-11 所示。

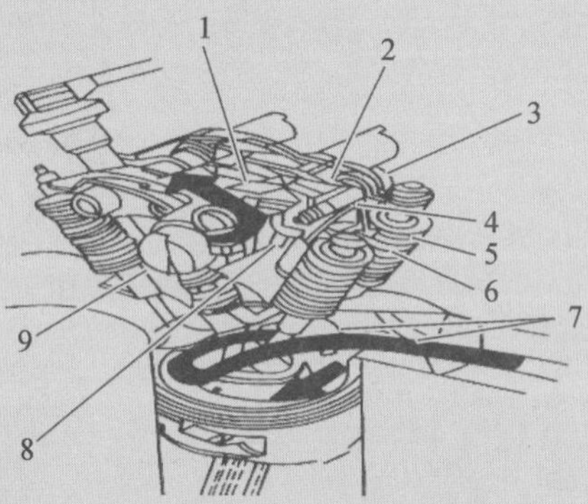

1—正时板；2—中间摇臂；3—次摇臂；4—同步活塞 B；5—同步活塞 A；6—正时活塞；7—进气门；8—主摇臂；9—凸轮轴。

图 2-11-11　VTEC 机构的组成

VTEC 发动机的凸轮轴除具有原有的控制凸轮外，还设置有高速凸轮。摇臂也因此分成三部分：主摇臂、中间摇臂和辅助摇臂。三根摇臂的内部装有由液压控制的正时活塞、同步活塞以及阻挡活塞，如图 2-11-12 所示。液压系统由 ECM 根据发动机的转速、负荷、温度和车速等参数进行控制。

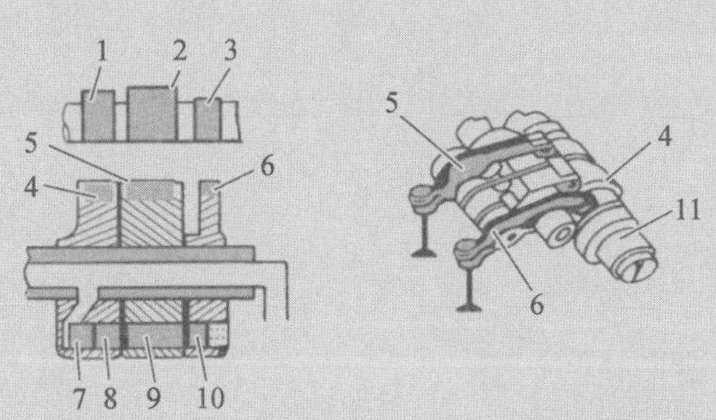

1—主凸轮；2—中间凸轮；3—次凸轮；4—主摇臂；5—中间摇臂；6—次摇臂；7—正时活塞；8—同步活塞 A；9—同步活塞 B；10—阻挡活塞；11—凸轮轴。

图 2-11-12 进气摇臂总成

2）VTEC 控制系统的工作原理

在低速时，主摇臂、中间摇臂和辅助摇臂是彼此分离独立动作的。此时凸轮 A 与 B 分别驱动主摇臂和辅助摇臂以控制气门的开闭。由于凸轮 B 的升程很小，因而进气门只稍微打开。虽然此时中间摇臂被凸轮 C 驱动，但由于三个摇臂彼此分离，故不影响气门的正常开闭。即在低速状态，VTEC 机构的气门开闭情况与普通顶置凸轮轴式配气机构的相同。低速状态下 VTEC 机构的工作原理如图 2-11-13 所示。

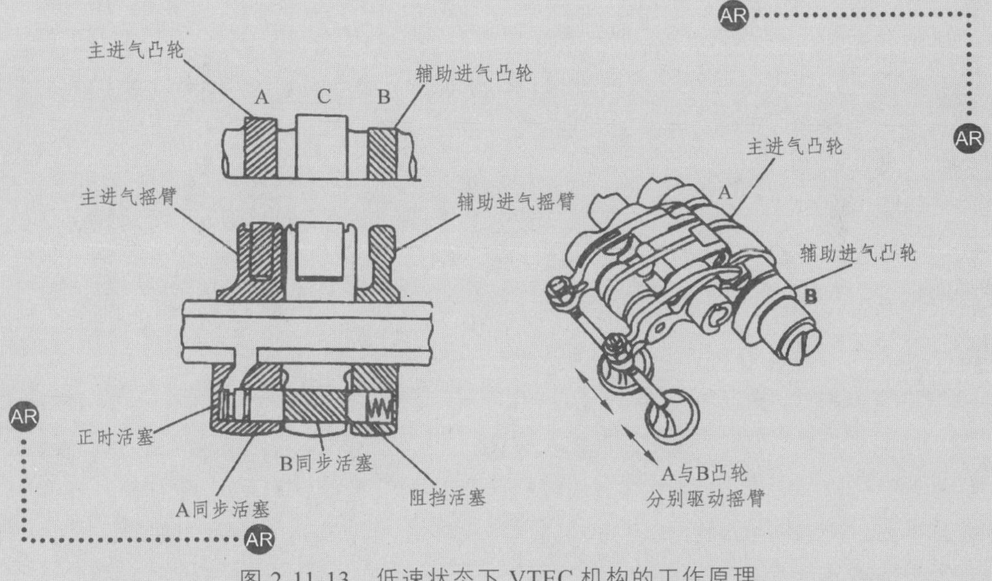

图 2-11-13 低速状态下 VTEC 机构的工作原理

在高速时，当曲轴转速达到规定值时，ECU 控制液压系统，由正时活塞推动三个摇臂内的同步活塞移动，并使三根摇臂锁成一体，从而一起工作。此时，由于凸轮 C 较高，整个摇臂由它来驱动，使气门开启时间延长，升程增大。高速状态下 VTEC 机构的工作原理如图 2-11-14 所示。

当发动机的转速降低到设定值时，ECU 使摇臂中的同步活塞端的油压降低，回位弹簧将同步活塞推回原位，三根摇臂重新彼此分离独立工作。

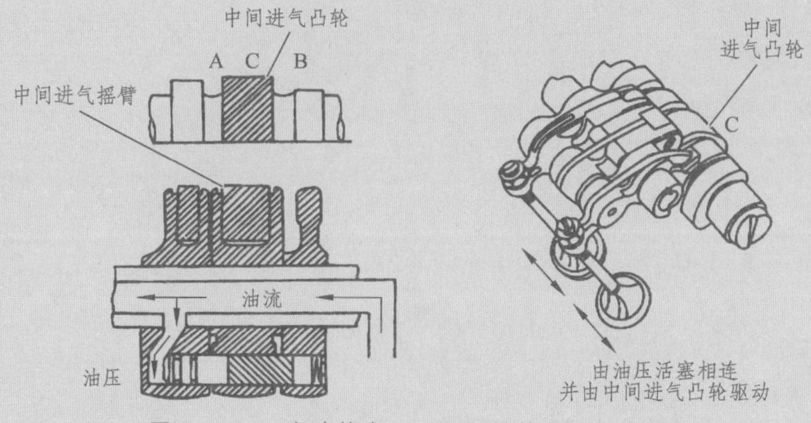

图 2-11-14　高速状态下 VTEC 机构的工作原理

3）本田变缸技术

本田变缸技术（Variable Cylinder Management，VCM）的最大特点是可通过关闭个别气缸的方法，使 V6 发动机可在 3 缸和 6 缸之间变化，使发动机排量也能在 1.6～3.0 L 变化，从而大大节省燃油消耗。

（1）VCM 工作方式。

当发动机冷起动时，VCM 会令 6 个气缸都投入工作，目的是让所有气缸都能达到最佳工作温度。而一旦发动机预热工作完成，VCM 将根据分布在全车各处的传感器，存储当前车速、油门变化幅度、机油温度、变速箱工作状态等信息，以帮助决定气缸工作状态。

如果车辆处于起步、加速或爬坡等任何需要大功率输出情况，发动机将保持 6 个气缸工作。事实上，6 个气缸全部工作的机会并非太多，当车辆在高速公路巡航、中等幅度加速、城市慢驶、怠速运转，或者低负荷行驶时，VCM 则关闭 V 形一侧 2 个气缸，另一侧关闭 1 个气缸，则发动机以 3 缸运转。

（2）VCM 系统工作原理。

通过 VTEC 可变气门正时系统来关闭进、排气门，以中止特定气缸工作。VCM 在关闭部分汽缸后，仍会让不工作那部分汽缸继续运转，目的让所有汽缸都得到均匀磨损。而且火花塞继续点火，以保持火花塞温度，防止气缸重新投入工作时因不完全燃烧造成火花塞油污。

5. 宝马 Valvetronic 电子气门系统

1）宝马 Valvetronic 电子气门系统的组成

宝马 Valvetronic 电子气门系统由步进电动机、蜗杆蜗轮机构、偏心轴、中间轴及中间摇臂、回位弹簧等组成，如图 2-11-15 所示。

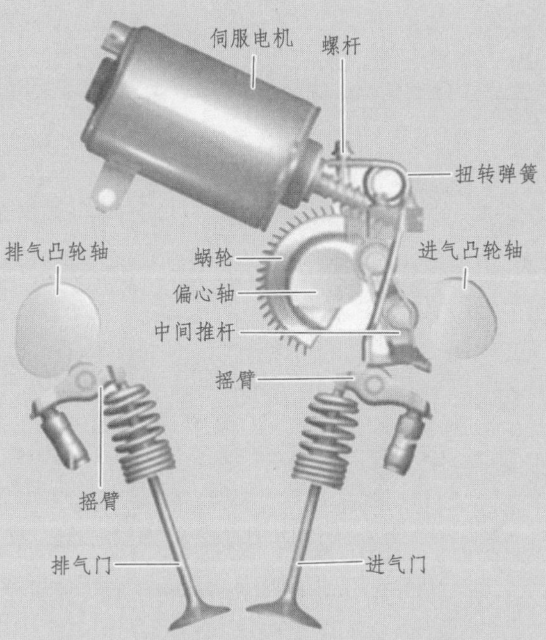

图 2-11-15　宝马 Valvetronic 电子气门系统

2）宝马 Valvetronic 电子气门系统的工作原理

发动机工作时，控制单元根据节气门位置、曲轴转速、凸轮轴位置、冷却液温度等信号，以 16 Hz 频率信号控制电动机动作。电动机通过蜗杆蜗轮机构带动偏心轴转动，偏心轴的偏转又会带动中间轴上的中间摇杆产生偏转，进而使配气机构摇臂的上下移动幅度发生变化，气门升程也相应发生变化。进气门的行程开度可以由 0.3 mm 升至 9.85 mm，如图 2-11-16 所示。

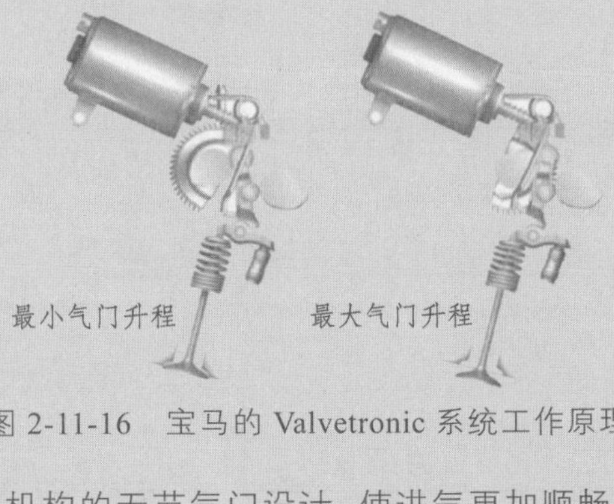

图 2-11-16　宝马的 Valvetronic 系统工作原理

宝马 Valvetronic 机构的无节气门设计，使进气更加顺畅，并配合着双 VANOS 连续可变气门正时控制，实现了“正时与重叠时间，还有升程”都可以“连续性”变化的效果。

5. 可变配气控制系统的检修（丰田 VVT-i 控制系统检修）

1）凸轮轴正时机油控制阀检修

凸轮轴正时机油控制阀的电路如图 2-11-17 所示。

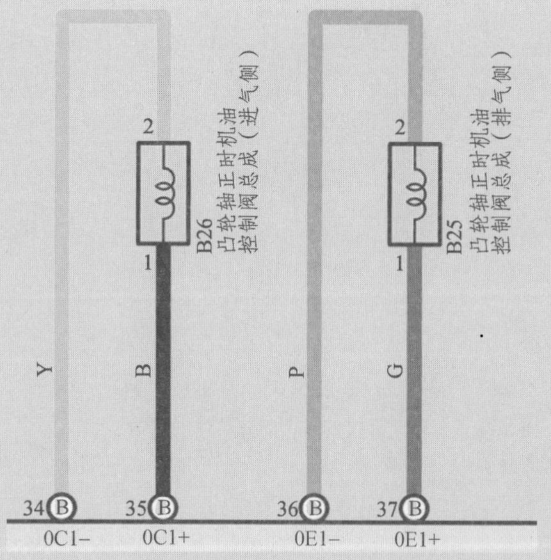

图 2-11-17　凸轮轴正时机油控制阀电路

（1）测量电阻。

点火开关处于“OFF”，拔下凸轮轴正时机油控制阀的线束，用万用表的欧姆挡测量插座端子 1、2 之间的电阻，阻值应在规定的范围内。测量插座端子 B25/1—ECM/37、B25/2—ECM/36、B26/1—ECM/35、B26/2—ECM/34 之间的电阻，阻值应小于 1 Ω。将测量结果填入表 2-11-1。

表 2-11-1　测量电阻

端子名称	正常值/Ω	测量值/Ω	端子名称	正常值/Ω	测量值/Ω
B25/1—B25/2	8		B26/1—B26/2	8	
B25/1—ECM/37	<1		B25/2—ECM/36	<1	
B26/1—ECM/35	<1		B26/2—ECM/34	<1	
结果分析					

（2）测量电压。

起动发动机，使发动机工作在不同的工况，测量 B25/1—B25/2、B26/1—B26/2 的电压，应满足正常值。将测量值填入表 2-11-2 中。

端子名称	正常值/V	测量值/V	端子名称	正常值/V	测量值/V
B25/1—B25/2			B26/1—B26/2		
结果分析					

（3）通电测试。

拆下凸轮轴正时机油控制阀，在插座端子之间加上 12 V 电压，应能听到阀芯的动作声。

2）检查 VVT 控制器

拆下 VVT 控制器，检查各部分的工作情况，检查油路是否堵塞。

【任务小结】

本任务介绍了可变进气正时控制系统的功用和分类，重点讲述了丰田 VVT-i 控制系统，大众 VVT 控制系统，本田 VTEC 控制系统和宝马 Valvetronic 电子气门系统的组成和工作原理。以丰田 VVT-i 控制系统为例，讲述了可变进气正时控制系统故障检修的方法。通过本任务的学习，学生需了解可变进气正时控制系统的功用和分类，掌握可变进气正时控制系统的组成、工作原理及故障检修方法。

【课后习题】

1. 简述可变进气正时控制系统的作用和分类。
2. 简述丰田 VVT-i 控制系统的组成和工作原理。
3. 简述大众 VVT 控制系统的组成和工作原理。
4. 简述本田 VTEC 控制系统的组成和工作原理。
5. 简述宝马 Valvetronic 电子气门控制系统的组成和工作原理。

【任务实施】

1. 任务准备

（1）实训设备：电控发动机台架或轿车。

（2）实训工具：通用拆装工具。

（3）实训资料：实训工作页、维修手册、教材等。

（4）辅助材料：翼子板三件套防护套。

2. 实施步骤

1）车辆基本检查

（1）实训车辆安全防护。

（2）登记车辆基本信息。

（3）车辆油、水、电基本检查。

2）可变配气控制系统的检修（见表 2-11-3）

表 2-11-3　丰田 VVT-i 控制系统故障检修任务工单

<table>
<tr><td>姓　名</td><td colspan="2"></td><td colspan="2">学　号</td><td></td><td>分组号</td><td></td></tr>
<tr><td>实训时间</td><td colspan="2"></td><td colspan="2">工具编号</td><td></td><td>设备编号</td><td></td></tr>
<tr><td colspan="9">一、计划与决策</td></tr>
<tr><td rowspan="2">任务分工</td><td>组长</td><td>主要操作</td><td colspan="2">辅助操作</td><td>7S 管理</td><td>质检</td><td colspan="2">备注</td></tr>
<tr><td></td><td></td><td colspan="2"></td><td></td><td></td><td colspan="2"></td></tr>
<tr><td colspan="5">检测和诊断步骤</td><td colspan="4">工具、仪器设备</td></tr>
<tr><td colspan="5">1.</td><td colspan="4"></td></tr>
<tr><td colspan="5">2.</td><td colspan="4"></td></tr>
<tr><td colspan="5">3.</td><td colspan="4"></td></tr>
<tr><td colspan="5">4.</td><td colspan="4"></td></tr>
<tr><td colspan="5">5.</td><td colspan="4"></td></tr>
<tr><td colspan="9">二、任务实施</td></tr>
<tr><td colspan="9">（一）车辆基本检查</td></tr>
<tr><td colspan="3">实训车辆或台架的安全防护</td><td colspan="6"></td></tr>
<tr><td colspan="3" rowspan="3">实训车辆或台架基本信息</td><td colspan="6">车辆或台架品牌：</td></tr>
<tr><td colspan="6">车辆识别码或台架号：</td></tr>
<tr><td colspan="6">发动机型号：</td></tr>
<tr><td colspan="4">实训车辆或台架油、水、电的检查</td><td colspan="5">正常☐　不正常☐</td></tr>
<tr><td>读取故障码</td><td colspan="2">1.</td><td colspan="2">2.</td><td colspan="2">3.</td><td colspan="2">4.</td></tr>
</table>

续表

（二）丰田 VVT-i 控制系统故障检修					
1. 凸轮轴正时机油控制阀检修					
（1）测量电阻 点火开关处于“OFF”，拔下凸轮轴正时机油控制阀的线束，用万用表的欧姆挡测量插座端子 1、2 之间的电阻，阻值应在规定的范围内。测量插座端子 B25/1—ECM/37、B25/2—ECM/36、B26/1—ECM/35、B26/2—ECM/34 之间的电阻，阻值应小于 1 Ω					
端子名称	正常值/Ω	测量值/Ω	端子名称	正常值/Ω	测量值/Ω
B25/1—B25/2	8		B26/1—B26/2	8	
B25/1—ECM/37	<1		B25/2—ECM/36	<1	
B26/1—ECM/35	<1		B26/2—ECM/34	<1	
结果分析					
（2）测量电压 起动发动机，使发动机工作在不同的工况，测量 B25/1—B25/2、B26/1—B26/2 的电压，应满足正常值					
端子名称	正常值/V	测量值/V	端子名称	正常值/V	测量值/V
B25/1—B25/2	6.9 ~ 7.9		B26/1—B26/2		
结果分析					
（3）通电测试 拆下凸轮轴正时机油控制阀，在插座端子之间加上 12 V 电压，应能听到阀芯的动作声					
测试结果					
结果分析					
2. 检查 VVT 控制器 拆下 VVT 控制器，检查各部分的工作情况，检查油路是否堵塞					
检查结果					
结果分析					
故障原因和排除的方法：					
三、检查与评估					
1. 评估参考标准					
（1）工作任务（满分 10 分）					
① 明确工作任务，理解任务的重要性（9 ~ 10 分）					
② 明确工作任务，了解任务的重要性（8 分）					
③ 了解工作任务，了解任务的重要性（7 分）					
④ 基本了解工作任务，基本了解任务的重要性（6 分）					
⑤ 不了解工作任务，不了解任务的重要性（1 ~ 5 分）					

续表

（2）工作计划（满分 10 分）					
① 根据工作任务制订详细的工作计划（9～10 分）					
② 根据工作任务制订较详细的工作计划（8 分）					
③ 根据工作任务制订可执行的工作计划（7 分）					
④ 根据工作任务制订一般的工作计划（6 分）					
⑤ 工作计划不全（1～5 分）					
（3）任务实施（满分 70 分）					
① 操作规范、过程完整、数据正确（63～70 分）					
② 操作规范、过程完整、数据基本正确（56～63 分）					
③ 操作规范、过程较完整、数据基本正确（49～56 分）					
④ 操作基本规范、过程基本完整、数据基本正确（42～49 分）					
⑤ 操作不规范、过程不完整、数据基本正确（1～42 分）					
（4）自我评价（满分 10 分）					
2. 小组考核					
工作任务	工作计划	任务实施	总分		
3. 教师考核					
工作任务	工作计划	任务实施	总分		
小组考核（40%）	录分人	教师考核（60%）	录分人	平均得分	统分人

项目 3 点火系统故障检修

项目导读

电控点火系统是发动机电控系统的重要组成部分，是电控汽油机完成点火的核心。通过本项目 4 个任务的学习与训练，学生应在了解电控点火系统基本结构与工作原理的基础上，掌握点火控制模块、曲轴位置传感器、凸轮轴位置传感器、爆燃传感器及控制电路的检测方法。

任务 1 点火系统的组成及故障检修

【任务目标】

1. 知识目标

（1）了解点火系统的组成、发展阶段。

（2）掌握电子控制点火系统的工作原理。

（3）掌握点火提前角控制原理。

（4）掌握点火系统故障检修方法。

2. 能力目标

（1）能根据故障现象制订正确的检修计划。

（2）能正确使用常用诊断仪器和设备对点火系统及其电路进行检测和诊断。

（3）具备检修和更换点火系统元器件的能力。

3. 素质目标

（1）具有严谨认真、实事求是的科学态度。

（2）能自主学习新知识、新技能。

（3）具有高度的职业责任心和安全意识，遵章守纪、规范操作。

（4）具有较强信息搜集能力，会查找汽车维修手册和相关国家标准。

（5）具有团队协作和吃苦耐劳的精神。

【案例导入】

一辆 2016 款的丰田卡罗拉小轿车，加速无力。

【案例分析】

当点火系统的点火提前角过早或过迟时，发动机就可能出现加速无力的故障现象。

【知识链接】

1. 点火系统的作用和要求

在汽油发动机中，当活塞运动到接近压缩上止点时，在火花塞电极间产生电火花，将可燃混合气点燃。点火系统的作用就是在最佳点火时机产生强烈的电火花去点燃可燃混合气。

点火系统的优劣影响着发动机的动力性、经济性和排放性等。为了保证在各种情况下，发动机的各项性能指标达到较佳的水平，点火系统应满足以下三个基本要求。

(1) 能产生足以击穿火花塞电极间隙的高电压。

(2) 电火花应具有足够能量。

(3) 提供适当的点火时刻。

2. 点火系统的发展过程及工作原理

随着汽车电子技术的发展，汽油发动机点火系统经历了传统点火系统、电子点火系统和微机控制点火系统三个阶段。

1) 传统点火系统

传统点火系统是有触点的点火系统，这种点火系统的分电器轴由发动机凸轮轴驱动。断电器凸轮的凸角数与发动机气缸数相等。点火提前角由离心提前机构和真空提前机构控制。传统点火系统的电路如图 3-1-1 所示。

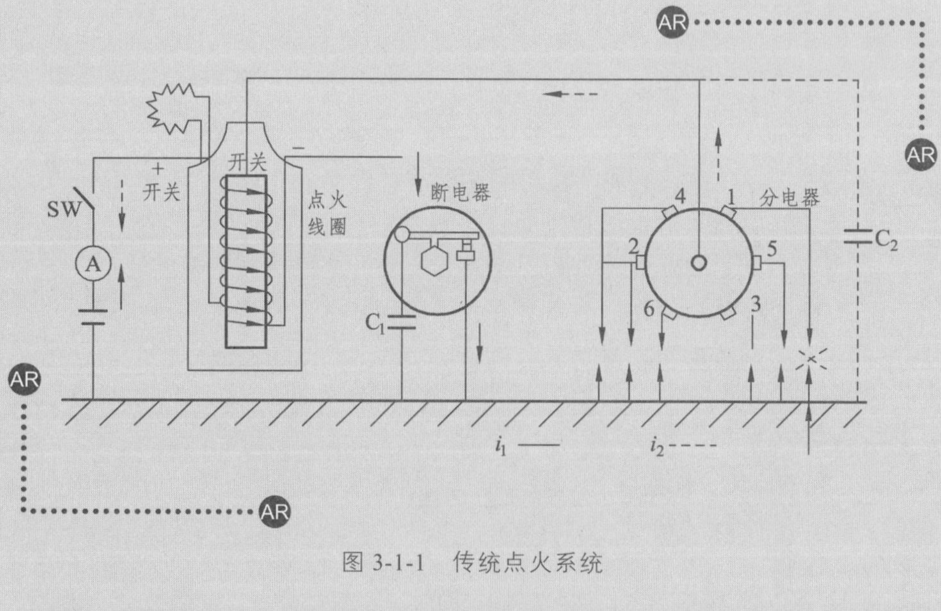

图 3-1-1 传统点火系统

传统点火系统点火线圈和断电器将电源提供的低压电转变为高压电，再由分电器分配到各缸火花塞，使火花塞两电极之间产生电火花，点燃可燃混合气。

传统点火系统由于存在高速时工作不可靠、产生的高压电比较低、使用过程中需经常检查和维护等缺点，目前已被淘汰。

2）电子点火系统

（1）有触点式电子点火系统。

有触点式电子点火系统的典型电路如图 3-1-2 所示。它由分电器、点火器、点火线圈、火花塞等组成。点火电子组件由双级直接耦合式开关电路组成，小功率晶体管 VT_1 的工作受断电器触点 J 控制，大功率晶体管 VT_2 受 VT_1 控制。工作中 VT_2 可控制接通和断开低压电路。

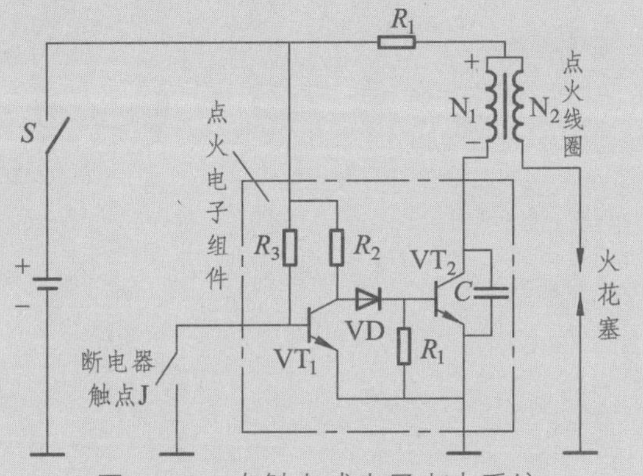

图 3-1-2　有触点式电子点火系统

接通点火开关 S，分电器在凸轮轴的驱动下转动，触点 J 闭合时，VT_1 因基极搭铁而截止，大功率晶体管 VT_2 在电源及偏置电阻 R_1、R_2 的作用下导通。点火线圈一次侧 N_1 中有电流流过。J 打开时，VT_1 获得正向偏压而导通，VT_2 失去正向偏压而截止，点火线圈一次侧 N_1 中电流迅速减小，N_2 中感应出二次电压。

（2）无触点式电子点火系统（见图 3-1-3）。

它由分电器、点火电子组件、点火线圈和火花塞等组成。分电器内装有信号发生器，它与点火电子组件中末端大功率晶体管的配合，相当于传统点火系统分电器的断电器触点。无触点式电子火系统点火线圈一次绕组的电阻和电感较小，低压电流大，点火能量高。

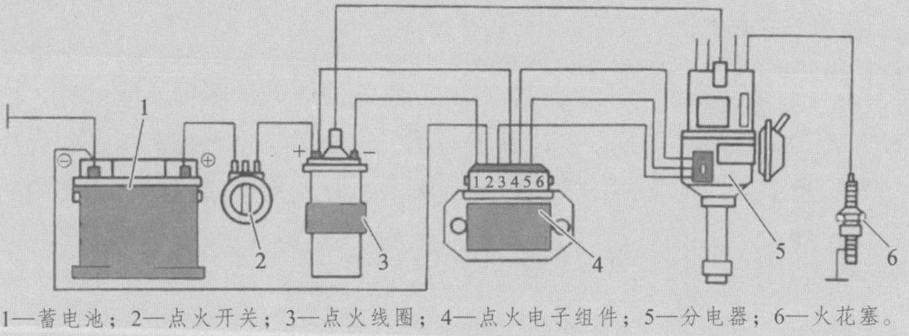

1—蓄电池；2—点火开关；3—点火线圈；4—点火电子组件；5—分电器；6—火花塞。

图 3-1-3　无触点式电子点火系统

3）微机控制点火系统

微机点火系统主要由点火线圈、火花塞、点火模块和 ECU 等组成，如图 3-1-4 所示。

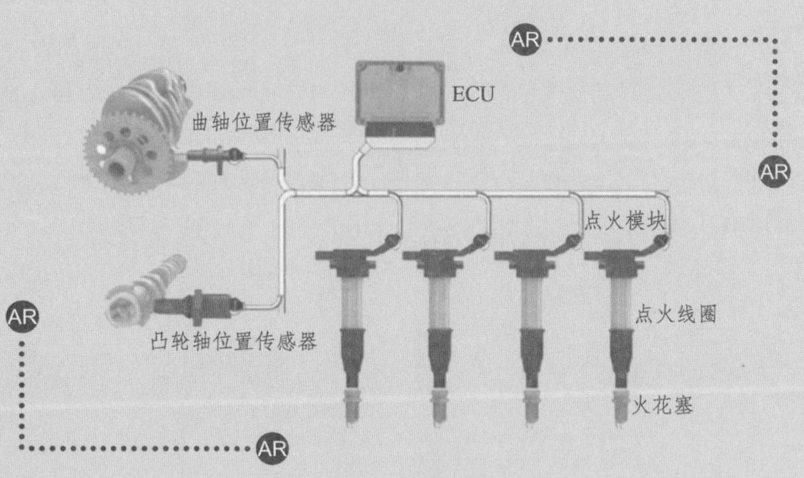

图 3-1-4　微机点火系统

（1）点火线圈。

① 结构。点火线圈的结构如图 3-1-5 所示，主要由初级线圈、次级线圈和铁心等组成，每缸配备一个点火线圈的独立点火系统，一般在点火线圈内还有一个点火模块（也称点火放大器）。

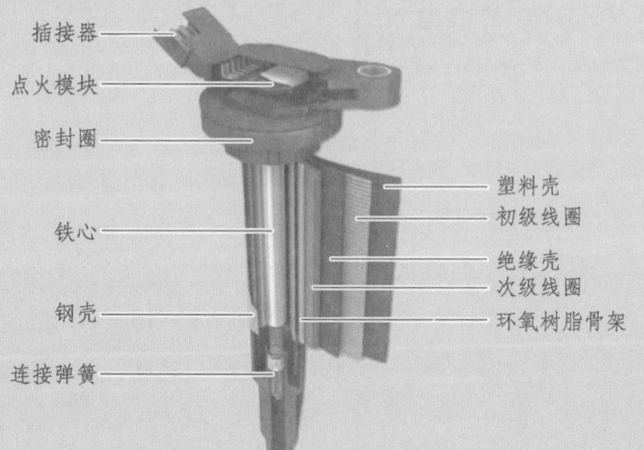

图 3-1-5　点火线圈的结构

② 工作原理。当发动机工作时，ECU 根据接收到的各传感器信号，按存储器中存储的有关程序和相关数据，确定该工况下的最佳点火提前角，并以此向点火模块发出指令。点火模块则根据 ECU 的指令，控制点火线圈产生很高的感应电动势（15～20 kV），传递到火花塞上使火花塞产生电火花，电控点火系统的工作原理如图 3-1-6 所示。

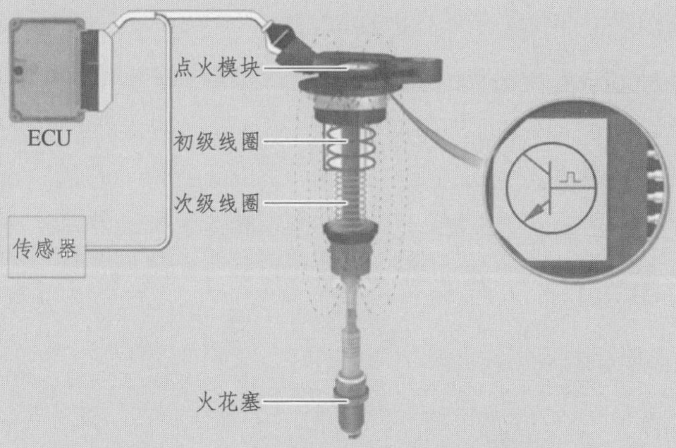

图 3-1-6　微机控制点火系统工作原理

3. 电控点火系统控制过程

1）点火提前角控制

（1）点火提前角对发动机性能的影响。

点火时刻对发动机的影响很大。如图 3-1-7 所示，若点火过早，则活塞还在向上止点移动过程中，气体压力已达到很大。这时气体压力作用的方向与活塞运动的方向相反，此时有效功减小，发动机功率也将减小。因此，应当在活塞到达上止点之前点火，使气体压力在活塞位置相当于曲轴转到上止点后 10°～15°时达到最高值。从点火时刻起到活塞到达压缩上止点，这段时间内曲轴转过的角度，称为点火提前角。通常把发动机发出功率最大和油耗率最小的点火提前角称为最佳点火提前角。最佳点火提前角除了保证发动机的动力性和燃料的经济性外，还必须保证排放污染最小。发动机工况不同，需要的最佳点火提前角也不相同。

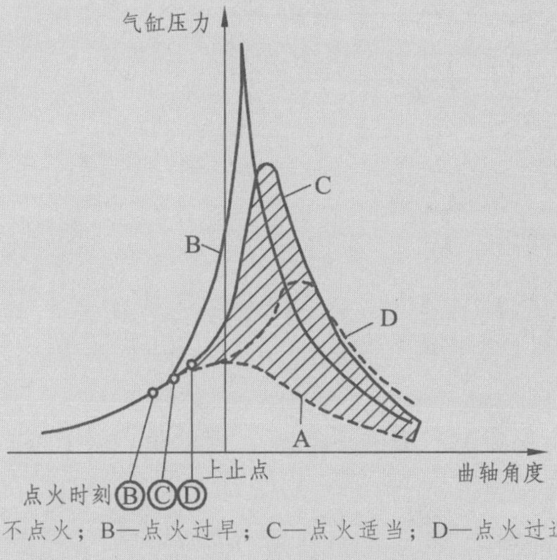

A—不点火；B—点火过早；C—点火适当；D—点火过迟。

图 3-1-7　点火提前角对发动机性能的影响

影响最佳点火提前角的因素主要有以下 4 个方面。

① 发动机转速。转速升高时，燃烧所占的曲轴转角增大，点火正时应随之提

前；反之，转速降低时，点火正时应随之推后。

② 发动机负荷。负荷增大时，进气量增大，新鲜混合气密度增加，燃烧加快，点火正时应随之推后；反之，负荷减小时，点火正时应随之提前。

③ 爆震燃烧。爆震燃烧是由于燃烧过程末端混合气的自燃造成的。轻微的爆燃可以改善燃油经济性和动力性，但过度爆震燃烧会产生多方面的不利影响。

④ 发动机冷却液温度。发动机冷却液温度较低时，燃烧较慢，要求点火正时适当提前。

（2）点火提前角的控制。

发动机 ECU 对点火提前角的控制主要分为两个阶段：起动时点火控制和起动后点火控制。

① 起动时点火控制。起动发动机时，由于转速及进气流量极不稳定，ECU 很难通过计算来确定最佳点火正时。因此，往往会以固定的点火正时（初始点火提前角）进行点火，此时的点火提前角一般不超过 10°。

② 起动后点火控制，即发动机起动后正常运转时的点火控制。此时的点火提前角（点火正时）由初始点火提前角、基本点火提前角和修正点火提前角三个部分组成，如图 3-1-8 所示。

点火提前角=初始点火提前角+基本点火提前角+修正点火提前角。

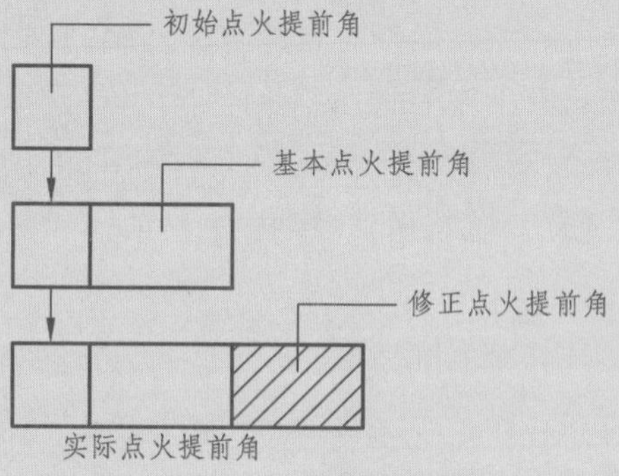

图 3-1-8 点火提前角的计算

（3）起动后点火提前角控制。

① 初始点火提前角。

初始点火提前角又称为固定点火提前角，其值的大小取决于发动机的形式，并由曲轴位置传感器的初始位置决定，一般为上止点前 6°～12°。

② 基本点火提前角。

基本点火提前角是发动机最主要的点火提前角，是由 ECU 根据发动机负荷和转速参照脉谱图计算得出。

③ 修正点火提前角。

为使实际点火提前角适应发动机的运转状况，以便得到良好的动力性、经济性和排放性能，必须根据相关因素（如冷却液温度、进气温度、开关信号等）适当增大或减小点火提前角，即对点火提前角进行必要的修正。修正点火提前角的项目有多有少，主要有暖机修正、过热修正、怠速稳定性修正、空燃比反馈修正和爆震燃烧修正。

a. 暖机修正。当发动机冷却液温度太低时，点火提前角需要适当提前，如图3-1-9 所示。

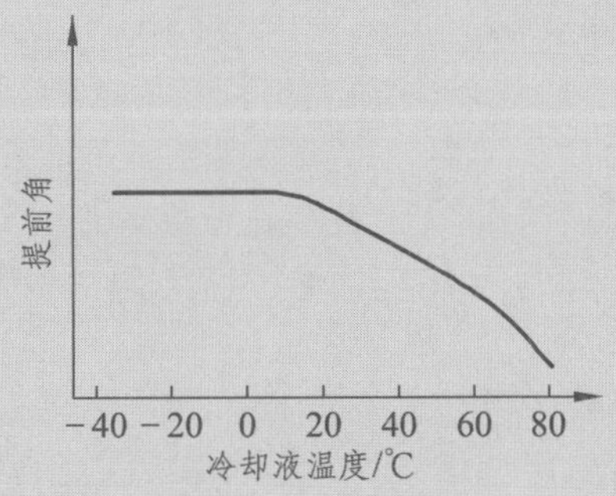

图 3-1-9　暖机修正

b. 过热修正。发动机怠速运行时，冷却液温度过高，为了防止长时间过热，应增大点火提前角，如图 3-1-10（a）所示；发动机处在正常运行工况时，冷却液温度过高，为了防止发生爆燃或进一步过热，点火提前角需要适当推后，如图3-1-10（b）所示。

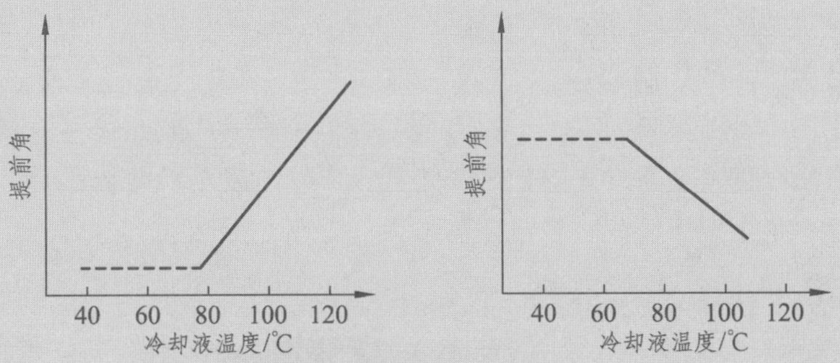

图 3-1-10　过热修正

c. 怠速稳定性修正。怠速时，如果发动机的转速偏离了目标值，ECU 将会通过适当调节点火提前角的方式稳定转速，如当转速低于目标值时，ECU 会使点火适当提前；如转速高于目标值时，ECU 会将点火适当推后。

d. 空燃比反馈修正。进行空燃比反馈控制时，根据氧传感器的反馈信号调整喷油量来达到理论空燃比，这种喷油量的变化必然引起发动机转速变化。为了稳定发动机转速，点火提前角需根据喷油量的变化进行修正，如图 3-1-11 所示。

e. 爆震燃烧修正。发动机出现爆震燃烧时，ECU 会根据爆燃传感器信号的大小或频率来判断爆震燃烧的强度，并对点火提前角进行适当延迟。如当爆震燃烧较强时，点火提前角延迟较多；当爆震燃烧较弱时，点火提前角延迟较少；爆震燃烧停止时，点火提前角便停止延迟，有时还会将点火正时稍微提前，直到再次发生爆震燃烧，然后重新开始延迟。

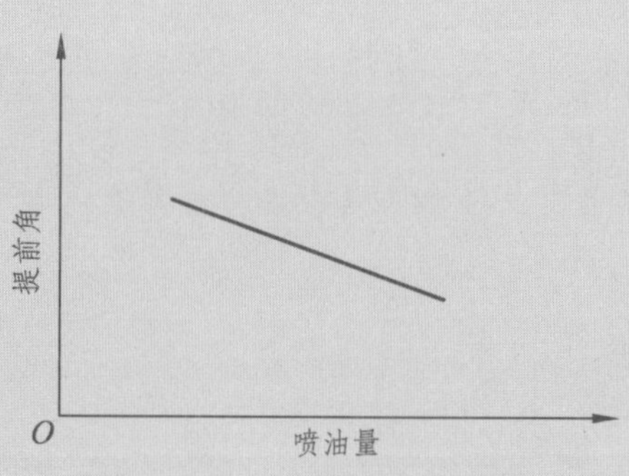

图 3-1-11　空燃比反馈修正

2）通电时间控制

（1）通电时间（闭合角）控制的必要性。

当点火线圈的初级电路被接通后，其初级电流按指数规律增长，通电时间长短决定初级电流的大小。当初级电流达到饱和时，若初级电路被断开，此瞬间初级电流达到最大值（即断开电流），会感应次级电压达到最大值。次级电压高，会使火花塞点火能力增强，所以在发动机工作时，必须保证点火线圈的初级电路有足够的通电时间。但如果通电时间过长，点火线圈又会发热并增大电能消耗。所以，通电时间过长过短，都会给点火系统带来不利，为了保证点火线圈工作性能，必须对初级电路的通电时间进行控制。

（2）通电时间的控制。

ECU 首先根据电源电压高低，在存储器存储的导通时间脉谱图中查询选择导通时间，然后根据发动机转速确定闭合角的大小。当发动机转速高时，适当增大闭合角；蓄电池电压下降时，也应适当增大闭合角，如图 3-1-12 所示。

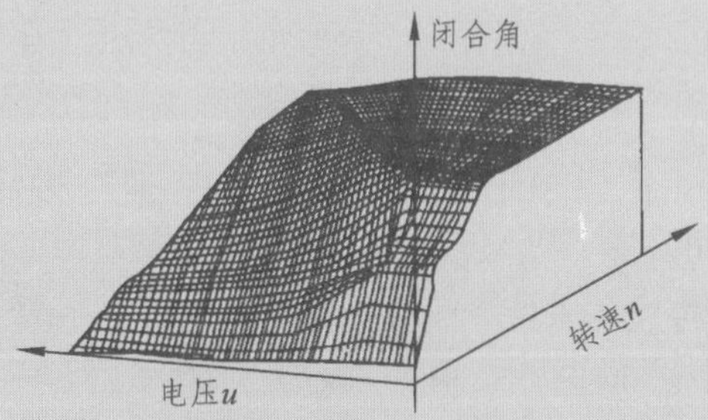

图 3-1-12　通电时间控制

4. 微机控制点火系统故障检修（以丰田卡罗拉为例）

丰田卡罗拉的电子点火模块插座如图 3-1-13 所示。端子 1 是+12 V 电源端子，端子 2 为点火反馈信号端子，端子 3 为点火信号端子，端子 4 为搭铁端子。

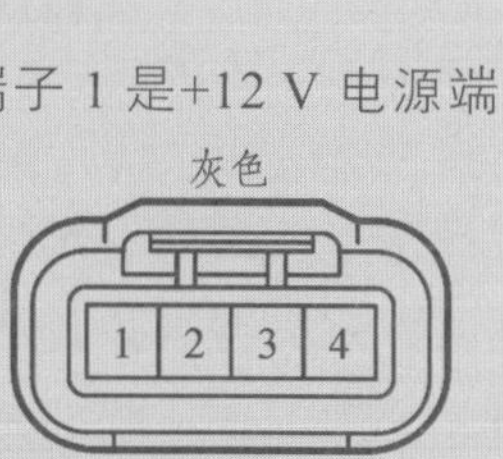

图 3-1-13　卡罗拉的电子点火系统插座示意

1）用诊断仪检测

（1）读取故障码。将诊断仪与诊断插座相连，将点火开关置于“ON”，打开诊断仪开关按钮，进入故障码读取界面，读取故障码。根据故障码的提示，制订相应的检修计划。

（2）读取数据流。起动发动机，进入数据流读取界面，读取点火提前角数据流。缓慢改变发动机转速，读取在不同转速下的点火提前角，该数值应在正常值范围内。

将诊断仪检测到的故障码和数据流填入表 3-1-1 中。

表 3-1-1　诊断仪检测

故障码	
数据流	
结果分析	

2）电阻检测

点火开关置于“OFF”，将点火模块的线束拔下，万用表选择电阻挡，分别测量插座端子之间的电阻，测量值应该为无穷大，否则应更换点火模块；测量插头端子与 ECU 端子之间的电阻值，测量值应该小于 1 Ω，否则就是线束或 ECU 故障。以 2 号点火线圈为例，将测量结果填入表 3-1-2 中。

表 3-1-2　电阻检测

测量端子	标准值/Ω	测量值/Ω	测量端子	标准值/Ω	测量值/Ω
B30/1—2	∞		B30/1—3	∞	
B30/1—4	∞		B30/2—3	∞	
B30/2—4	∞		B30/3—4	∞	
B30/3—ECM/74	<1		B30/4—ECM/71	<1	
结果分析					

3）电压检测

点火开关置于“OFF”，将点火模块的线束拔下，再将点火开关置于“ON”，万用表选择电压挡，测量插头端子 1 与搭铁之间的电压，该电压应为蓄电池电压。

插上线束插头，起动发动机，用探针插入线束端子 2、3、4 背面（注意不要损伤线束），测量端子 2、3 和端子 4 之间的电压。也可以用试灯测量，当试灯接在端子 2、3 和端子 4 之间时，试灯应闪烁，否则就有可能是点火模块、线束或 ECU 有故障。将检测结果填入表 3-1-3 中。

表 3-1-3　电压检测

测量端子	标准值/V	测量值/V	测量端子	标准值/V	测量值/V
B30/1—4	12		B30/2—4	5	
B30/3—4	0 ~ 5				
结果分析					

4）检测信号波形

将示波器与端子 2、端子 3 相连，起动发动机，检测 IGT 和 IGF 的波形，如果波形不符合要求，说明点火模块、线束或 ECU 有故障。

5）高压跳火试验

取下点火控制模块和火花塞，将火花塞装回到点火控制器里面，起动发动机，观察火花塞的跳火，正常为蓝色火焰，并伴随有噼噼啪啪的响声。

【任务小结】

本任务主要介绍了点火系统的作用和要求、点火系统的发展过程，重点阐述了各点火系统的工作原理、电控点火系统控制过程和微机控制电子点火系统故障检修。通过本任务的学习，学生需了解点火系统的作用和要求、点火系统的发展过程，掌握点火提前角影响因素及控制方法，掌握微机控制电子点火系统故障检修方法。

【课后习题】

1. 简述点火系统发展的阶段。
2. 简述微机控制点火系统的工作原理。
3. 简述点火提前角对发动机性能的影响。
4. 简述起动后点火提前角的控制方式。
5. 简述点火系统通电时间控制的过程。

【任务实施】

1. 任务准备

（1）实训设备：电控发动机台架或轿车。

（2）实训工具：通用拆装工具。

（3）实训资料：实训工作页、维修手册、教材等。

（4）辅助材料：翼子板三件套防护套。

2. 实施步骤

1）车辆基本检查

（1）实训车辆安全防护。

（2）登记车辆基本信息。

（3）车辆油、水、电基本检查。

2）点火系统故障检修（见表 3-1-4）

表 3-1-4　点火系统故障检修任务工单

<table>
<tr><td>姓　名</td><td colspan="3"></td><td colspan="2">学　号</td><td colspan="3"></td><td colspan="2">分组号</td><td colspan="3"></td></tr>
<tr><td>实训时间</td><td colspan="3"></td><td colspan="2">工具编号</td><td colspan="3"></td><td colspan="2">设备编号</td><td colspan="3"></td></tr>
<tr><td colspan="14">一、计划与决策</td></tr>
<tr><td rowspan="2">任务分工</td><td colspan="2">组长</td><td colspan="2">主要操作</td><td colspan="2">辅助操作</td><td colspan="3">7S 管理</td><td colspan="3">质检</td><td>备注</td></tr>
<tr><td colspan="2"></td><td colspan="2"></td><td colspan="2"></td><td colspan="3"></td><td colspan="3"></td><td></td></tr>
<tr><td colspan="7">检测和诊断步骤</td><td colspan="7">工具、仪器设备</td></tr>
<tr><td colspan="7">1.</td><td colspan="7"></td></tr>
<tr><td colspan="7">2.</td><td colspan="7"></td></tr>
<tr><td colspan="7">3.</td><td colspan="7"></td></tr>
<tr><td colspan="7">4.</td><td colspan="7"></td></tr>
<tr><td colspan="7">5.</td><td colspan="7"></td></tr>
<tr><td colspan="14">二、任务实施</td></tr>
<tr><td colspan="14">（一）车辆基本检查</td></tr>
<tr><td colspan="4">实训车辆或台架的安全防护</td><td colspan="10"></td></tr>
<tr><td colspan="4" rowspan="3">实训车辆或台架基本信息</td><td colspan="10">车辆或台架品牌：</td></tr>
<tr><td colspan="10">车辆识别码或台架号：</td></tr>
<tr><td colspan="10">发动机型号：</td></tr>
<tr><td colspan="6">实训车辆或台架油、水、电的检查</td><td colspan="8">正常□　不正常□</td></tr>
<tr><td colspan="2">读取故障码</td><td colspan="3">1.</td><td colspan="3">2.</td><td colspan="4">3.</td><td colspan="2">4.</td></tr>
</table>

续表

（二）点火模块故障的检测（以丰田卡罗拉为例）

1. 电阻检测

点火开关置于“OFF”，将点火模块的线束拔下，万用表选择电阻挡，分别测量插座端子之间，测量值应该为无穷大，否则应更换点火模块；测量插头端子与 ECU 端子之间的电阻值，测量值应该小于 1Ω，否则就是线束或 ECU 故障。（以 2 号点火线圈为例）

测量端子	标准值/Ω	测量值/Ω	测量端子	标准值/Ω	测量值/Ω
B30/1—2	∞		B30/1—3	∞	
B30/1—4	∞		B30/2—3	∞	
B30/2—4	∞		B30/3—4	∞	
B30/3—ECM/74	<1		B30/4—ECM/71	<1	

结果分析	

2. 电压检测

点火开关置于“OFF”，将点火模块的线束拔下，再将点火开关置于“ON”，万用表选择电压挡，测量插头端子 1 与搭铁之间的电压，该电压应为蓄电池电压。插上线束插头，起动发动机，用探针插入线束端子 2、3、4 背面（注意不要损伤线束），测量端子 2、3 和端子 4 之间的电压。也可以用试灯测量，当试灯接在端子 2、3 和端子 4 之间时，试灯应闪烁，否则就有可能是点火模块、线束或 ECU 有故障

测量端子	标准值/V	测量值/V	测量端子	标准值/V	测量值/V
B30/1—4	12		B30/2—4	5	
B30/3—4	0 ~ 5				

结果分析	

3. 检测信号波形

将示波器与端子 2、端子 3 相连，起动发动机，检测 IGT 和 IGF 的波形，如果波形不符合要求，说明点火模块、线束或 ECU 有故障

结果分析	

4. 跳火试验

取下点火控制模块和火花塞，将火花塞装回到点火控制器里面，起动发动机，观察火花塞的跳火，正常为蓝色火焰，并伴随有噼噼啪啪的响声

试验结果	
结果分析	

故障原因和排除的方法：

续表

三、检查与评估					
1. 评估参考标准					
（1）工作任务（满分 10 分）					
① 明确工作任务，理解任务的重要性（9～10 分）					
② 明确工作任务，了解任务的重要性（8 分）					
③ 了解工作任务，了解任务的重要性（7 分）					
④ 基本了解工作任务，基本了解任务的重要性（6 分）					
⑤ 不了解工作任务，不了解任务的重要性（1～5 分）					
（2）工作计划（满分 10 分）					
① 根据工作任务制订详细的工作计划（9～10 分）					
② 根据工作任务制订较详细的工作计划（8 分）					
③ 根据工作任务制订可执行的工作计划（7 分）					
④ 根据工作任务制订一般的工作计划（6 分）					
⑤ 工作计划不全（1～5 分）					
（3）任务实施（满分 70 分）					
① 操作规范、过程完整、数据正确（63～70 分）					
② 操作规范、过程完整、数据基本正确（56～63 分）					
③ 操作规范、过程较完整、数据基本正确（49～56 分）					
④ 操作基本规范、过程基本完整、数据基本正确（42～49 分）					
⑤ 操作不规范、过程不完整、数据基本正确（1～42 分）					
（4）自我评价（满分 10 分）					
2. 小组考核					
工作任务	工作计划	任务实施	总分		
3. 教师考核					
工作任务	工作计划	任务实施	总分		
小组考核（40%）	录分人	教师考核（60%）	录分人	平均得分	统分人

任务 2　曲轴位置传感器的故障检修

【任务目标】

1. 知识目标

（1）了解曲轴位置传感器的功用和分类。

（2）掌握曲轴位置传感器的结构和工作原理。

（3）掌握曲轴位置传感器的故障检测和排除方法。

2. 能力目标

（1）能在车上准确找到曲轴位置传感器所在的位置。

（2）能利用检测仪器或设备进行曲轴位置传感器的故障检测和排除。

（3）能正确拆卸和安装曲轴位置传感器。

3. 素质目标

（1）具有严谨认真、实事求是的科学态度。

（2）能自主学习新知识、新技能。

（3）具有高度的职业责任心和安全意识，遵章守纪、规范操作。

（4）具有较强信息搜集能力，会查找汽车维修手册和相关国家标准。

（5）具有团队协作和吃苦耐劳的精神。

【案例导入】

一辆大众迈腾小轿车无法起动，点火开关处于“ON”时，位于仪表盘上的发动机故障指示灯常亮。

【案例分析】

曲轴位置传感器有故障，ECU 接收不到曲轴位置传感器的信号，就无法确认曲轴的转速和转角，从而停止给点火系统和喷油系统发出指令，汽车表现出来的征兆就是没有高压电、不喷油、无法起动。该故障会以故障码的形式储存在 ECU 内，并点亮故障指示灯，以提示驾驶员。

【知识链接】

1. 曲轴位置传感器的功用及安装位置

曲轴位置传感器的功用是检测发动机曲轴运转的角度，将和曲轴角度一一对应的活塞运行位置信号转变为电信号及时发送至发动机 ECU，用以控制点火正时和喷油正时。同时，曲轴位置传感器也是测量发动机转速的信号装置。

曲轴位置传感器的安装位置随着车型的变化，安装位置也不完全相同，但一般位于发动机的前端靠近曲轴带轮处和发动机的后端靠近飞轮处。

2. 曲轴位置传感器的分类和工作原理

曲轴位置传感器根据产生信号的原理可分为磁感应式、霍尔式和光电式三种，其中磁感应式曲轴位置传感器应用较多。本任务只研究磁感应式曲轴位置传感器。

大众轿车采用的磁感应式曲轴位置传感器安装在发动机后端靠近飞轮处的缸体上。主要由信号发生器和信号转子组成。信号发生器用螺钉固定在发动机缸体上，由永久磁铁、传感器线圈和线束插头组成。传感线圈又称为信号线圈，永久磁铁上带有一个磁头 2，磁头正对安装在曲轴上的齿盘式信号转子 3，磁头与磁轭（导磁板）连接而构成导磁回路，如图 3-2-1 所示。

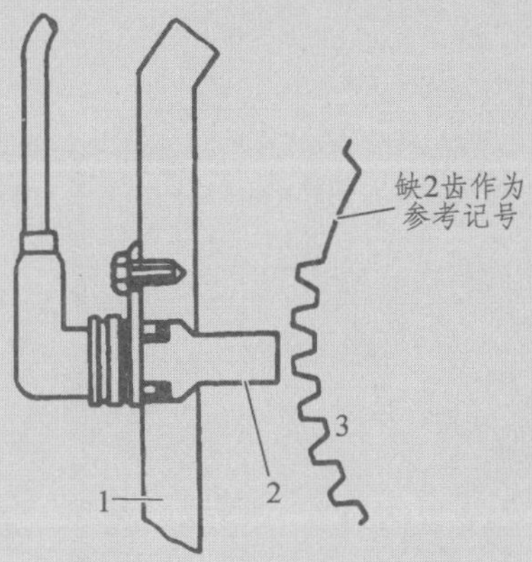

1—缸体；2—磁头；3—信号转子。

图 3-2-1 磁感应式曲轴位置传感器

信号转子为齿盘式，在其圆周上间隔均匀地制作有 58 个凸齿、57 个小齿缺和 1 个大齿缺。大齿缺输出基准信号，对应于发动机 1 缸或 4 缸压缩上止点前一定角度。大齿缺所占的弧度相当于 2 个凸齿和 3 个小齿缺所占的弧度。因为信号转子随曲轴一同旋转，曲轴旋转一圈（360°），所以信号转子随圆周上的凸齿和齿缺所占的曲轴转角为 360°，每个凸齿和齿缺所占的曲轴转角均为 3°（$58\times3°+57\times3°=345°$），大齿缺所占的曲轴转角为 15°（$2\times3°+3\times3°=15°$）。

发动机曲轴旋转时，曲轴位置传感器的信号转子每转过一个凸齿，传感线圈中就会产生一个周期的交变电动势（即电动势出现一次最大值和一次最小值），线圈相应地输出一个交变电压信号。因为信号转子上设置有一个产生基准信号的大齿缺，所以当大齿缺转过磁头时，信号电压所占的时间较长，即输出信号为一宽脉冲信号，如图 3-2-2 所示。信号对应于 1 缸或 4 缸压缩上止点前的一定角度。控制单元 ECU 接收到宽脉冲信号时，便可知道 1 缸或 4 缸上止点位置即将到来，至于即将到来的是 1 缸还是 4 缸则需要根据凸齿轴位置传感器输入的信号来确定。由于信号转子上有 58 个凸齿，因此信号转子每转一圈（发动机曲轴转一圈），传感器线圈就会产生 58 个交变的电压信号输入到 ECU。

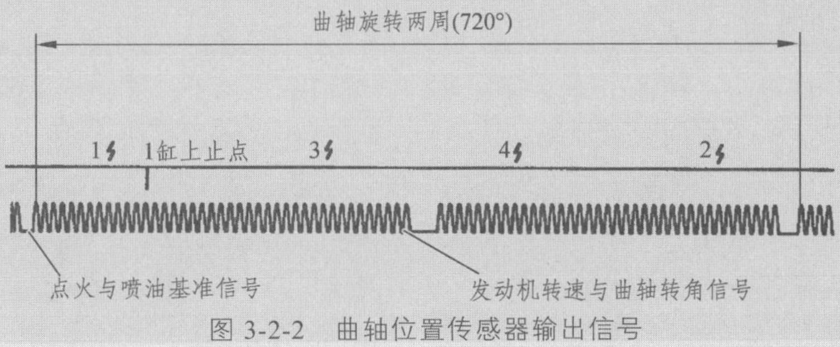

图 3-2-2 曲轴位置传感器输出信号

3. 磁电式曲轴位置传感器及电路检修

大众迈腾小轿车曲轴位置传感器采用的是磁电式的，端子 1 是搭铁端子，端子 2 是屏蔽线端子，端子 3 是信号端子，其电路如图 3-2-3 所示。

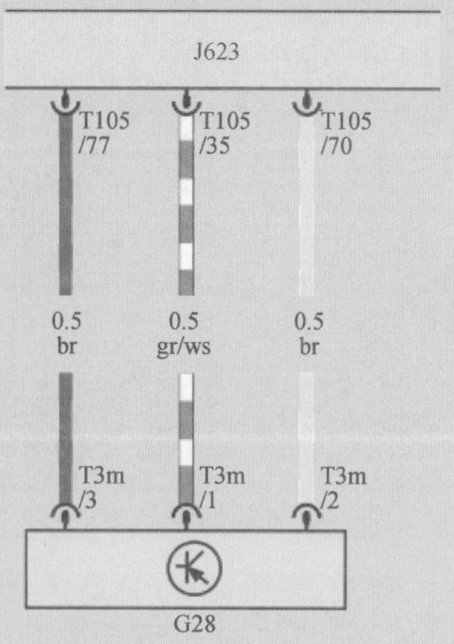

图 3-2-3 迈腾曲轴位置传感器电路

1）用诊断仪检测

（1）读取故障码。将诊断仪与诊断插座相连，将点火开关置于“ON”，打开诊断仪开关按钮，进入故障码读取界面，读取故障码。根据故障码的提示，制订相应的检修计划。

（2）读取数据流。起动发动机，进入数据流读取界面，读取数据流。控制节气门的开度，读取在不同开度下的曲轴的转速，该数值应在正常值范围内。

将诊断仪检测到的故障码和数据流填入表 3-2-1 中。

表 3-2-1　诊断仪检测

故障码	
数据流	
结果分析	

2）电阻检测

点火开关置于“OFF”，将曲轴位置传感器的线束拔下，万用表选择电阻挡，分别测量插头端子之间，以及插头端子与 J623 端子之间的电阻值。

（1）测量端子 1 和端子 3 之间的电阻值，电阻应为 450 ~ 1 000 Ω。若阻值为无穷大，说明信号线圈断路；若阻值为零，说明信号线圈短路，应更换传感器。

（2）测量各线束的电阻值。各线束的电阻值应该小于 1 Ω，若阻值为无穷大，说明线束断路，应更换线束。

将测量结果填入表 3-2-2 中。

表 3-2-2　电阻检测

测量端子	标准值/Ω	测量值/Ω
T3m/3—T3m/1	450～1000	
T3m/1—T105/5	<1	
T3m/2—T105/70	<1	
T3m/1—T105/77	<1	
结果分析		

3）检测信号波形

将示波器与信号端子相连，起动发动机，检测曲轴位置传感器的波形，如果波形不符合要求，说明曲轴位置传感器和电路有故障。

【任务小结】

本任务介绍了曲轴位置传感器的功用和分类，重点讲述了磁电式曲轴位置传感器的组成、工作原理及故障检修。通过本任务的学习，学生需了解曲轴位置传感器的功用和分类，掌握磁电式曲轴位置传感器的组成、工作原理及故障检修方法。

【课后习题】

1. 简述曲轴位置传感器安装位置及作用。
2. 简述磁感应式曲轴位置传感器的结构和工作原理。

【任务实施】

1. 任务准备

（1）实训设备：电控发动机台架或轿车。

（2）实训工具：通用拆装工具。

（3）实训资料：实训工作页、维修手册、教材等。

（4）辅助材料：翼子板三件套防护套。

2. 实施步骤

1）车辆基本检查

（1）实训车辆安全防护。

（2）登记车辆基本信息。

（3）车辆油、水、电基本检查。

2）曲轴位置传感器故障检修（见表 3-2-3）

表 3-2-3　曲轴位置传感器故障检修任务工单

姓　名		学　号		分组号	
实训时间		工具编号		设备编号	

一、计划与决策						
任务分工	组长	主要操作	辅助操作	7S 管理	质检	备注

检测和诊断步骤	工具、仪器设备
1.	
2.	
3.	
4.	
5.	

二、任务实施	
（一）车辆基本检查	
实训车辆或台架的安全防护	
实训车辆或台架基本信息	车辆或台架品牌：
	车辆识别码或台架号：
	发动机型号：
实训车辆或台架油、水、电的检查	正常□　不正常□

读取故障码	1.	2.	3.	4.

续表

（二）曲轴位置传感器的检测（以大众迈腾为例）		
1. 电阻检测 点火开关置于“OFF”，将曲轴位置传感器的线束拔下，万用表选择电阻挡，分别测量插座端子之间，以及插头端子与 J623 端子之间的电阻值		
测量端子	标准值/Ω	测量值/Ω
T3m/3—T3m/1	450 ~ 1 000	
T3m/1—T105/5	<1	
T3m/2—T105/70	<1	
T3m/1—T105/77	<1	
结果分析		
2. 用示波器读取波形 将示波器与信号端子相连，起动发动机，检测曲轴位置传感器的波形，如果波形不符合要求，说明空气流量计电路有故障		
结果分析		
故障原因和排除的方法：		
三、检查与评估		
1. 评估参考标准		
（1）工作任务（满分 10 分）		
① 明确工作任务，理解任务的重要性（9 ~ 10 分）		
② 明确工作任务，了解任务的重要性（8 分）		
③ 了解工作任务，了解任务的重要性（7 分）		
④ 基本了解工作任务，基本了解任务的重要性（6 分）		
⑤ 不了解工作任务，不了解任务的重要性（1 ~ 5 分）		
（2）工作计划（满分 10 分）		
① 根据工作任务制订详细的工作计划（9 ~ 10 分）		
② 根据工作任务制订较详细的工作计划（8 分）		
③ 根据工作任务制订可执行的工作计划（7 分）		
④ 根据工作任务制订一般的工作计划（6 分）		
⑤ 工作计划不全（1 ~ 5 分）		
（3）任务实施（满分 70 分）		
① 操作规范、过程完整、数据正确（63 ~ 70 分）		

续表

② 操作规范、过程完整、数据基本正确（56～63 分）					
③ 操作规范、过程较完整、数据基本正确（49～56 分）					
④ 操作基本规范、过程基本完整、数据基本正确（42～49 分）					
⑤ 操作不规范、过程不完整、数据基本正确（1～42 分）					
（4）自我评价（满分 10 分）					
2. 小组考核					
工作任务	工作计划		任务实施	总分	
3. 教师考核					
工作任务	工作计划		任务实施	总分	
小组考核（40%）	录分人	教师考核（60%）	录分人	平均得分	统分人

任务 3　凸轮轴位置传感器的故障检修

【任务目标】

1. 知识目标

（1）了解凸轮轴位置传感器的功用和分类。

（2）掌握凸轮轴位置传感器的结构和工作原理。

（3）掌握凸轮轴位置传感器的故障检测和排除方法。

2. 能力目标

（1）能在车上准确找到凸轮轴位置传感器所在的位置。

（2）能利用检测仪器或设备进行凸轮轴位置传感器的故障检测和排除。

（3）能正确拆卸和安装凸轮轴位置传感器。

3. 素质目标

（1）具有严谨认真、实事求是的科学态度。

（2）能自主学习新知识、新技能。

（3）具有高度的职业责任心和安全意识，遵章守纪、规范操作。

（4）具有较强信息搜集能力，会查找汽车维修手册和相关国家标准。

（5）具有团队协作和吃苦耐劳的精神。

【案例导入】

一辆丰田卡罗拉小轿车起动困难，经多次起动后，发动机能运转，但怠速不稳，动力差，行驶途中偶尔会出现顿挫，发动机故障指示灯常亮。

【案例分析】

当凸轮轴位置传感器出现故障时，发动机会继续运转，也能再次起动，但是，喷油不是在进气门打开时完成，而是在进气门关闭之前完成（即喷油时间增长），因此对混合气品质产生的影响较小，不会影响发动机总体性能。与此同时，由于控制单元不能判断即将到达压缩上止点的是哪一个缸，因此爆燃调节将停止。为了防止发动机产生爆燃，控制单元将自动减小点火提前角。该故障会以故障码的形式储存在 ECU 内，并点亮故障指示灯，以提示驾驶员。

【知识链接】

1. 凸轮轴位置传感器的功用及安装位置

凸轮轴位置传感器又称为判缸传感器，由于通过曲轴位置传感器只能识别一缸上止点，所以需要凸轮轴位置传感器采集配气机构中凸轮轴的位置信号并输入到 ECU，以便 ECU 识别一缸压缩上止点位置，从而精确地对喷油顺序、点火正时和燃烧爆燃进行控制。此外，凸轮轴位置信号还用于发动机刚起动时识别出第一次点火时刻。

凸轮轴位置传感器的安装位置随着车型的变化，安装位置也不完全相同，但一般安装时令凸轮轴罩盖前端对着进排气凸轮轴前端，如图 3-3-1 中箭头指示。

图 3-3-1　凸轮轴位置传感器安装位置

2. 凸轮轴位置传感器的类型

凸轮轴位置传感器根据产生信号的原理可分为磁感应式、霍尔式和光电式三种。一般采用霍尔式较多，本任务只研究霍尔式凸轮轴位置传感器。

3. 霍尔式凸轮轴位置传感器的结构和工作原理

1）霍尔式凸轮轴位置传感器的结构

霍尔式凸轮轴位置传感器内部主要由霍尔芯片（IC）、插接器针脚和壳体等组成，如图 3-3-2 所示。

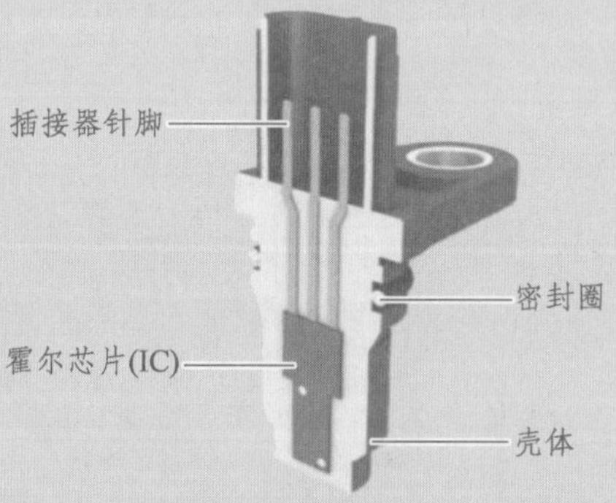

图 3-3-2　霍尔式凸轮轴位置传感器结构

2）霍尔式凸轮轴位置传感器的工作原理

霍尔元件与永磁铁之间有 1 mm 的间隙，当信号转子随进气凸轮轴一同转动时，隔板和窗口从集成电路与永磁铁之间的间隙中转过。当信号转子的隔板进入间隙时，霍尔集成电路中的磁场被旁路，霍尔元件上没有磁力线穿过，霍尔电压为零，集成电路输出级三极管截止，传感器输出的信号电压为高电平（约 4.0 V）；当信号转子的隔板离开间隙时，永磁铁的磁通经导磁片和霍尔元件集成电路构成回路，这时产生的霍尔电压约为 2.0 V，集成电路输出级三极管导通，传感器输出的信号电压为低电平（约 0.1 V）。

4. 霍尔式凸轮轴位置传感器的检修

丰田卡罗拉小轿车采用霍尔式凸轮轴位置传感器，进气侧的插接器为 B24，排气侧的插接器为 B23，端子 1 是信号端子，端子 2 是搭铁端子，端子 3 是电源端子。其电路如图 3-3-3 所示。

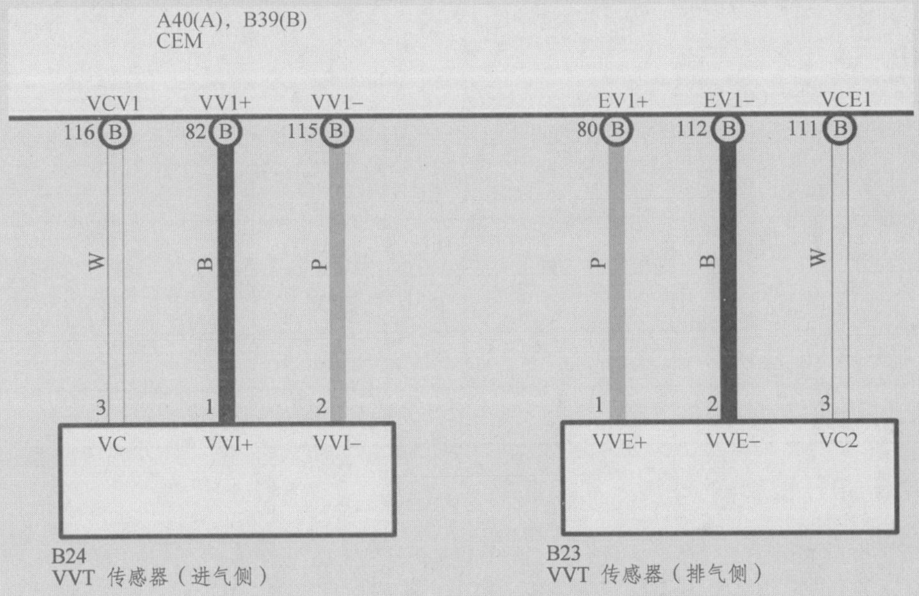

图 3-3-3　卡罗拉凸轮轴位置传感器电路图

1）用诊断仪检测

（1）读取故障码。将诊断仪与诊断插座相连，将点火开关置于“ON”，打开诊断仪开关按钮，进入故障码读取界面，读取故障码。根据故障码的提示，制订相应的检修计划。

（2）读取数据流。起动发动机，进入数据流读取界面，读取数据流。控制节气门的开度，读取在不同开度下的凸轮轴的转速，该数值应在正常值范围内。

将诊断仪检测到的故障码和数据流填入表 3-3-1 中。

表 3-3-1　诊断仪检测

故障码	
数据流	
结果分析	

2）电阻检测

点火开关置于“OFF”，将凸轮轴位置传感器的线束拔下，万用表选择电阻挡，分别测量插头端子之间，以及插头端子与 ECM 端子之间的电阻值。测试完毕，应将传感器插头插回。

（1）测量插座端子之间的电阻值，阻值应为无穷大，若阻值为零，说明端子之间短路，应更换传感器。

（2）测量各线束的电阻值。各线束的电阻值应该小于 1Ω，若阻值为无穷大，说明线束断路，应更换线束。

将测量值填入表 3-3-2 中。

表 3-3-2　电阻检测

测量端子	标准值/Ω	测量值/Ω	测量端子	标准值/Ω	测量值/Ω
B23/1—2	∞		B23/1—3	∞	
B23/2—3	∞		B24/1—2	∞	
B24/1—3	∞		B24/2—3	∞	
B23/1—ECM/80	<1		B23/2—ECM/112	<1	
B23/3—ECM/111	<1		B24/1—ECM/82	<1	
B24/2—ECM/115	<1		B24/3—ECM/116	<1	
结果分析					

3）电压检测

点火开关置于“OFF”，拔下传感器插头，将点火开关置于“ON”，万用表选择电压直流挡，测量电源端子和搭铁端子之间的电压，电压应为 4.5 V 以上。若电压为零，说明线束存在断、短路或 ECU 有故障。将测量值填入表 3-3-3 中。

表 3-3-3　电压检测

测量端子	标准值/V	测量值/V	测量端子	标准值/V	测量值/V
B23/3—1	>4.5		B24/3—1	>4.5	
结果分析					

4）读取波形

将示波器与信号端子相连，起动发动机，检测凸轮轴位置传感器的波形，如果波形不符合要求，说明凸轮轴位置传感器和电路有故障。

【任务小结】

本任务介绍了凸轮轴位置传感器的功用和分类，重点讲述了霍尔式凸轮轴位置传感器的组成、工作原理及故障检修。通过本任务的学习，学生需了解凸轮轴位置传感器的功用和分类，掌握霍尔式凸轮轴位置传感器的组成、工作原理及故障检修方法。

【课后习题】

1. 简述凸轮轴位置传感器安装位置和作用。
2. 简述霍尔式凸轮轴位置传感器的结构和工作原理。

【任务实施】

1. 任务准备

（1）实训设备：电控发动机台架或轿车。

（2）实训工具：通用拆装工具。

（3）实训资料：实训工作页、维修手册、教材等。

（4）辅助材料：翼子板三件套防护套。

2. 实施步骤

1）车辆基本检查

（1）实训车辆安全防护。

（2）登记车辆基本信息。

（3）车辆油、水、电基本检查。

2）凸轮轴位置传感器故障检修（见表 3-3-4）

表 3-3-4　凸轮轴位置传感器故障检修任务工单

<table>
<tr><td>姓　名</td><td colspan="2"></td><td colspan="2">学　号</td><td></td><td>分组号</td><td></td></tr>
<tr><td>实训时间</td><td colspan="2"></td><td colspan="2">工具编号</td><td></td><td>设备编号</td><td></td></tr>
<tr><td colspan="8">一、计划与决策</td></tr>
<tr><td rowspan="2">任务分工</td><td>组长</td><td colspan="2">主要操作</td><td>辅助操作</td><td>7S 管理</td><td>质检</td><td>备注</td></tr>
<tr><td></td><td colspan="2"></td><td></td><td></td><td></td><td></td></tr>
<tr><td colspan="5">检测和诊断步骤</td><td colspan="3">工具、仪器设备</td></tr>
<tr><td colspan="5">1.</td><td colspan="3"></td></tr>
<tr><td colspan="5">2.</td><td colspan="3"></td></tr>
<tr><td colspan="5">3.</td><td colspan="3"></td></tr>
<tr><td colspan="5">4.</td><td colspan="3"></td></tr>
<tr><td colspan="5">5.</td><td colspan="3"></td></tr>
<tr><td colspan="8">二、任务实施</td></tr>
<tr><td colspan="8">（一）车辆基本检查</td></tr>
<tr><td colspan="3">实训车辆或台架的安全防护</td><td colspan="5"></td></tr>
<tr><td colspan="3" rowspan="3">实训车辆或台架基本信息</td><td colspan="5">车辆或台架品牌：</td></tr>
<tr><td colspan="5">车辆识别码或台架号：</td></tr>
<tr><td colspan="5">发动机型号：</td></tr>
<tr><td colspan="5">实训车辆或台架油、水、电的检查</td><td colspan="3">正常□　不正常□</td></tr>
<tr><td colspan="2">读取故障码</td><td colspan="2">1.</td><td>2.</td><td colspan="2">3.</td><td>4.</td></tr>
</table>

续表

（二）凸轮轴位置传感器的检测（以丰田卡罗拉为例）					
1. 电阻检测 点火开关置于“OFF”，将凸轮轴位置传感器的线束拔下，万用表选择电阻挡，分别测量插头端子之间，以及插头端子与 ECM 端子之间的电阻值					
测量端子	标准值/Ω	测量值/Ω	测量端子	标准值/Ω	测量值/Ω
B23/1—2	∞		B23/1—3	∞	
B23/2—3	∞		B24/1—2	∞	
B24/1—3	∞		B24/2—3	∞	
B23/1—ECM/80	<1		B23/2—ECM/112	<1	
B23/3—ECM/111	<1		B24/1—ECM/82	<1	
B24/2—ECM/115	<1		B24/3—ECM/116	<1	
结果分析					
2. 电压检测 点火开关置于“OFF”，拔下传感器插头，将点火开关置于“ON”，万用表选择电压直流挡，测量电源端子和搭铁端子之间的电压					
测量端子	标准值/V	测量值/V	测量端子	标准值/V	测量值/V
B23/3—1	>4.5		B24/3—1	>4.5	
结果分析					
3. 读取信号波形 将示波器与信号端子相连，起动发动机，检测凸轮轴位置传感器的波形，如果波形不符合要求，说明凸轮轴位置传感器和电路有故障					
结果分析					
故障原因和排除的方法：					
三、检查与评估					
1. 评估参考标准					
（1）工作任务（满分 10 分）					
① 明确工作任务，理解任务的重要性（9～10 分）					
② 明确工作任务，了解任务的重要性（8 分）					
③ 了解工作任务，了解任务的重要性（7 分）					

续表

<table>
<tr><td colspan="12">④ 基本了解工作任务，基本了解任务的重要性（6 分）</td></tr>
<tr><td colspan="12">⑤ 不了解工作任务，不了解任务的重要性（1～5 分）</td></tr>
<tr><td colspan="12">（2）工作计划（满分 10 分）</td></tr>
<tr><td colspan="12">① 根据工作任务制订详细的工作计划（9～10 分）</td></tr>
<tr><td colspan="12">② 根据工作任务制订较详细的工作计划（8 分）</td></tr>
<tr><td colspan="12">③ 根据工作任务制订可执行的工作计划（7 分）</td></tr>
<tr><td colspan="12">④ 根据工作任务制订一般的工作计划（6 分）</td></tr>
<tr><td colspan="12">⑤ 工作计划不全（1～5 分）</td></tr>
<tr><td colspan="12">（3）任务实施（满分 70 分）</td></tr>
<tr><td colspan="12">① 操作规范、过程完整、数据正确（63～70 分）</td></tr>
<tr><td colspan="12">② 操作规范、过程完整、数据基本正确（56～63 分）</td></tr>
<tr><td colspan="12">③ 操作规范、过程较完整、数据基本正确（49～56 分）</td></tr>
<tr><td colspan="12">④ 操作基本规范、过程基本完整、数据基本正确（42～49 分）</td></tr>
<tr><td colspan="12">⑤ 操作不规范、过程不完整、数据基本正确（1～42 分）</td></tr>
<tr><td colspan="12">（4）自我评价（满分 10 分）</td></tr>
<tr><td colspan="12">2. 小组考核</td></tr>
<tr><td colspan="3">工作任务</td><td colspan="3">工作计划</td><td colspan="3">任务实施</td><td colspan="3">总分</td></tr>
<tr><td colspan="3"></td><td colspan="3"></td><td colspan="3"></td><td colspan="3"></td></tr>
<tr><td colspan="12">3. 教师考核</td></tr>
<tr><td colspan="3">工作任务</td><td colspan="3">工作计划</td><td colspan="3">任务实施</td><td colspan="3">总分</td></tr>
<tr><td colspan="3"></td><td colspan="3"></td><td colspan="3"></td><td colspan="3"></td></tr>
<tr><td colspan="2">小组考核（40%）</td><td colspan="2">录分人</td><td colspan="2">教师考核（60%）</td><td colspan="2">录分人</td><td colspan="2">平均得分</td><td colspan="2">统分人</td></tr>
<tr><td colspan="2"></td><td colspan="2"></td><td colspan="2"></td><td colspan="2"></td><td colspan="2"></td><td colspan="2"></td></tr>
</table>

任务 4　爆震传感器的故障检修

【任务目标】

1. 知识目标

（1）了解爆震传感器的功用和分类。

（2）掌握爆震传感器的结构和工作原理。

（3）掌握爆震传感器的故障检测和排除方法。

2. 能力目标

（1）能在车上准确找到爆震传感器所在的位置。

（2）能利用检测仪器或设备进行爆震传感器的故障检测和排除。

（3）能正确拆卸和安装爆震传感器。

3. 素质目标

（1）具有严谨认真、实事求是的科学态度。

（2）能自主学习新知识、新技能。

（3）具有高度的职业责任心和安全意识，遵章守纪、规范操作。

（4）具有较强信息搜集能力，会查找汽车维修手册和相关国家标准。

（5）具有团队协作和吃苦耐劳的精神。

【案例导入】

一辆丰田卡罗拉小轿车功率下降，并伴随有敲缸的声音。

【案例分析】

当爆震传感器出现故障时，ECU 就无法对爆燃程度进行监控，从而错误地判断为没有发生爆燃，在这种情况下，ECU 就会增大点火提前角，导致发动机因爆燃而工作粗暴抖动，功率下降，并伴随有敲缸的声音。

【知识链接】

1. 爆震传感器的功用及分类

爆震传感器的作用是感应发动机各种不同频率的振动，并将振动转化为不同的电压信号传输到 ECU。当发动机发生爆燃时，爆震传感器感应到此变化并产生较大的振幅信号，当 ECU 接收到该信号后对点火提前角进行修正，使其保持最佳，从而实现点火提前角的闭环控制。

爆震传感器通常安装在缸体上，如图 3-4-1 所示。也有一些发动机的爆震传感器安装在火花塞垫圈处。在四缸发动机上，可以使用一个传感器来检测爆燃，它安装在第 2 缸与第 3 缸之间的缸体上。在五缸或超过五缸的发动机上，由于一个传感器很难准确地测定来自所有气缸的爆燃，因此一般使用两个爆震传感器。

图 3-4-1　爆震传感器的安装位置

爆震传感器有磁致伸缩式和压电式两种，图 3-4-2（a）所示为磁致伸缩式，3.4-2（b）、（c）所示为压电式。压电式爆燃传感器又分共振型和非共振型两种。

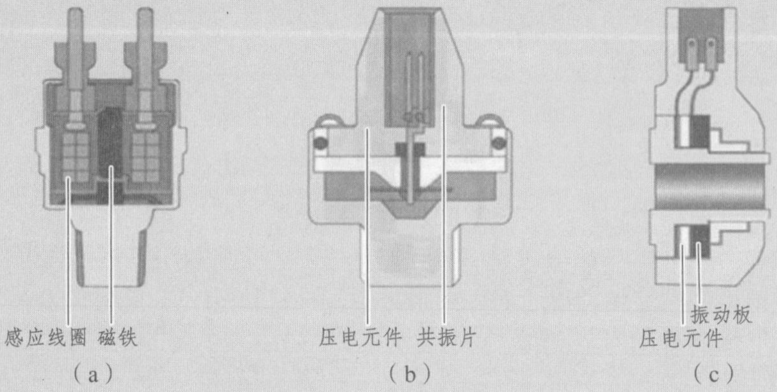

图 3-4-2　爆震传感器

2. 磁致伸缩式爆震传感器工作原理

磁致伸缩式爆震传感器的外形与结构如图 3-4-3 所示，它由高镍合金的磁心、永久磁铁、感应线圈以及壳体等组成。

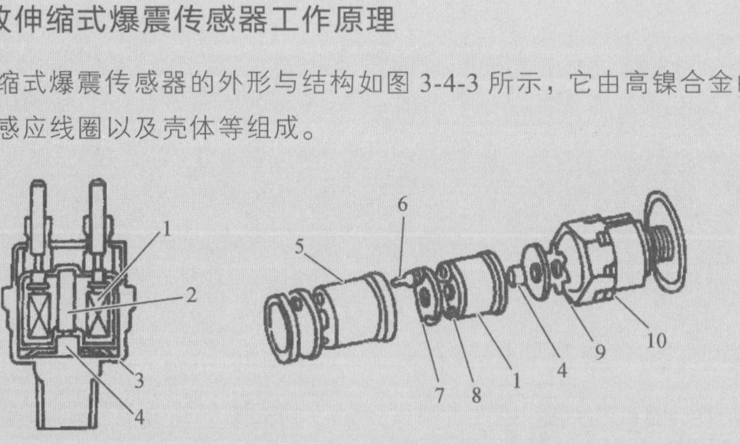

1—感应线圈；2—磁心；3—壳体；4—永久磁铁；5—软磁性壳；6—端子；7—绝缘体；8—磁致伸缩导杆；9—弹簧；10—支架。

图 3-4-3　磁致伸缩式爆震传感器

机体振动时，磁心产生轴向振动，使通过感应线圈的磁通发生变化，线圈将产生感应电动势，此电动势即为爆震传感器输出的电压信号。传感器输出电压信号的大小与发动机的振动频率有关，当传感器自振频率（由生产商根据发动机的设计而设定）与规定爆燃强度下的振动频率产生谐振时，传感器的输出电压将达到最大值，如图 3-4-4 所示。

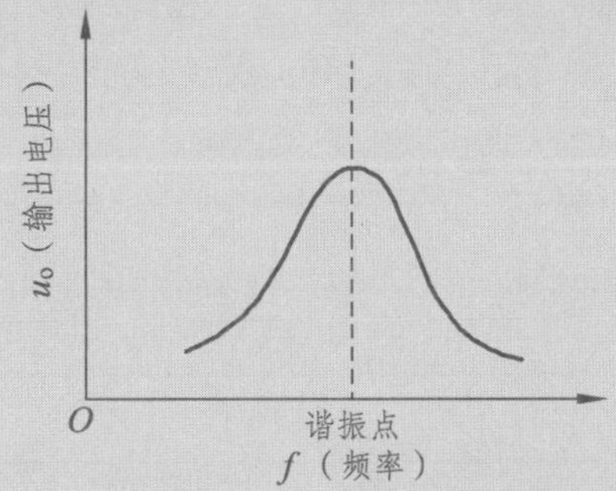

图 3-4-4　磁致伸缩式爆燃传感器的输出特性

3. 磁致伸缩式爆震传感器的检修（以大众宝来为例）

大众宝来小轿车爆震传感器电路如图 3-4-5 所示。

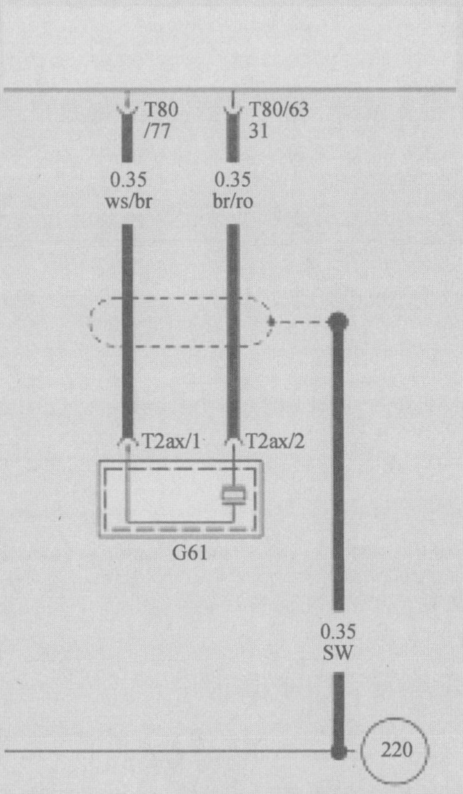

图 3-4-5　宝来小轿车爆震传感器电路

1）用诊断仪检测

（1）读取故障码。将诊断仪与诊断插座相连，将点火开关置于“ON”，打开诊断仪开关按钮，进入故障码读取界面，读取故障码。根据故障码的提示，制订相应的检修计划。

（2）读取数据流。起动发动机，进入数据流读取界面，读取数据流。缓慢将发动机转速加载至 3 000 r/min，读取各转速下对应的数据，用木槌敲击气缸体，观察数据是否有变化。读取的数据流应在正常值范围内。

将诊断仪检测到的故障码和数据流填入表 3-4-1 中。

表 3-4-1　诊断仪检测

故障码	
数据流	
结果分析	

2）电阻检测

（1）测传感器的电阻。

断开爆震传感器的连接器，用万用表测传感器相关端子之间的电阻，测量结果应为无穷大；否则，更换爆震传感器。

（2）检查爆震传感器与 ECU 之间的线路电阻。

断开 ECU 连接器，用万用表测传感器连接器与 ECU 连接器相应端子之间的电阻，测量值应小于 1 Ω；否则，维修或更换线束或连接器。

将测量值填入表 3-4-2。

表 3-4-2　电阻检测

测量端子	标准值/Ω	测量值/Ω	测量端子	标准值/Ω	测量值/Ω
T2ax/1—T2ax/2	∞		T2ax/1—T80/77	<1	
T2ax/2—T80/63	<1				
结果分析					

3）示波器读取波形

将示波器与信号端子相连，起动发动机，检测爆震传感器的波形，如果波形不符合要求，说明爆震传感器和电路有故障。

4. 压电式爆震传感器工作原理

压电式爆震传感器是利用压电元件在外力作用下产生变形时，压电元件将产生与所受外力大小相对应的电信号原理制成的。压电元件所受的外力来自自测元件的交变振荡。

1）共振型压电式爆震传感器

共振型压电式爆震传感器的基本结构如图 3-4-6 所示。传感器的检测组件主要由压电元件 1、振子 2、基座 3 等组成。压电元件紧密贴合在振子上，振子固定在基座上，振子的自振频率与爆震时机体壁面的振动频率相同。

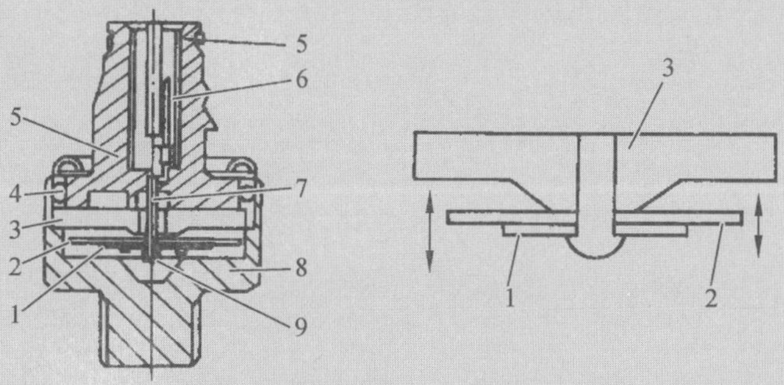

L—压电元件；2—振子；3—基座；4—O 形密封圈；5—连接器；
6—接头；7—密封剂；8—壳体；9—引线。

图 3-4-6　压电共振型爆燃传感器

当发动机起动后，振子随机体壁面振动激励而产生振荡，振子的振荡使压电元件产生变形，并输出交变的电压信号，输出电压的高低与振子的振幅成正比。

当发动机发生爆震燃烧时，振子产生共振，压电元件产生输出最大的输出电压，如图 3-4-7 所示。该传感器输出电压高，不需要借助滤波器，ECU 根据传感器的输出电压，就可以对发动机是否发生爆震燃烧做出准确的判断。

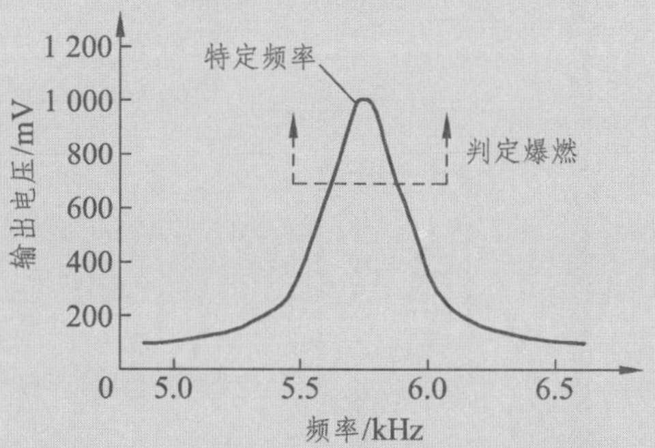

图 3-4-7　共振型压电式爆震传感器的输出特性

2）非共振型压电式爆震传感器

非共振型压电式爆震传感器的基本结构如图 3-4-8 所示。

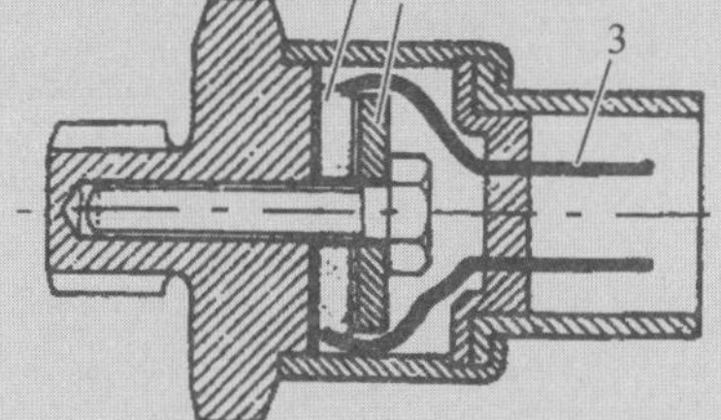

1—压电元件；2—惯性配重；3—信号输出端子。

图 3-4-8　非共振型压电式爆震传感器的基本结构

当发动机起动后，机体壁面的振动传递到传感器上，传感器内的配重在机体振动的激励下产生振动。由于配重振动时的加速度变化规律与机体壁面振动的规律相对应，因此压电元件输出的电压信号的变化规律与机体壁面振动规律相对应。该传感器具有较平的输出电压，为了准确判断发动机是否发生了爆震燃烧，必须对传感器的输入进行滤波处理。

5. 压电式爆震传感器检修（以丰田卡罗拉为例）

丰田卡罗拉爆震传感器电路如图 3-4-9 所示。

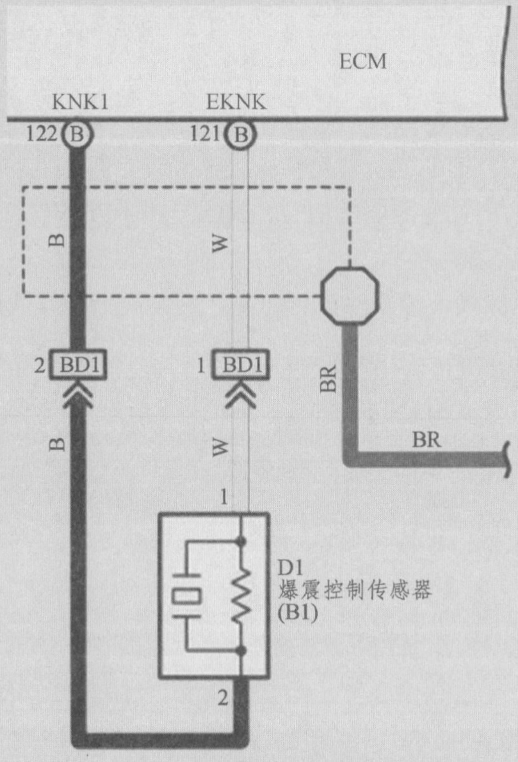

图 3-4-9　卡罗拉爆震传感器电路

1）用诊断仪检测

（1）读取故障码。将诊断仪与诊断插座相连，将点火开关置于“ON”，打开诊断仪开关按钮，进入故障码读取界面，读取故障码。根据故障码的提示，制订相应的检修计划。

（2）读取数据流。起动发动机，进入数据流读取界面，读取数据流。缓慢将发动机转速加载至 3 000 r/min，读取各转速下对应的数据，用木槌敲击气缸体，观察数据是否有变化。读取的数据流应在正常值范围内。

将诊断仪检测到的故障码和数据流填入表 3-4-3 中。

表 3-4-3　诊断仪检测

故障码	
数据流	
结果分析	

2）电阻检测

（1）测传感器的电阻。

断开爆震传感器的连接器，用万用表测传感器端子 1、2 之间的电阻，测量结果应为 120～280 kΩ；否则，更换爆震传感器。

（2）检查爆震传感器与 ECU 之间的线路电阻。

断开 ECU 连接器，用万用表测传感器连接器与 ECU 连接器相应端子之间的电阻，测量值应小于 1 Ω，否则，维修或更换线束或连接器。

将测量值填入表 3-4-4 中。

表 3-4-4　电阻检测

测量端子	标准值/Ω	测量值/Ω	测量端子	标准值/Ω	测量值/Ω
端子 1—端子 2	$1.2\times10^5\sim2.8\times10^5$		端子 1—ECM/121	<1	
端子 2—ECM/122	<1				
结果分析					

3）示波器读取波形

将示波器与信号端子相连，起动发动机，检测爆震传感器的波形，如果波形不符合要求，说明爆震传感器和电路有故障。

【任务小结】

本任务介绍了爆震器的功用和分类，重点讲述了磁致伸缩式爆震传感器、压电式爆震传感器的组成、工作原理及故障检修。通过本任务的学习，学生需了解爆震传感器的功用和分类，掌握爆震传感器的组成、工作原理及故障检修方法。

【课后习题】

1. 简述爆震传感器安装位置及作用。
2. 简述磁致伸缩式爆震传感器的组成和工作原理。
3. 简述压电式爆震传感器的组成和工作原理。

【任务实施】

1. 任务准备

（1）实训设备：电控发动机台架或轿车。

（2）实训工具：通用拆装工具。

（3）实训资料：实训工作页、维修手册、教材等。

（4）辅助材料：翼子板三件套防护套。

2. 实施步骤

1）车辆基本检查

（1）实训车辆安全防护。

（2）登记车辆基本信息。

（3）车辆油、水、电基本检查。

2）爆震传感器故障检修（见表 3-4-4）

表 3-4-4　爆震传感器故障检修任务工单

姓　名		学　号		分组号		
实训时间		工具编号		设备编号		
一、计划与决策						
任务分工	组长	主要操作	辅助操作	7S 管理	质检	备注
检测和诊断步骤				工具、仪器设备		
1.						
2.						
3.						
4.						
5.						
二、任务实施						
（一）车辆基本检查						
实训车辆或台架的安全防护						
实训车辆或台架基本信息	车辆或台架品牌：					
	车辆识别码或台架号：					
	发动机型号：					
实训车辆或台架油、水、电的检查			正常□　不正常□			
读取故障码	1.		2.	3.	4.	

续表

（二）爆震传感器的检测一（以大众宝来为例）

1. 电阻检测

（1）测传感器的电阻。断开爆震传感器的连接器，用万用表测传感器相关端子之间的电阻，测量结果应为无穷大，否则，更换爆震传感器。

（2）检查爆震传感器与ECU之间的线路电阻。断开ECU连接器，用万用表测传感器连接器与ECU连接器相应端子之间的电阻，测量值应小于1Ω，否则，维修或更换线束或连接器

测量端子	标准值/Ω	测量值/Ω	测量端子	标准值/Ω	测量值/Ω
T2ax/1—T2ax/2	∞		T2ax/1—T80/77	<1	
T2ax/2—T80/63	<1				
结果分析					

2. 读取信号波形

将示波器与信号端子相连，起动发动机，检测凸轮轴位置传感器的波形，如果波形不符合要求，说明凸轮轴位置传感器和电路有故障

结果分析	

故障原因和排除的方法：

（三）爆震传感器的检测二（以丰田卡罗拉为例）

（1）测传感器的电阻。断开爆震传感器的连接器，用万用表测传感器端子1、2之间的电阻，测量结果应为120～280 kΩ；否则，更换爆震传感器。

（2）检查爆震传感器与ECU之间的线路电阻。断开ECU连接器，用万用表测传感器连接器与ECU连接器相应端子之间的电阻，测量值应小于1 Ω；否则，维修或更换线束或连接器

测量端子	标准值/Ω	测量值/Ω	测量端子	标准值/Ω	测量值/Ω
端子1—端子2	$1.2\times10^5\sim2.8\times10^5$		端子1—ECM/121	<1	
端子2—ECM/122	<1				

结果分析	

故障原因和排除的方法：

续表

<table>
<tr><td colspan="6">三、检查与评估</td></tr>
<tr><td colspan="6">1. 评估参考标准</td></tr>
<tr><td colspan="6">（1）工作任务（满分 10 分）</td></tr>
<tr><td colspan="6">① 明确工作任务，理解任务的重要性（9～10 分）</td></tr>
<tr><td colspan="6">② 明确工作任务，了解任务的重要性（8 分）</td></tr>
<tr><td colspan="6">③ 了解工作任务，了解任务的重要性（7 分）</td></tr>
<tr><td colspan="6">④ 基本了解工作任务，基本了解任务的重要性（6 分）</td></tr>
<tr><td colspan="6">⑤ 不了解工作任务，不了解任务的重要性（1～5 分）</td></tr>
<tr><td colspan="6">（2）工作计划（满分 10 分）</td></tr>
<tr><td colspan="6">① 根据工作任务制订详细的工作计划（9～10 分）</td></tr>
<tr><td colspan="6">② 根据工作任务制订较详细的工作计划（8 分）</td></tr>
<tr><td colspan="6">③ 根据工作任务制订可执行的工作计划（7 分）</td></tr>
<tr><td colspan="6">④ 根据工作任务制订一般的工作计划（6 分）</td></tr>
<tr><td colspan="6">⑤ 工作计划不全（1～5 分）</td></tr>
<tr><td colspan="6">（3）任务实施（满分 70 分）</td></tr>
<tr><td colspan="6">① 操作规范、过程完整、数据正确（63～70 分）</td></tr>
<tr><td colspan="6">② 操作规范、过程完整、数据基本正确（56～63 分）</td></tr>
<tr><td colspan="6">③ 操作规范、过程较完整、数据基本正确（49～56 分）</td></tr>
<tr><td colspan="6">④ 操作基本规范、过程基本完整、数据基本正确（42～49 分）</td></tr>
<tr><td colspan="6">⑤ 操作不规范、过程不完整、数据基本正确（1～42 分）</td></tr>
<tr><td colspan="6">（4）自我评价（满分 10 分）</td></tr>
<tr><td colspan="6">2. 小组考核</td></tr>
<tr><td>工作任务</td><td colspan="2">工作计划</td><td colspan="2">任务实施</td><td>总分</td></tr>
<tr><td></td><td colspan="2"></td><td colspan="2"></td><td></td></tr>
<tr><td colspan="6">3. 教师考核</td></tr>
<tr><td>工作任务</td><td colspan="2">工作计划</td><td colspan="2">任务实施</td><td>总分</td></tr>
<tr><td></td><td colspan="2"></td><td colspan="2"></td><td></td></tr>
<tr><td>小组考核（40%）</td><td>录分人</td><td>教师考核（60%）</td><td>录分人</td><td>平均得分</td><td>统分人</td></tr>
<tr><td></td><td></td><td></td><td></td><td></td><td></td></tr>
</table>

项目 4 汽油发动机排放控制系统故障检修

项目导读

随着人们环境保护意识的增强，对汽车的排放提出了更高的要求。特别是近年来，我国颁布实施了国六的排放标准，为了保护环境，汽车工程师们通过各种途径来减少汽油发动机排放的污染物。通过本项目 6 个任务的学习与训练，学生应在了解排放控制系统基本结构与工作原理的基础上，掌握排放系统故障检测技能。

任务 1　汽车排放污染物的种类及危害

【任务目标】

1. 知识目标

（1）了解排放污染物的种类和危害。

（2）掌握排放污染物的来源。

2. 能力目标

能分析各种污染物产生的机理。

3. 素质目标

（1）具有严谨认真、实事求是的科学态度。

（2）能自主学习新知识、新技能。

（3）具有高度的职业责任心和安全意识，遵章守纪、规范操作。

（4）具有较强信息搜集能力，会查找汽车维修手册和相关国家标准。

（5）具有团队协作和吃苦耐劳的精神。

【案例导入】

一辆 2016 款的丰田卡罗拉小轿车，排气管冒黑烟。

【案例分析】

当混合气过浓时，会导致燃烧不充分，发动机就出现冒黑烟的故障现象。

【知识链接】

1. 排放污染物的种类

汽车的排放污染物有很多，但最主要的有害成分有三种：一氧化碳（CO）、碳氢化合物（HC）和氮氧化合物（NO_x）。

2. 排放污染物的危害

1）一氧化碳（CO）

一氧化碳与血液中血红蛋白的亲和能力高出氧近 240 倍。一氧化碳经呼吸道进入血液循环，与血红蛋白亲和后生成碳氧血红蛋白，从而削弱血液向各组织输送氧的功能，危害中枢神经系统，造成人的感觉、反应、理解、记忆力等机能障碍，重者危害血液循环系统，导致生命危险。所以，即使是微量吸入一氧化碳，也可能给人造成可怕的缺氧性伤害。

2）碳氢化合物（HC）

目前还不清楚它对人体健康的直接危害。但当氮氧化物和碳氢化合物在太阳紫外线的作用下，会产生一种具有刺激性的浅蓝色烟雾，其中包含有臭氧、醛类、硝酸酯类等多种复杂化合物。这种光化学烟雾对人体最突出的危害是刺激眼睛和上呼吸道黏膜，引起眼睛红肿和喉炎。

3）氮氧化合物（NO_x）

氮氧化物主要是指一氧化氮、二氧化氮，它们都是对人体有害的气体，特别是对呼吸系统有危害。在二氧化氮浓度为 9.4 mg/m^3 的空气中暴露 10 min，即可造成人的呼吸系统功能失调。

3. 排放污染物产生的机理

1）一氧化碳（CO）

一氧化碳来源于发动机做功后排出的尾气，主要是可燃混合气过浓，燃烧不充分导致的。

2）碳氢化合物（HC）

碳氢化合物来源有三个：混合气过浓导致部分可燃混合气没有燃烧直接由排气管排出，油箱内汽油蒸发产生的汽油蒸气以及润滑油蒸发产生的蒸气。

3）氮氧化合物（NO_x）

氮氧化合物是混合气在高温、富氧下燃烧时产生的，包括 NO、NO_2、N_2O_3、N_2O_5，它的生成量取决于燃烧的最高温度和高温持续时间等。

【任务小结】

本任务阐述了汽油发动机排放污染物的种类及危害，分析了汽油发动机排放污染物产生的机理。通过本任务的学习学生需了解汽油发动机排放污染物的种类及危害，掌握汽油发动机排放污染物产生的机理。

【课后习题】

1. 简述汽油发动机排放污染物的种类及危害。
2. 简述汽油发动机排放污染物产生的机理。

任务 2　燃油箱蒸气回收系统的故障检修

【任务目标】

1. 知识目标

（1）了解燃油箱蒸气回收系统的组成和结构。

（2）掌握燃油箱蒸气回收系统的工作原理。

（3）掌握燃油箱蒸气回收系统故障检测和排除方法。

2. 能力目标

（1）能准确在车上找燃油箱蒸气回收系统零部件所在的位置。

（2）能利用检测仪器或设备进行燃油箱蒸气回收系统的故障检测和排除。

（3）能正确拆卸和安装燃油箱蒸气回收系统零部件。

3. 素质目标

（1）具有严谨认真、实事求是的科学态度。

（2）能自主学习新知识、新技能。

（3）具有高度的职业责任心和安全意识，遵章守纪、规范操作。

（4）具有较强信息搜集能力，会查找汽车维修手册和相关国家标准。

（5）具有团队协作和吃苦耐劳的精神。

【案例导入】

一辆丰田卡罗拉小轿车起动困难，加速不良。

【案例分析】

炭罐电磁阀如果卡滞在常开的位置，由于通过炭罐电磁阀进入气缸的气体没有被空气流量计计量，会导致混合气过稀，发动机出现起动困难，加速不良的故障现象。

【知识链接】

1. 燃油箱蒸气回收系统（EVAP）的功用和组成

1）EVAP 系统的功能

EVAP 系统是为防止汽油箱内的汽油蒸气排入大气产生污染而设置的，其功能是收集汽油箱内蒸发的汽油蒸气，并将汽油蒸气导入气缸参加燃烧，从而防止汽油蒸气直接排入大气而造成污染。这不仅减少了污染，还能提高燃油经济性。

EVAP 系统必须根据发动机工况，控制导入气缸参加燃烧的汽油蒸气量。下列情况下 EVAP 系统将不参与工作。

（1）发动机冷起动后一段时间。

（2）发动机冷却液温度比较低。

（3）发动机怠速运行阶段。

（4）发动机大负荷阶段。

（5）系统重要传感器有故障。

2）EVAP 系统的组成

目前，常见的比较简单的燃油蒸发排放控制系统如图 4-2-1 所示，它主要由燃油箱、活性炭罐（内装活性炭）、炭罐电磁阀和 ECU 等组成。

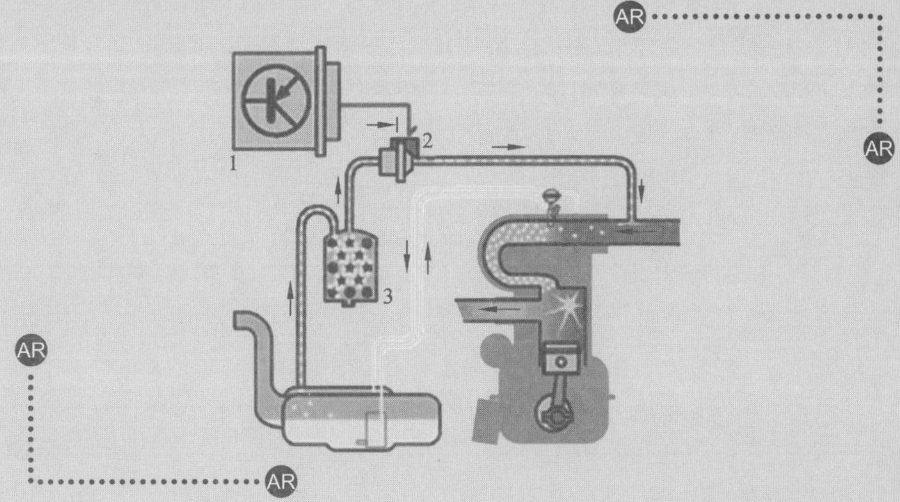

1—发动机 ECU；2—炭罐电磁阀；3—活性炭罐。

图 4-2-1　EVAP 控制系统的组成

2）EVAP 系统的工作原理

（1）吸附过程。当 EVAP 控制系统不满足工作条件时，油箱内的燃油蒸气通过蒸气管路到达活性炭罐，燃油蒸气中的燃油分子被活性炭吸附，空气分子由炭罐通气孔排到大气中。

（2）二次蒸发过程。当 EVAP 控制系统满足工作条件时，ECU 控制炭罐电磁阀打开，由于真空管内的压力低于活性炭罐通气口的压力，空气被吸入活性炭罐，流动的空气对吸附在活性炭上的燃油分子进行冲刷，被吸附在活性炭上的燃油分子二次蒸发，与空气混合，通过炭罐电磁阀管路、真空管路被吸入气缸参与燃烧。

2. 燃油箱蒸气回收系统（EVAP）的检修

EVAP 系统可能有的故障就是炭罐电磁阀不工作或卡滞、真空管脱落或漏气、活性炭失效、ECU 故障等。

1）炭罐电磁阀检修

炭罐电磁阀的实物如图 1-1-23 所示。

（1）电阻检测。点火开关处于“OFF”，拔下炭罐电磁阀的插头，用万用表的欧姆挡测量插座两端子之间的电阻值（标准值在 30 Ω 左右）。

（2）通电测试。给电磁阀通电，应能听到电磁阀吸合的声音。

（3）真空度测试。拆开炭罐电磁阀的软管，用手动真空泵由软管接头处给炭罐电磁阀施加一定的真空度。电磁阀不通电时，真空度应能保持；通电时，真空度应释放。

（4）在线测试。起动发动机，预热后怠速运转，拆下蒸气回收罐上的真空软管，管内应无吸力；当发动机转速提高到大于 2 000 r/min 时，软管内应有吸力，如果无吸力而电磁阀线束插头内电压正常，则表明电磁阀有故障。当拆下电磁阀线束插头并向电磁阀吹气时，应不通气；当将电源接至电磁阀时，应能通气。

将检测结果填入表 4-2-1 中。

表 4-2-1　炭罐电磁阀检修

测试项目	正常	测量值	测试项目	正常	测量值
测线圈电阻	30 Ω		通电测试	能听到吸合声	
真空度测试（断电）	保持		真空度测试（通电）	释放	
转速小于 2 000 r/min	无吸力		转速大于 2 000 r/min	有吸力	

2）真空管检修

检查真空管是否脱落、损坏、裂纹和漏气。

3）活性炭罐检修

检查活性炭罐是否有开裂或损坏现象，如果发现上述情况或活性炭罐内部被燃油浸泡，就必须更换活性炭罐。

【任务小结】

本任务介绍了燃油蒸气回收系统的功用、组成及工作原理，重点讲述了燃油蒸气回收系统组成元件的故障检修。通过本任务的学习，学生需了解燃油蒸气回收系统的功用、组成，掌握燃油蒸气回收系统的工作原理，掌握燃油蒸气回收系统故障检修方法。

【课后习题】

1. 简述燃油箱蒸气回收系统（EVAP）的功用和组成。
2. 简述燃油箱蒸气回收系统（EVAP）的工作原理。

【任务实施】

1. 任务准备

（1）实训设备：电控发动机台架或轿车。

（2）实训工具：通用拆装工具。

（3）实训资料：实训工作页、维修手册、教材等。

（4）辅助材料：翼子板三件套防护套。

2. 实施步骤

1）车辆基本检查

（1）实训车辆安全防护。

（2）登记车辆基本信息。

（3）车辆油、水、电基本检查。

2）燃油箱蒸气回收系统检修（见表 4-2-2）

表 4-2-2 燃油箱蒸气回收系统检修任务工单

<table>
<tr><td>姓　名</td><td colspan="2"></td><td colspan="2">学　号</td><td></td><td colspan="2">分组号</td><td></td></tr>
<tr><td>实训时间</td><td colspan="2"></td><td colspan="2">工具编号</td><td></td><td colspan="2">设备编号</td><td></td></tr>
<tr><td colspan="9">一、计划与决策</td></tr>
<tr><td rowspan="2">任务分工</td><td colspan="2">组长</td><td>主要操作</td><td colspan="2">辅助操作</td><td>7S 管理</td><td>质检</td><td>备注</td></tr>
<tr><td colspan="2"></td><td></td><td colspan="2"></td><td></td><td></td><td></td></tr>
<tr><td colspan="6">检测和诊断步骤</td><td colspan="3">工具、仪器设备</td></tr>
<tr><td colspan="6">1.</td><td colspan="3"></td></tr>
<tr><td colspan="6">2.</td><td colspan="3"></td></tr>
<tr><td colspan="6">3.</td><td colspan="3"></td></tr>
<tr><td colspan="6">4.</td><td colspan="3"></td></tr>
<tr><td colspan="6">5.</td><td colspan="3"></td></tr>
<tr><td colspan="9">二、任务实施</td></tr>
<tr><td colspan="9">（一）车辆基本检查</td></tr>
<tr><td colspan="2">实训车辆或台架的安全防护</td><td colspan="7"></td></tr>
<tr><td colspan="2" rowspan="3">实训车辆或台架基本信息</td><td colspan="7">车辆或台架品牌：</td></tr>
<tr><td colspan="7">车辆识别码或台架号：</td></tr>
<tr><td colspan="7">发动机型号：</td></tr>
<tr><td colspan="3">实训车辆或台架油、水、电的检查</td><td colspan="6">正常□　不正常□</td></tr>
<tr><td>读取故障码</td><td colspan="2">1.</td><td colspan="2">2.</td><td colspan="2">3.</td><td colspan="2">4.</td></tr>
</table>

续表

（二）炭罐电磁阀的检修

1. 电阻检测

点火开关处于“OFF”，拔下炭罐电磁阀的插头，用万用表的欧姆挡测量插座两端子之间的电阻值（标准值在 30 Ω 左右）。

2. 通电测试

给电磁阀通电，应能听到电磁阀吸合的声音。

3. 真空度测试

拆开炭罐电磁阀的软管，用手动真空泵由软管接头处给炭罐电磁阀施加一定的真空度，电磁阀不通电时，真空度应能保持，通电时，真空度应释放。

4. 在线测试

起动发动机，预热后怠速运转，拆下蒸汽回收罐上的真空软管，管内应无吸力；当发动机转速提高到大于 2 000 r/min 时，软管内应有吸力；如果无吸力而电磁阀线束插头内电压正常，则表明电磁阀有故障。当拆下电磁阀线束插头并向电磁阀吹气时，应不通气；当将电源接至电磁阀时，应能通气

测试项目	正常	测量值	测试项目	正常	测量值
测线圈电阻	30Ω		通电测试	能听到吸合声	
真空度（断电）	保持		真空度（通电）	释放	
转速小于 2 000 r/min	无吸力		转速大于 2 000 r/min	有吸力	

结果分析	

（三）真空管检修

检查真空管是否脱落、损坏、裂纹和漏气。（有就打钩，无就打叉）

真空管脱落	真空管损坏	真空管裂纹	真空管漏气

结果分析	

（四）活性炭罐检修

检查活性炭罐是否有开裂或损坏现象，如果发现上述情况或活性炭罐内部被燃油浸泡，就必须更换活性炭罐

开裂		损坏		浸泡	
结果分析					

故障原因和排除的方法：

续表

三、检查与评估					
1. 评估参考标准					
（1）工作任务（满分 10 分）					
① 明确工作任务，理解任务的重要性（9~10 分）					
② 明确工作任务，了解任务的重要性（8 分）					
③ 了解工作任务，了解任务的重要性（7 分）					
④ 基本了解工作任务，基本了解任务的重要性（6 分）					
⑤ 不了解工作任务，不了解任务的重要性（1~5 分）					
（2）工作计划（满分 10 分）					
① 根据工作任务制订详细的工作计划（9~10 分）					
② 根据工作任务制订较详细的工作计划（8 分）					
③ 根据工作任务制订可执行的工作计划（7 分）					
④ 根据工作任务制订一般的工作计划（6 分）					
⑤ 工作计划不全（1~5 分）					
（3）任务实施（满分 70 分）					
① 操作规范、过程完整、数据正确（63~70 分）					
② 操作规范、过程完整、数据基本正确（56~63 分）					
③ 操作规范、过程较完整、数据基本正确（49~56 分）					
④ 操作基本规范、过程基本完整、数据基本正确（42~49 分）					
⑤ 操作不规范、过程不完整、数据基本正确（1~42 分）					
（4）自我评价（满分 10 分）					
2. 小组考核					
工作任务	工作计划	任务实施	总分		
3. 教师考核					
工作任务	工作计划	任务实施	总分		
小组考核（40%）	录分人	教师考核（60%）	录分人	平均得分	统分人

任务3　废气再循环系统的故障检修

【任务目标】

1. 知识目标

（1）了解废气再循环系统的功用和组成。

（2）掌握废气再循环系统工作原理。

（3）掌握废气再循环系统的故障检测和排除方法。

2. 能力目标

（1）能在车上准确找到废气再循环系统组成元件所在的位置。

（2）能利用检测仪器或设备进行废气再循环系统的故障检测和排除。

（3）能正确拆卸和安装废气再循环系统的组成元件。

3. 素质目标

（1）具有严谨认真、实事求是的科学态度。

（2）能自主学习新知识、新技能。

（3）具有高度的职业责任心和安全意识，遵章守纪、规范操作。

（4）具有较强信息搜集能力，会查找汽车维修手册和相关国家标准。

（5）具有团队协作和吃苦耐劳的精神。

【案例导入】

一辆大众迈腾小轿车发动机怠速不稳、发动机怠速时会熄火、发动机低速时会抖动。

【案例分析】

当废气循环阀被卡滞在常开位置时，由于尾气被吸入到气缸，导致混合气成分不满足发动机怠速工作时的条件，发动机会表现出怠速不稳、怠速时熄火、发动机低速抖动的故障现象。

【知识链接】

1. 废气再循环（EGR）系统的功用和工作原理

1）EGR系统的功用和控制策略

（1）EGR系统的功用。

发动机在高温高压下易产生氮氧化物（NO_x），是汽车排放中最主要的有害物之一，废气再循环系统将10%～20%的废气引入进气歧管与新鲜混合气混合后进入燃烧室。由于废气中主要成分是惰性的气体N_2、CO_2，在与新鲜混合气混合后

降低了新鲜气体中 O_2 的浓度，导致燃烧速度降低，同时引入的废气可吸收部分热量。EGR 系统的功用是降低燃烧的温度和压力，抑制尾气中氮氧化物（NO_x）的排放。

（2）EGR 系统的控制策略。

EGR 率过大，燃烧速度太慢，燃烧变得不稳定，失火率增加，HC 也会增加；EGR 率过小，NO_x 排放达不到法定要求，易产生爆震、发动机过热等现象。因此 EGR 率必须根据发动机工况要求进行控制，其控制策略如下：

① 冷车、怠速和低负荷时，NO_x 排放浓度低，为了保证稳定燃烧，不进行 EGR。

② 只有热态和部分负荷下进行 EGR，随着负荷增加，EGR 率允许值也增加，EGR 率的变化范围控制在 10%～20%。

③ 大负荷、高速时，为了保证发动机有较好的动力性，此时混合气较浓，NO_x 排放生成物较少，可不进行 EGR 或减少 EGR 率。

2）EGR 系统的组成和工作原理

EGR 系统分类方式比较多，根据 EGR 阀的控制对象，可以分为直接控制式和间接控制式；根据系统执行器（EGR 阀）的动作控制形式，可以分为机械控制式和电子控制式；根据 EGR 系统的控制结构，可以分为开环控制式和闭环控制式。

（1）进气歧管真空度控制的 EGR 系统。

该系统主要由 ECU、EGR 电磁阀、EGR 阀传感器、EGR 阀、真空管和连接管路等组成，如图 4-3-1 所示。

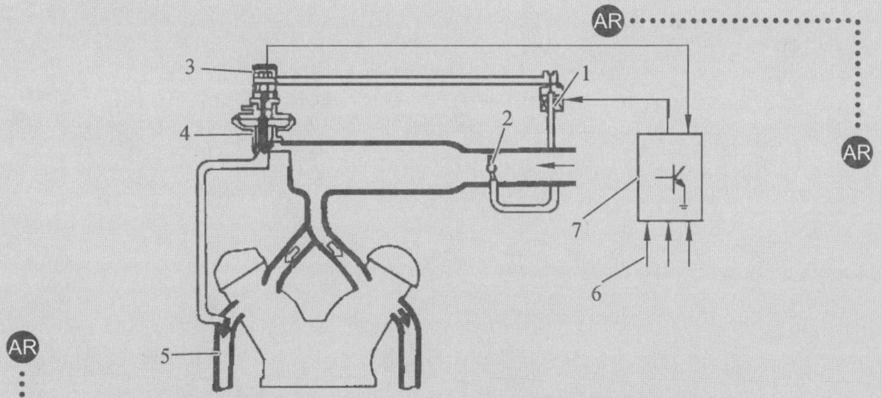

1—EGR 电磁阀；2—节气门；3—EGR 阀传感器；4—EGR 阀；
5—排气管；6—其他传感器信号；7—ECU。

图 4-3-1 进气歧管真空度控制的 EGR 系统

EGR 阀主要由膜片、针阀位置传感器、电子调节器组成，如图 4-3-2 所示。

当满足 EGR 系统工作条件时，ECU 控制 EGR 电磁阀打开，EGR 阀膜片的上方受到真空的吸力作用，膜片带动针阀向上运动，打开进、排气管之间的连接通道，废气通过相关管路进入到气缸，与可燃混合气混合，改变可燃混合气的成分和热值。针阀位置传感器将针阀抬起的高度信号输送给 ECU，ECU 根据发动机冷却液温度、节气门位置、空气流量计信号等信息，控制电子调节器，从而控制针阀的开度。

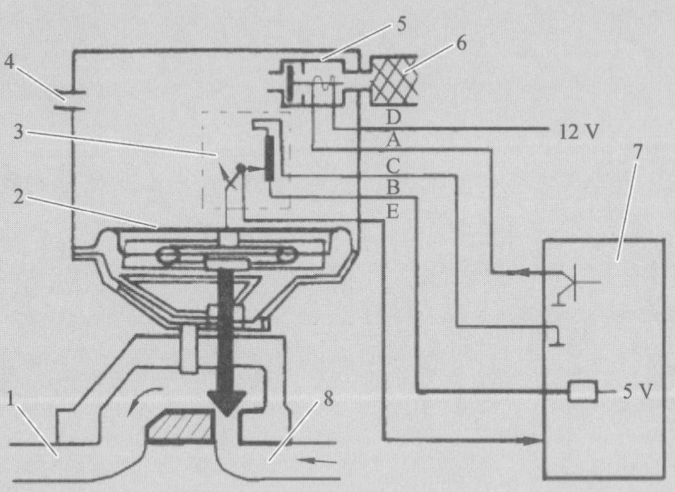

1—进气管；2—膜片；3—针阀位置传感器；4—接真空软管；5—电子调节器；6—通气滤网；7—ECU；8—接排气管。

图 4-3-2　EGR 阀结构

（2）电子控制的 EGR 系统。

该系统主要由 ECU、EGR 阀、EGR 冷却器和相关管路组成，如图 4-3-3 所示。

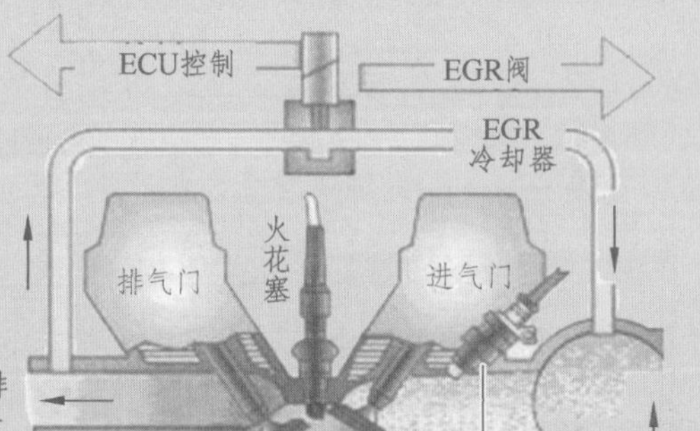

图 4-3-3　电子控制的 EGR 系统的组成

电子控制的 EGR 系统中的 EGR 阀是一个线性电磁阀，主要由电磁线圈、阀芯（枢轴）、枢轴位置传感器（见图 4-3-4）等组成。ECU 根据发动机冷却液温度、节气门开度、空气流量计、EGR 阀中的枢轴位置传感器等信号，控制 EGR 阀的开度。当满足 EGR 系统工作条件时，ECU 会给 EGR 阀提供一个 PWM 脉冲信号，从而将 EGR 阀打开一定的开度，接通排气管路和进气歧管。在排气管路和进气歧管压差的作用下，排气中的尾气经冷却装置冷却后被吸入到气缸，与可燃混合气混合，改变了混合气的成分和热值，降低了燃烧室的温度和压力，从而减少氮氧化物的排放。

PWM 脉冲信号受 ECU 的控制，可以保证 EGR 控制系统的闭环。

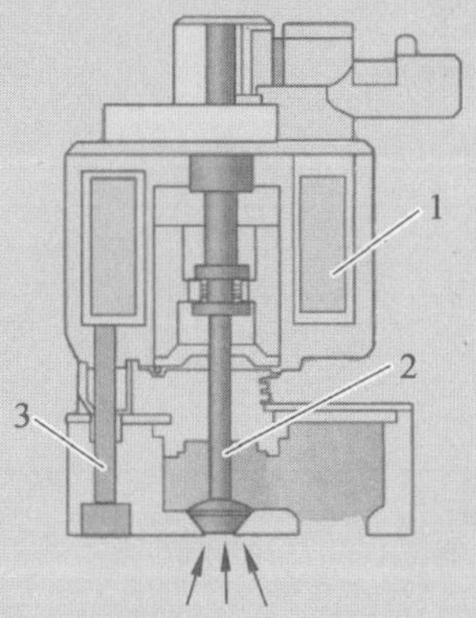

1—电磁线圈；2—阀芯（枢轴）；3—枢轴位置传感器。

图 4-3-4　枢轴位置传感器结构

2. 废气再循环（EGR）系统的检修

废气再循环（EGR）系统的故障有 EGR 阀该打开时不打开，无 EGR 循环，发动机爆燃，NO_x 增大；该关闭时不关闭，怠速不稳，低速喘振，易熄火，动力不足，油耗增大，CH 增加。

1）用诊断仪检测

（1）读取故障码。将诊断仪与诊断插座相连，将点火开关置于“ON”，打开诊断仪开关按钮，进入故障码读取界面，读取故障码。根据故障码的提示，制订相应的检修计划。

（2）读取数据流。起动发动机，等发动机达到正常水温时，进入数据流读取界面，读取数据流。控制节气门的开度，读取在不同开度下的 EGR 率的大小，该数值应在正常值范围内。

将诊断仪读出的故障码和数据流填入表 4-3-1 中。

表 4-3-1　诊断仪检测

故障码	
数据流	
结果分析	

2）进气歧管真空度控制的 EGR 系统检修

（1）EGR 电磁阀的检测。

① 点火开关置于“OFF”，测量插座端子之间的电阻值（33 ~ 39 Ω）。若阻值

为零，说明电磁线圈短路；若阻值为无穷大，说明电磁线圈断路，应更换 EGR 电磁阀。

② 测量各线束的电阻值。测量插头端子与 ECU 端子之间的电阻值应该小于 1 Ω，若阻值为无穷大，说明线束断路，应更换线束。

将测试结果填入表 4-3-2 中。

表 4-3-2　电阻检测

测量端子	标准值/Ω	测量值/Ω	测量端子	标准值/Ω	测量值/Ω
插座端子之间	33～39		插头端子与 ECU 端子	<1	
结果分析					

③ 在冷机起动后，拆下 EGR 阀上的真空软管，发动机转速应无变化，用手触试真空软管口应无真空吸力；当发动机工作温度正常后，将转速提高到 2 000 r/min 左右，从 EGR 阀上拆下软管，发动机转速应有明显提高。若不符合上述要求，说明 EGR 系统工作不正常。

④ 通电测试。电磁阀不通电时，从通进气管侧接头吹入空气应畅通，从通大气的滤网处吹入空气应不通。当给电磁阀通电时，从通进气管侧接头吹入空气应不通，从通大气的滤网处吹入空气应畅通，否则应更换电磁阀。将测试结果填入表 4-3-3 中。

表 4-3-3　通电测试

测量条件	正常	测量情况	测量条件	正常	测量情况
冷机转速低	无吸力		正常温度，转速 2 000 r/min 以上	有吸力	
电磁阀断电	不通		电磁阀通电	通	
结果分析					

（2）EGR 阀的检测。

拆下 EGR 阀，用手动真空泵给 EGR 阀膜片上方施加约 15 kPa 的真空度时，EGR 阀应能开启；不施加真空度时，EGR 阀应能完全关闭，如果不能完全关闭，检查 EGR 阀是否有积炭，如果没有积炭，则应更换 EGR 阀。

（3）连接管路和真空管的检测。

检查连接管路接头处是否有破损或漏气，检查真空管是否脱落或破损。

（4）EGR 阀位置传感器的检测。

起动发动机，当发动机工作温度正常后，将转速提高到 2 000 r/min 以上，用万用表测量 EGR 阀位置传感器的电压，该电压应随转速的上升而变化。

3）电子控制的 EGR 系统检修

（1）测量电磁线圈电阻。点火开关置于“OFF”，测量插座端子之间的电阻值

（30 Ω）。若阻值为零，说明电磁线圈短路；若阻值为无穷大，说明电磁线圈断路，应更换 EGR 电磁阀。

（2）测量各线束的电阻值。测量插头端子与 ECU 端子之间的电阻值应该小于 1 Ω，若阻值为无穷大，说明线束断路，应更换线束。

将测量值填入表 4-3-4 中。

表 4-3-4　电阻测量

测量端子	标准值/Ω	测量值/Ω	测量端子	标准值/Ω	测量值/Ω
插座端子之间	30		插头端子与 ECU 端子	<1	
结果分析					

（3）枢轴位置传感器的检测。

① 测电阻。测量枢轴位置传感器端子之间的电阻值，应在正常值范围内。

② 起动发动机，当发动机工作温度正常后，将转速提高到 2 000 r/min 以上，用万用表测量枢轴位置传感器的电压，该电压应随转速的上升而变化。

【任务小结】

本任务介绍了废气再循环系统的功用和分类，重点讲述了废气再循环系统的组成、工作原理及故障检修。通过本任务的学习，学生需了解废气再循环系统的功用和分类，掌握废气再循环系统的组成、工作原理及故障检修方法。

【课后习题】

1. 简述 EGR 系统的功用。
2. 简述 EGR 系统的控制策略。
3. 简述进气歧管真空度控制的 EGR 系统的组成和工作原理。
4. 简述电子控制的 EGR 系统的组成和工作原理。

【任务实施】

1. 任务准备

（1）实训设备：电控发动机台架或轿车。

（2）实训工具：通用拆装工具。

（3）实训资料：实训工作页、维修手册、教材等。

（4）辅助材料：翼子板三件套防护套。

2. 实施步骤

1）车辆基本检查

（1）实训车辆安全防护。

（2）登记车辆基本信息。

（3）车辆油、水、电基本检查。

2）废气再循环系统故障检修（见表 4-3-5）

表 4-3-5 废气再循环系统故障检修任务工单

<table>
<tr><td>姓　名</td><td colspan="3"></td><td colspan="2">学　号</td><td colspan="3"></td><td colspan="2">分组号</td><td colspan="3"></td></tr>
<tr><td>实训时间</td><td colspan="3"></td><td colspan="2">工具编号</td><td colspan="3"></td><td colspan="2">设备编号</td><td colspan="3"></td></tr>
<tr><td colspan="14">一、计划与决策</td></tr>
<tr><td rowspan="2">任务分工</td><td colspan="2">组长</td><td colspan="2">主要操作</td><td colspan="2">辅助操作</td><td colspan="3">7S 管理</td><td colspan="3">质检</td><td>备注</td></tr>
<tr><td colspan="2"></td><td colspan="2"></td><td colspan="2"></td><td colspan="3"></td><td colspan="3"></td><td></td></tr>
<tr><td colspan="7">检测和诊断步骤</td><td colspan="7">工具、仪器设备</td></tr>
<tr><td colspan="7">1.</td><td colspan="7"></td></tr>
<tr><td colspan="7">2.</td><td colspan="7"></td></tr>
<tr><td colspan="7">3.</td><td colspan="7"></td></tr>
<tr><td colspan="7">4.</td><td colspan="7"></td></tr>
<tr><td colspan="7">5.</td><td colspan="7"></td></tr>
<tr><td colspan="14">二、任务实施</td></tr>
<tr><td colspan="14">（一）车辆基本检查</td></tr>
<tr><td colspan="4">实训车辆或台架的安全防护</td><td colspan="10"></td></tr>
<tr><td colspan="4" rowspan="3">实训车辆或台架基本信息</td><td colspan="10">车辆或台架品牌：</td></tr>
<tr><td colspan="10">车辆识别码或台架号：</td></tr>
<tr><td colspan="10">发动机型号：</td></tr>
<tr><td colspan="6">实训车辆或台架油、水、电的检查</td><td colspan="8">正常□　不正常□</td></tr>
<tr><td colspan="2">读取故障码</td><td colspan="3">1.</td><td colspan="3">2.</td><td colspan="4">3.</td><td colspan="2">4.</td></tr>
</table>

续表

（二）进气歧管真空度控制的 EGR 系统检修

1. EGR 电磁阀的检测

（1）点火开关置于“OFF”，测量插座端子之间的电阻值（33 ~ 39 Ω）。若阻值为零，说明电磁线圈短路；若阻值为无穷大，说明电磁线圈断路，应更换 EGR 电磁阀。

（2）测量各线束的电阻值。测量插头端子与 ECU 端子之间的电阻值应该小于 1 Ω，若阻值为无穷大，说明线束断路，应更换线束

测量端子	标准值/Ω	测量值/Ω	测量端子	标准值/Ω	测量值/Ω
插座端子之间	33 ~ 39		插头端子与 ECU 端子	<1	
结果分析					

（3）在冷机起动后，拆下 EGR 阀上的真空软管，发动机转速应无变化，用手触试真空软管口应无真空吸力；当发动机工作温度正常后，将转速提高到 2 000 r/min 左右，从 EGR 阀上拆下软管，发动机转速应有明显提高。若不符合上述要求，说明 EGR 系统工作不正常。

（4）通电测试。电磁阀不通电时，从通进气管侧接头吹入空气应畅通，从通大气的滤网处吹入空气应不通。当给电磁阀通电时，从通进气管侧接头吹入空气应不通，从通大气的滤网处吹入空气应畅通，否则应更换电磁阀

测量条件	正常	测量情况	测量条件	正常	测量情况
冷机转速低	无吸力		正常温度，转速 2 000 r/min 以上	有吸力	
电磁阀断电	不通		电磁阀通电	通	
结果分析					

2. EGR 阀的检测

拆下 EGR 阀，用手动真空泵给 EGR 阀膜片上方施加约 15 kPa 的真空度时，EGR 阀应能开启；不施加真空度时，EGR 阀应能完全关闭，如果不能完全关闭，检查 EGR 阀是否有积炭，如果没有积炭，则应更换 EGR 阀

实训结果	
结果分析	

3. 连接管路和真空管的检测

检查连接管路接头处是否有破损或漏气，检查真空管是否脱落或破损

实训结果	
结果分析	

续表

4. EGR 阀位置传感器的检测

起动发动机，当发动机工作温度正常后，将转速提高到 2 000 r/min 以上，用万用表测量 EGR 阀位置传感器的电压，该电压应随转速的上升而变化

实训结果	
结果分析	

（三）电子控制的 EGR 系统检修

1. 测量电磁线圈电阻

点火开关置于“OFF”，测量插座端子之间的电阻值（30 Ω）。若阻值为零，说明电磁线圈短路；若阻值为无穷大，说明电磁线圈断路，应更换 EGR 电磁阀。

2. 测量各线束的电阻值

测量插头端子与 ECU 端子之间的电阻值应该小于 1 Ω，若阻值为无穷大，说明线束断路，应更换线束

测量端子	标准值/Ω	测量值/Ω	测量端子	标准值/Ω	测量值/Ω
插座端子之间	30		插头端子与 ECU 端子	<1	
结果分析					

3. 枢轴位置传感器的检测。

（1）测电阻。测量枢轴位置传感器端子之间的电阻值，应在正常值范围内。

（2）起动发动机，当发动机工作温度正常后，将转速提高到 2 000 r/min 以上，用万用表测量枢轴位置传感器的电压，该电压应随转速的上升而变化。

实训结果	
结果分析	

故障原因和排除的方法：

三、检查与评估

1. 评估参考标准

（1）工作任务（满分 10 分）

① 明确工作任务，理解任务的重要性（9～10 分）

续表

<table>
<tr><td colspan="6">② 明确工作任务，了解任务的重要性（8分）</td></tr>
<tr><td colspan="6">③ 了解工作任务，了解任务的重要性（7分）</td></tr>
<tr><td colspan="6">④ 基本了解工作任务，基本了解任务的重要性（6分）</td></tr>
<tr><td colspan="6">⑤ 不了解工作任务，不了解任务的重要性（1～5分）</td></tr>
<tr><td colspan="6">（2）工作计划（满分10分）</td></tr>
<tr><td colspan="6">① 根据工作任务制订详细的工作计划（9～10分）</td></tr>
<tr><td colspan="6">② 根据工作任务制订较详细的工作计划（8分）</td></tr>
<tr><td colspan="6">③ 根据工作任务制订可执行的工作计划（7分）</td></tr>
<tr><td colspan="6">④ 根据工作任务制订一般的工作计划（6分）</td></tr>
<tr><td colspan="6">⑤ 工作计划不全（1～5分）</td></tr>
<tr><td colspan="6">（3）任务实施（满分70分）</td></tr>
<tr><td colspan="6">① 操作规范、过程完整、数据正确（63～70分）</td></tr>
<tr><td colspan="6">② 操作规范、过程完整、数据基本正确（56～63分）</td></tr>
<tr><td colspan="6">③ 操作规范、过程较完整、数据基本正确（49～56分）</td></tr>
<tr><td colspan="6">④ 操作基本规范、过程基本完整、数据基本正确（42～49分）</td></tr>
<tr><td colspan="6">⑤ 操作不规范、过程不完整、数据基本正确（1～42分）</td></tr>
<tr><td colspan="6">（4）自我评价（满分10分）</td></tr>
<tr><td colspan="6">2. 小组考核</td></tr>
<tr><td>工作任务</td><td colspan="2">工作计划</td><td colspan="2">任务实施</td><td>总分</td></tr>
<tr><td></td><td colspan="2"></td><td colspan="2"></td><td></td></tr>
<tr><td colspan="6">3. 教师考核</td></tr>
<tr><td>工作任务</td><td colspan="2">工作计划</td><td colspan="2">任务实施</td><td>总分</td></tr>
<tr><td></td><td colspan="2"></td><td colspan="2"></td><td></td></tr>
<tr><td>小组考核（40%）</td><td>录分人</td><td>教师考核（60%）</td><td>录分人</td><td>平均得分</td><td>统分人</td></tr>
<tr><td></td><td></td><td></td><td></td><td></td><td></td></tr>
</table>

任务 4　三元催化转化器的故障检修

【任务目标】

1. 知识目标

（1）了解三元催化转化器的功用。

（2）掌握三元催化转化器的结构和工作原理。

（3）掌握三元催化转化器的故障检测和排除方法。

2. 能力目标

（1）能在车上准确找到三元催化转化器所在的位置。

（2）能利用检测仪器或设备进行三元催化转化器的故障检测和排除。

（3）能正确拆卸和安装三元催化转化器。

3. 素质目标

（1）具有严谨认真、实事求是的科学态度。

（2）能自主学习新知识、新技能。

（3）具有高度的职业责任心和安全意识，遵章守纪、规范操作。

（4）具有较强信息搜集能力，会查找汽车维修手册和相关国家标准。

（5）具有团队协作和吃苦耐劳的精神。

【案例导入】

一辆丰田卡罗拉小轿车动力性能下降、燃油消耗增加、排气有异味。

【案例分析】

当三元催化转化器堵塞较严重时，会影响到氧传感器的正常工作，从而导致发动机油耗增加；由于排气受阻，燃烧的废气不能彻底排出气缸，影响到进入气缸的混合气的数量和成分，从而导致发动机动力性下降，排气有异味。

【知识链接】

1. 三元催化转化器的功用

三元催化转化器（TWC）是汽油发动机最重要的机外净化装置，它可将汽车尾气排出的 CO，HC 和 NO_x 等有害气体通过氧化和还原作用转变为无害的二氧化碳、水和氮气，从而减少尾气中有害物质的排放。

三元催化转化器安装在排气总管上，其外形如图 4-4-1 所示。

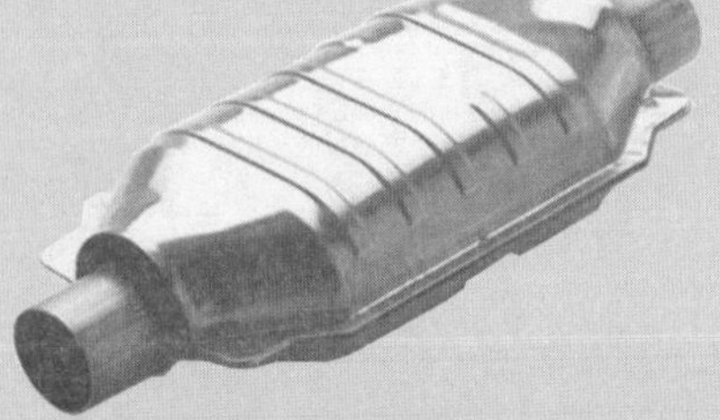

图 4-4-1　三元催化转化器

2. 三元催化转化器的结构和工作原理

1）三元催化转化器的结构

三元催化转化器的外面用双层不锈薄钢板制成筒形。在双层薄板夹层中装有绝热材料——石棉纤维毡。内部在网状隔板中间装有净化剂，净化剂包括载体和催化剂两部分。载体一般由三氧化二铝制成，其形状有球形、多棱体形和网状隔板等。实际上起催化作用的催化剂，使用的材料为金属铂、铑、铬等一些贵金属以及稀土材料，将其中一种喷涂在载体上。网状型三元催化转化器的结构如图4-4-2所示。

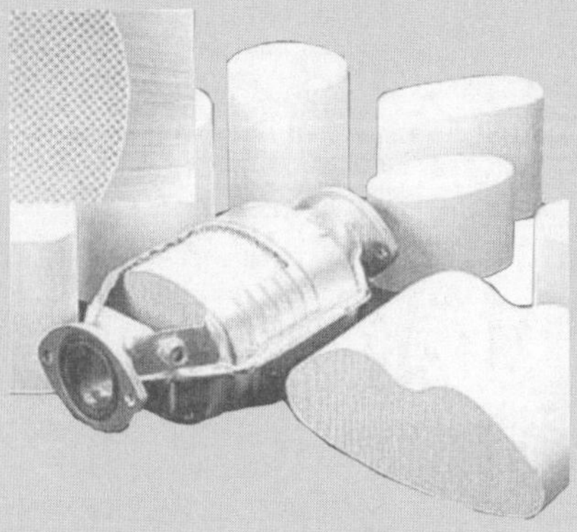

图 4-4-2　三元催化转化器的结构

2）三元催化转化器的工作原理。

三元催化转化器可将三种有害物质转换成无害物质，NO_x 发生还原反应，CO、HC 与 O_2 发生氧化反应，化学反应方程式如下:

$$NO_x \longrightarrow N_2+O_2$$

$$CO+O_2 \longrightarrow CO_2$$

$$HC+O_2 \longrightarrow H_2O+CO_2$$

三元催化转化器的转换效率与混合气浓度的关系如图4-4-3所示。

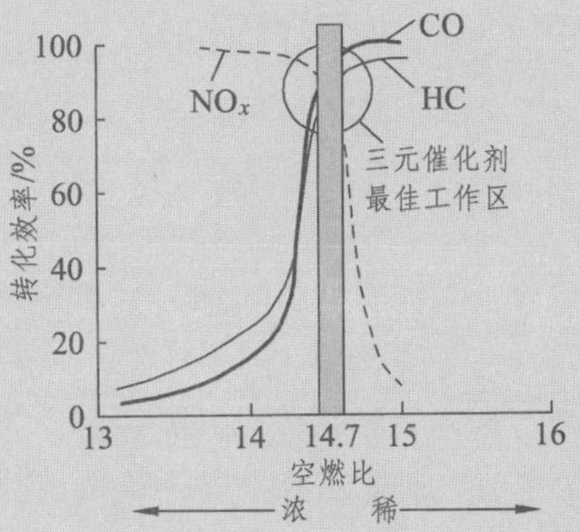

图 4-4-3　TWC 的转换效率与混合气浓度的关系

（1）随着混合气空燃比的增大，NO_x 转换率由高变低，CO 和 HC 转换率由低变高。

（2）当混合气空燃比在 14.7 左右时，NO_x，CO 和 HC 转换率都比较高，该区域称为三元催化转化器最佳工作区。

3. 三元催化转化器的检修

1）外观检查

（1）检查催化转化器在行驶中是否受到损伤以及是否过热。将车辆升起之后，观察催化转化器表面是否有凹陷，如有明显的凹痕和剐擦。则说明催化转化器的载体可能受到损伤。观察催化转化器外壳上是否有严重的褪色斑点或略有成青色和紫色的痕迹，在催化转化器防护罩的中央是否有非常明显的暗灰斑点，如有则说明催化转化器曾处于过热状态，需做进一步的检查。

（2）用拳头敲击并晃动催化转化器，如果听到有物体移动的声音，则说明其内部催化剂载体破碎，需要更换催化转化器。同时，要检查催化转化器是否有裂纹，各连接是否牢固，各类导管是否有泄漏，如有则应及时加以处理。此方法简单有效，可快速检查催化转化器的机械故障。

由于催化剂载体破损剥落、油污聚集，容易阻塞载体的通道，使流动阻力增大，这时可通过测量其压力损失来进行检查。

2）背压试验

在催化转化器前端排气管的适当位置上打一个孔，接出一个压力表，起动发动机，在怠速和 2 500 r/min 时，分别测量排气背压，如果排气背压不超过发动机所规定的限值，则表明催化剂载体没有被阻塞。如果排气背压超过发动机所规定的限值，则需将催化转化器后端的排气系统拆掉，重复以上的试验。

如果催化转化器阻塞，排气背压将超过发动机所规定的限值。如果排气背压下降，则说明消声器或催化转化器下游的排气系统出现问题，破碎的催化剂载体滞留在下游的排气系统中，所以首先进行外观检查确认催化剂载体完整是非常必要的。对有问题的排气管、消声器和催化转化器也可通过测量其前后的压力损失来判断。

3）真空试验

将真空表接到进气歧管，起动发动机，使其从怠速逐渐升至 2 500 r/min，观察真空表的变化，如果这时真空度下降，则保持发动机转速 2 500 r/min 不变，且此后真空度读数明显下降，则说明催化转化器有阻塞。因为催化转化器的阻塞在真空试验中是一个渐变的过程，而此试验是一个稳态的过程（2 500 r/min），真空度读数不会产生明显的下降。如果是在试验室进行一个催化转化器阻塞前后的对比检查，催化转化器阻塞后，进气歧管真空度会发生明显下降，如果进气歧管真空度下降，并不能完全说明是由催化转化器阻塞造成的。发动机供油量减少时，进气歧管的真空度也会下降。因此与真空试验相比，排气背压试验更能真实地反映催化转化器的情况。

以上方法只能检查催化转化器机械故障，催化转化器的性能好坏，也就是其转化效率的高低，则需要通过下列的检查来判断。

4）加热法

催化转化器在正常工作状态下，由于氧化反应产生了大量的反应热，因此可通过温差对比来判断催化转化器性能的好坏。起动发动机，预热至正常工作温度，将发动机转速维持在 2 500 r/min 左右，将车辆举升，用数字式温度计（接触式或接触式红外线激光温度计）测量催化转化器进口和出口的温度，需尽量靠近催化转化器（50 mm 内）。催化转化器出口的温度应至少高于进口温度 10%～15%，大多数正常工作的催化转化器，其催化转化器出口的温度高于进口温度 20%～25%。如果车辆在主催化转化器之前还安装了副催化转化器，主催化转化器出口温度应高于进口温度 15%～20%，如果出口温度差低于以上的范围，则催化转化器工作不正常，需更换；如果出口温度值超过以上范围，则说明废气中含有异常高浓度的 CO 和 HC，需对发动机本身做进一步的检查。

5）其他方法

通过对比整车排放情况来判断催转化器效率的方法是不科学的。因为汽车排放的好坏与各系统的工作状况有关，不可排除的干扰因素较多。如用冷热怠速时的排气浓度变化来检查催化转化器转化效率就是不太准确的。发动机冷车时，由于汽缸壁较冷，燃烧不完全而产生大量的 CO 和 HC；而发动机热车怠速时，由于燃烧条件好转，发动机已处于闭环控制状态，不需要催化转化器的作用，排气浓度也会大大降低。因此，此项检查不能保证仅仅针对催化转化器的转化效率，可比性较差。

【任务小结】

本任务介绍了三元催化转化器的功用，重点讲述了三元催化转化器的组成、工作原理及故障检修。通过本任务的学习，学生需了解三元催化转化器的功用，掌握三元催化转化器的组成、工作原理及故障检修方法。

【课后习题】

1. 简述三元催化转化器的功用。
2. 简述三元催化转化器的组成和工作原理。
3. 简述三元催化转化器故障检修方法。

【任务实施】

1. 任务准备

（1）实训设备：电控发动机台架或轿车。

（2）实训工具：通用拆装工具。

（3）实训资料：实训工作页、维修手册、教材等。

（4）辅助材料：翼子板三件套防护套。

2. 实施步骤

1）车辆基本检查

（1）实训车辆安全防护。

（2）登记车辆基本信息。

（3）车辆油、水、电基本检查。

2）三元催化转化器故障检修（见表 4-4-1）

表 4-4-1　三元催化转化器故障检修任务工单

<table>
<tr><td>姓　名</td><td colspan="2"></td><td>学　号</td><td></td><td>分组号</td><td></td></tr>
<tr><td>实训时间</td><td colspan="2"></td><td>工具编号</td><td></td><td>设备编号</td><td></td></tr>
<tr><td colspan="7">一、计划与决策</td></tr>
<tr><td rowspan="2">任务分工</td><td>组长</td><td>主要操作</td><td>辅助操作</td><td>7S 管理</td><td>质检</td><td>备注</td></tr>
<tr><td></td><td></td><td></td><td></td><td></td><td></td></tr>
<tr><td colspan="4">检测和诊断步骤</td><td colspan="3">工具、仪器设备</td></tr>
<tr><td colspan="4">1.</td><td colspan="3"></td></tr>
<tr><td colspan="4">2.</td><td colspan="3"></td></tr>
<tr><td colspan="4">3.</td><td colspan="3"></td></tr>
<tr><td colspan="4">4.</td><td colspan="3"></td></tr>
<tr><td colspan="4">5.</td><td colspan="3"></td></tr>
<tr><td colspan="7">二、任务实施</td></tr>
<tr><td colspan="7">（一）车辆基本检查</td></tr>
<tr><td colspan="3">实训车辆或台架的安全防护</td><td colspan="4"></td></tr>
<tr><td colspan="3" rowspan="3">实训车辆或台架基本信息</td><td colspan="4">车辆或台架品牌：</td></tr>
<tr><td colspan="4">车辆识别码或台架号：</td></tr>
<tr><td colspan="4">发动机型号：</td></tr>
<tr><td colspan="4">实训车辆或台架油、水、电的检查</td><td colspan="3">正常 □　不正常 □</td></tr>
<tr><td>读取故障码</td><td colspan="2">1.</td><td>2.</td><td>3.</td><td colspan="2">4.</td></tr>
<tr><td colspan="7">（二）外观检查</td></tr>
<tr><td>检查结果</td><td colspan="6"></td></tr>
</table>

续表

结果分析	
（三）背压试验	
试验结果	
结果分析	
（四）真空试验	
试验结果	
结果分析	
（五）加热法	
测试结果	
结果分析	
（六）其他方法	
测试结果	
结果分析	
故障原因和排除的方法：	
三、检查与评估	
1. 评估参考标准	
（1）工作任务（满分 10 分）	
① 明确工作任务，理解任务的重要性（9～10 分）	
② 明确工作任务，了解任务的重要性（8 分）	
③ 了解工作任务，了解任务的重要性（7 分）	
④ 基本了解工作任务，基本了解任务的重要性（6 分）	
⑤ 不了解工作任务，不了解任务的重要性（1～5 分）	

续表

（2）工作计划（满分 10 分）					
① 根据工作任务制订详细的工作计划（9～10 分）					
② 根据工作任务制订较详细的工作计划（8 分）					
③ 根据工作任务制订可执行的工作计划（7 分）					
④ 根据工作任务制订一般的工作计划（6 分）					
⑤ 工作计划不全（1～5 分）					
（3）任务实施（满分 70 分）					
① 操作规范、过程完整、数据正确（63～70 分）					
② 操作规范、过程完整、数据基本正确（56～63 分）					
③ 操作规范、过程较完整、数据基本正确（49～56 分）					
④ 操作基本规范、过程基本完整、数据基本正确（42～49 分）					
⑤ 操作不规范、过程不完整、数据基本正确（1～42 分）					
（4）自我评价（满分 10 分）					
2. 小组考核					
工作任务	工作计划		任务实施		总分
3. 教师考核					
工作任务	工作计划		任务实施		总分
小组考核（40%）	录分人	教师考核（60%）	录分人	平均得分	统分人

任务 5　二次空气喷射系统的故障检修

【任务目标】

1. 知识目标

（1）了解二次空气喷射系统的功用。

（2）掌握二次空气喷射系统的组成和工作原理。

（3）掌握二次空气喷射系统的故障检测和排除方法。

2. 能力目标

（1）能在车上准确找到二次空气喷射系统所在的位置。

（2）能利用检测仪器或设备进行二次空气喷射系统的故障检测和排除。

（3）能正确拆卸和安装二次空气喷射系统。

3. 素质目标

（1）具有严谨认真、实事求是的科学态度。

（2）能自主学习新知识、新技能。

（3）具有高度的职业责任心和安全意识，遵章守纪、规范操作。

（4）具有较强信息搜集能力，会查找汽车维修手册和相关国家标准。

（5）具有团队协作和吃苦耐劳的精神。

【案例导入】

一辆 2011 款 1.6L 手动舒适款宝来小轿车，行驶里程 4.6 万 km，发动机故障灯亮。

【案例分析】

维修人员用故障诊断仪检测发现故障码 16795——二次空气喷射驱动器电路故障。

【知识链接】

1. 二次空气喷射系统的功用和分类

1）二次空气喷射系统的功用

二次空气喷射（Air Injection，AI）系统的功能：在一定工况下，将一定量的新鲜空气送入排气管，促使发动机排出废气中的 CO 和 HC 进一步氧化，从而降低汽车废气中有害物的排放量。起动工况下，二次空气喷射系统还可以加快三元催化转换器的升温，使发动机尽快进入空燃比闭环控制过程，从而改善发动机的工作性能。

二次空气喷射系统只在发动机冷/热起动后一段时间工作，冷启动工作 100 s，热启动 10 s。

2）二次空气喷射系统的分类

（1）按其空气喷入的部位分。

① 新鲜空气被喷入排气歧管的基部，即排气歧管与汽缸体相连接的部位，因此，排气中的 HC、CO 只能从排气歧管开始被氧化。

② 新鲜空气通过气缸盖上的专设管道喷入排气门后汽缸盖内的排气通道内，排气中 HC、CO 的氧化更早进行。

（2）按照结构和工作原理的不同分。

① 空气泵型。

② 吸气器型。

2. 空气泵型二次空气喷射系统的组成和工作原理

1）组　成

空气泵型二次空气喷射系统主要由空气过滤器、二次空气泵、发动机控制单元、二次空气继电器、二次空气控制阀和二次空气组合阀组成。图 4-5-1 所示为宝来小轿车二次空气喷射系统。

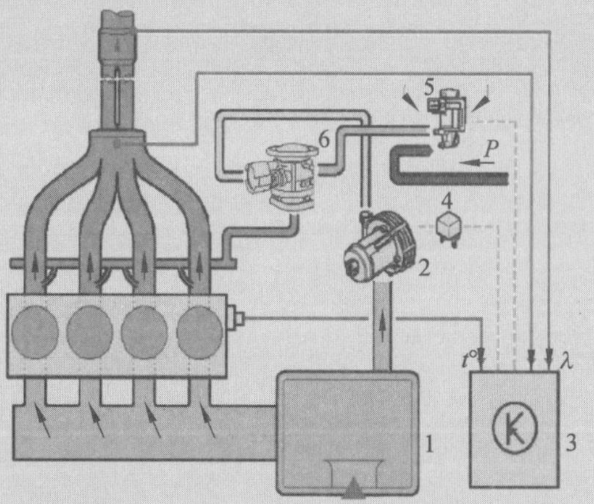

1—空气滤清器；2—空气泵；3—ECU；4—继电器；5—喷射阀；6—组合阀。

图 4-5-1　空气泵型二次空气喷射系统

2）工作原理

宝来小轿车二次空气喷射系统的控制电路如图 4-5-2 所示，其工作原理如下：

（1）发动机控制单元激活二次空气喷射系统开始工作，发动机控制单元输出信号（T121/9）控制二次空气喷射进气阀 N112 工作，阀门打开，压力 P 经过阀体到达二次空气组合阀，在负压的作用下组合阀打开。

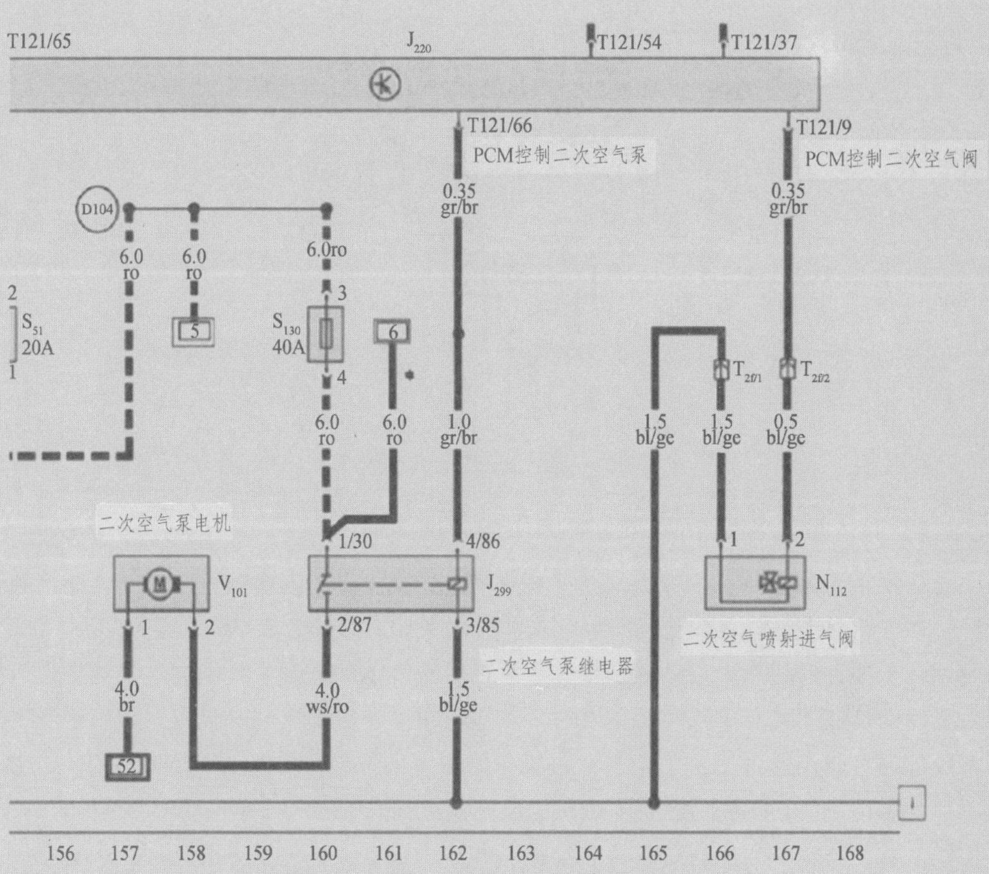

图 4-5-2　宝来二次空气喷射系统的控制电路

（2）控制单元控制二次空气泵继电器 J299 工作，继电器工作后接通二次空气泵电机 V110 的电源，使二次空气泵电机工作，二次空气泵电机把经过空气滤清器的干净新鲜空气输送到二次空气组合阀，因为二次空气组合阀已经打开，所以空气经过二次空气组合阀直接输送到排气歧管内。

（3）当二次空气喷射系统完成时，发动机控制单元控制二次进气阀 N112 停止工作并关闭阀门。由于阀门是关闭的，二次空气组合阀将在没有压力 *P* 驱动的情况下停止工作。如果阀门关闭，从发动机排出的废气将被阀门堵塞，不会通过管道冲进发动机进气系统。同时，发动机控制单元也断开了对二次空气泵继电器 J299 的控制，继电器不工作，二次空气喷射泵电机将在没有电源的情况下停止工作。

3. 吸入型二次空气喷射系统的组成和工作原理

1）吸入型二次空气喷射系统的组成

吸入型二次空气喷射系统主要由电磁阀、ECU、空气滤清器、舌簧阀、真空气室、单向阀、连接管道等组成，如图 4-5-3 所示。

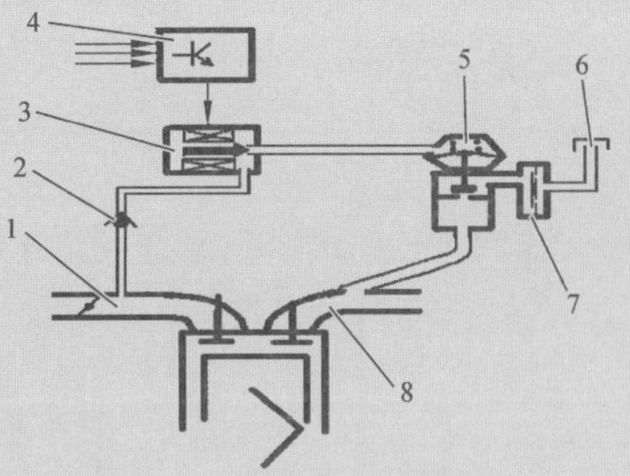

1—进气管；2—单向阀；3—电磁阀；4—ECU；5—真空气室；
6—空气滤清器；7—舌簧阀；8—排气管。

图 4-5-3　吸入型二次空气喷射系统

2）吸入型二次空气喷射系统的工作原理

该系统不是应用空气泵泵送空气进入喷射歧管，而是应用排气压力的脉冲将新鲜空气吸入排气系统。研究发现，每次排气门关闭时，都会有这么一个很短的时间周期，在该时间周期内，排气孔和排气歧管内的气压都低于大气压力，也就是说产生了一个负压（真空）脉冲。利用这个真空脉冲，经空气滤清器吸入一定量空气进入排气歧管，用这部分空气中的氧去氧化排气中的 HC 和 CO。起动时，ECU 给电磁线圈供电，由电控单元控制电磁阀的打开及关闭，电磁阀与单向阀（也称检查阀）相连，由于排气中的压力是正负交替的脉冲压力波，当排气压力为负时，来自空气滤清器的空气进入排气管；当压力为正时，单向阀关闭，空气不能返回。

4. 空气泵型二次空气喷射系统故障检修（以宝来为例）

1）二次空气喷射阀（N112）的检修

宝来小轿车二次空气喷射阀如图 4-5-4 所示。

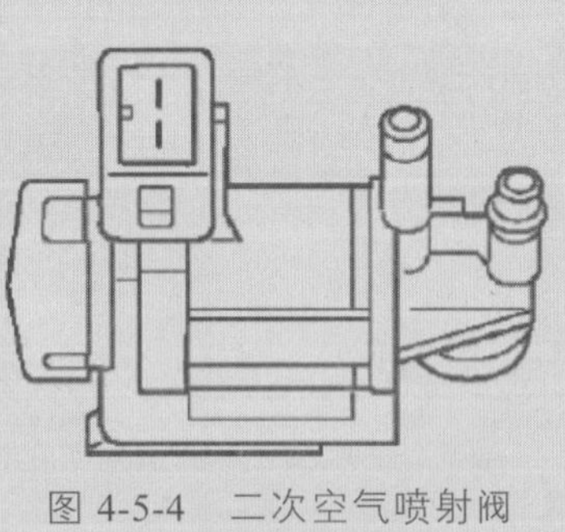

图 4-5-4　二次空气喷射阀

（1）读取故障码：通过诊断仪检测喷射阀。

（2）自诊断：通过诊断仪动作测试进行自诊断功能，如果无故障码，且动作测试正常则可以判断二次空气喷射阀电路部分无故障。

（3）管路检查：检查真空管、软管是否破损或漏气。

（4）电路检测：点火开关处于“OFF”，拔下二次进气阀的线束，用万用表测量 N112 的电阻值，应在标准值的范围内；测量二次进气阀控制回路线束电阻，电阻值应小于 1 Ω。将测量结果填入表 4-5-1 中。

表 4-5-1　电阻测量

测量端子	标准值/Ω	测量值/Ω	测量端子	标准值/Ω	测量值/Ω
N122/1—N122/2	30 ~ 40		N122/2—J121/9	<1	

2）二次空气组合阀的检修

二次空气组合阀如图 4-5-5 所示。

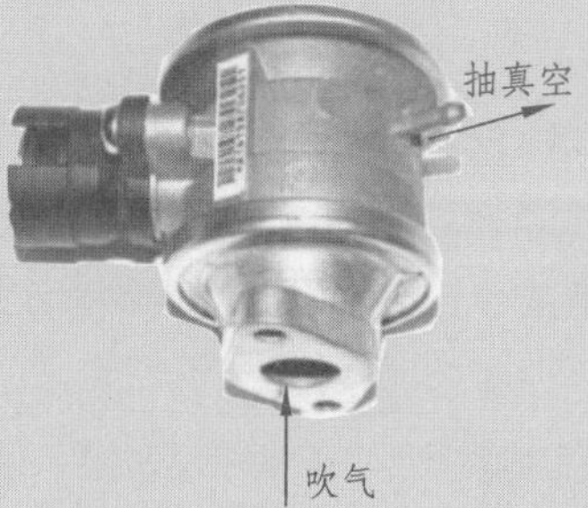

图 4-5-5　二次空气组合阀

二次空气组合阀的常见故障是阀卡死，主要原因是排气侧积炭和进气侧含有水分导致阀体生锈。二次空气组合阀检测方法如下：

（1）密封性检查。在组合阀出气口处向阀体内吹气，正常的阀体为了隔绝废气窜入进气管应该是紧闭，密封良好的，如果阀体不能紧密关闭，就会出现故障，需要更换。

（2）动作试验。将真空泵接在真空管接口抽真空，阀体应能顺利开启。如先前的工作原理所述，二次注气阀接通后，将出现由二次进气阀控制的负压 P。当负压到达二次空气组合阀时，在压力作用下，二次空气组合阀的阀门将被打开。如果不能打开或缓慢打开，则需要更换。

3）二次空气泵继电器检修

二次空气泵继电器位于发动机舱继电器盒内，它的作用是为二次空气泵提供电源，控制二次空气泵工作。

（1）电阻测量。点火开关处于“OFF”，拔下继电器，用万用表的欧姆挡测量继电器端子 3、4 之间的电阻值，应在规定的范围内；测量端子 1、2 之间的电阻，应为无穷大。测量线束的电阻值，各线束的电阻值应小于 1 Ω。

（2）点火开关处于“ON”，测量插座端子 1 与搭铁之间的电压，正常值为 12 V，如果电压为 0，说明线束有问题。

（3）通电测试。拔下继电器之后，在继电器端子 3、4 之间加 12 V 电压，此时应听到继电器吸合的声音；否则，继电器损坏。

将测试结果填入表 4-5-2 中。

表 4-5-2　继电器检测

测量端子	正常值	测量值	测量端子	正常值	测量值
J299/3—4	33～39		线束电阻	<1 Ω	
J299/1—搭铁	12		通电测试	有吸合声	

4）二次空气泵检修

将 12 V 电压加载在二次空气泵的单元端子之间，如果二次空气泵不能正常工作，说明二次空气泵有故障，需要更换。

【任务小结】

本任务介绍了二次空气喷射系统的功用和分类，重点讲述了空气喷射系统的组成、工作原理及故障检修。通过本任务的学习，学生需了解空气喷射系统的功用，掌握空气喷射系统的组成、工作原理及故障检修方法。

【课后习题】

1. 简述二次空气喷射系统的功用和分类。
2. 简述空气泵型二次空气喷射系统的组成和工作原理。
3. 简述吸入型二次空气喷射系统的组成和工作原理。

【任务实施】

1. 任务准备

（1）实训设备：电控发动机台架或轿车。

（2）实训工具：通用拆装工具。

（3）实训资料：实训工作页、维修手册、教材等。

（4）辅助材料：翼子板三件套防护套。

2. 实施步骤

1）车辆基本检查

（1）实训车辆安全防护。

（2）登记车辆基本信息。

（3）车辆油、水、电基本检查。

2）二次空气喷射系统故障检修（见表 4-5-3）

表 4-5-3　二次空气喷射系统故障检修任务工单

<table>
<tr><td>姓　名</td><td colspan="2"></td><td colspan="2">学　号</td><td></td><td>分组号</td><td></td></tr>
<tr><td>实训时间</td><td colspan="2"></td><td colspan="2">工具编号</td><td></td><td>设备编号</td><td></td></tr>
<tr><td colspan="9">一、计划与决策</td></tr>
<tr><td rowspan="2">任务分工</td><td>组长</td><td>主要操作</td><td colspan="2">辅助操作</td><td>7S 管理</td><td colspan="2">质检</td><td>备注</td></tr>
<tr><td></td><td></td><td colspan="2"></td><td></td><td colspan="2"></td><td></td></tr>
<tr><td colspan="5">检测和诊断步骤</td><td colspan="4">工具、仪器设备</td></tr>
<tr><td colspan="5">1.</td><td colspan="4"></td></tr>
<tr><td colspan="5">2.</td><td colspan="4"></td></tr>
<tr><td colspan="5">3.</td><td colspan="4"></td></tr>
<tr><td colspan="5">4.</td><td colspan="4"></td></tr>
<tr><td colspan="5">5.</td><td colspan="4"></td></tr>
<tr><td colspan="9">二、任务实施</td></tr>
<tr><td colspan="9">（一）车辆基本检查</td></tr>
<tr><td colspan="3">实训车辆或台架的安全防护</td><td colspan="6"></td></tr>
<tr><td colspan="3" rowspan="3">实训车辆或台架基本信息</td><td colspan="6">车辆或台架品牌：</td></tr>
<tr><td colspan="6">车辆识别码或台架号：</td></tr>
<tr><td colspan="6">发动机型号：</td></tr>
<tr><td colspan="4">实训车辆或台架油、水、电的检查</td><td colspan="5">正常 □　　不正常 □</td></tr>
<tr><td>读取故障码</td><td colspan="2">1.</td><td colspan="2">2.</td><td colspan="2">3.</td><td colspan="2">4.</td></tr>
<tr><td colspan="9">（二）二次空气喷射阀（N112）的检修</td></tr>
<tr><td colspan="9">（1）点火开关处于“OFF”，拔下二次进气阀的线束，用万用表测量 N112 的电阻值，应在标准值的范围内；测量二次进气阀控制回路线束电阻，电阻值应小于 1 Ω</td></tr>
</table>

续表

测量端子	标准值/Ω	测量值/Ω	测量端子	标准值/Ω	测量值/Ω
N122/1—N122/2	33 ~ 39		N122/2—J121/9	<1	
（2）管路检查。检查真空管、软管是否破损或漏气					
检查结果					
结果分析					
（三）二次空气组合阀的检修					
（1）密封性检查。在组合阀出气口处向阀体内吹气，正常的阀体为了隔绝废气窜入进气管应该是紧闭，密封良好。如果阀体不能紧密关闭，就会出现故障，需要更换					
检测结果					
结果分析					
（2）动作试验。将真空泵接在真空管接口抽真空，阀体应能顺利开启					
检测结果					
结果分析					
（四）二次空气泵继电器检修					
（1）电阻测量。点火开关处于“OFF”，拔下继电器，用万用表的欧姆挡测量继电器端子3、4之间的电阻值，应在规定的范围内；测量端子1、2之间的电阻，应为无穷大；测量线束的电阻值，各线束的电阻值应小于1 Ω。 （2）点火开关处于“ON”，测量插座端子1与搭铁之间的电压，正常值为12 V，如果电压为0，说明线束有问题。 （3）通电测试。拔下继电器之后，在继电器端子3、4之间加12 V电压，此时应听到继电器吸合的声音；否则，继电器损坏					
检测结果					
结果分析					
（五）二次空气泵检修					
检测结果					
结果分析					
故障原因和排除的方法：					

续表

三、检查与评估					
1. 评估参考标准					
（1）工作任务（满分 10 分）					
① 明确工作任务，理解任务的重要性（9 ~ 10 分）					
② 明确工作任务，了解任务的重要性（8 分）					
③ 了解工作任务，了解任务的重要性（7 分）					
④ 基本了解工作任务，基本了解任务的重要性（6 分）					
⑤ 不了解工作任务，不了解任务的重要性（1 ~ 5 分）					
（2）工作计划（满分 10 分）					
① 根据工作任务制订详细的工作计划（9 ~ 10 分）					
② 根据工作任务制订较详细的工作计划（8 分）					
③ 根据工作任务制订可执行的工作计划（7 分）					
④ 根据工作任务制订一般的工作计划（6 分）					
⑤ 工作计划不全（1 ~ 5 分）					
（3）任务实施（满分 70 分）					
① 操作规范、过程完整、数据正确（63 ~ 70 分）					
② 操作规范、过程完整、数据基本正确（56 ~ 63 分）					
③ 操作规范、过程较完整、数据基本正确（49 ~ 56 分）					
④ 操作基本规范、过程基本完整、数据基本正确（42 ~ 49 分）					
⑤ 操作不规范、过程不完整、数据基本正确（1 ~ 42 分）					
（4）自我评价（满分 10 分）					
2. 小组考核					
工作任务	工作计划	任务实施	总分		
3. 教师考核					
工作任务	工作计划	任务实施	总分		
小组考核（40%）	录分人	教师考核（60%）	录分人	平均得分	统分人

任务 6　氧传感器的故障检修

【任务目标】

1. 知识目标

（1）了解氧传感器的功用和分类。

（2）掌握氧传感器的组成和工作原理。

（3）掌握氧传感器的故障检测和排除方法。

2. 能力目标

（1）能在车上准确找到氧传感器所在的位置。

（2）能利用检测仪器或设备进行氧传感器的故障检测和排除。

（3）能正确拆卸和安装氧传感器系统。

3. 素质目标

（1）具有严谨认真、实事求是的科学态度。

（2）能自主学习新知识、新技能。

（3）具有高度的职业责任心和安全意识，遵章守纪、规范操作。

（4）具有较强信息搜集能力，会查找汽车维修手册和相关国家标准。

（5）具有团队协作和吃苦耐劳的精神。

【案例导入】

一辆卡罗拉轿车，发动机出现发动机怠速不稳、缺火、喘振，油耗和排气污染增加等故障现象。

【案例分析】

维修人员用故障诊断仪检测发现故障为氧传感器或线路故障。氧传感器一旦出现故障，将使电子燃油喷射系统的 ECU 不能得到排气管中氧浓度的信息，因而不能对空燃比进行正确的反馈控制，从而导致发动机出现怠速不稳、缺火、喘振，油耗和排气污染增加等故障现象。

【知识链接】

1. 氧传感器的功用和分类

1）氧传感器的功用

氧传感器（Oxygen Sensor，O2S）的功用是测量发动机排气中的氧含量，并将该信号转变为电信号输入 ECU。如果氧的含量高，输出电压就低；如果氧的含量低，输出电压就高。ECU 根据氧传感器信号，对喷油时间进行修正，实现空燃比反馈控制。

氧传感器安装在排气管上，安装在三元催化转化器之前的氧传感器称为上游氧传感器，作用是监测从气缸中排出的尾气中氧的含量；安装在三元催化转化器之后的氧传感器称为下游氧传感器，作用是监测三元催化转化器的效果。

2）氧传感器的分类

（1）根据材料不同进行分类。

① 氧化钛式。氧化钛式氧传感器是利用二氧化钛材料的电阻值随排气中氧含量的变化而变化的特性制成的，故又称电阻型氧传感器

② 氧化锆式。氧化锆式氧传感器的基本元件是氧化锆陶瓷管（固体电解质），也称锆管式。

（2）按照氧传感器线束的数量分类。氧传感器可以分为 2 线、3 线、4 线、5 线、6 线等。

（3）按照氧传感器信号特性分类。

① 窄域（跃变）式。窄频式氧传感器只能检测空燃比是浓了还是稀了，或者说喷油是多了还是少了，但是并不知道具体浓多少，稀多少，电喷系统通过这个信号使喷油量在浓稀之间来回跳动控制空燃比在 14.7 附近。

② 宽频（宽域）式。随着排放监控越来越严格，出现了宽频式传感器，宽频式氧传感器可以知道具体的空燃比，喷入气缸的油浓了多少，稀了多少，从而对空燃比进行精确控制。

（4）按照氧传感器是否存在加热分类。氧传感器可以分为加热式和非加热式。传统氧传感器是不带加热的，目前已全部为带加热的。如果不带加热，刚刚起动的一段时间内，氧传感器不能快速达到正常工作条件，这不符合现阶段的国家规定。

2. 氧化锆式氧传感器的组成和工作原理

1）氧化锆式氧传感器的组成

氧化锆式氧传感器主要由氧化锆（ZrO_2）和护套组成。锆管由陶瓷体制成，固定在带有安装螺纹的固定套中。导入排插入排气管中，它的内表面与空气相通，外表面与废气相通。锆管的内、外表面覆盖一层多孔性铂膜作电极，为防止废气腐蚀铂膜，在锆管外表面的铂膜层上覆盖一层多孔陶瓷层，并有一个防护套管，套管上开有槽口或孔。氧传感器的接线端有一个金属护套，上面开有孔，使锆管内表面与空气相通，电线将锆管内表面铂极经绝缘套从传感器引出。氧化锆式氧传感器的组成如图 4-6-1 所示。

2）氧化锆式氧传感器的工作原理

锆管的陶瓷体是多孔体，氧气可以渗入该多孔体固体电解质内。温度较高时，

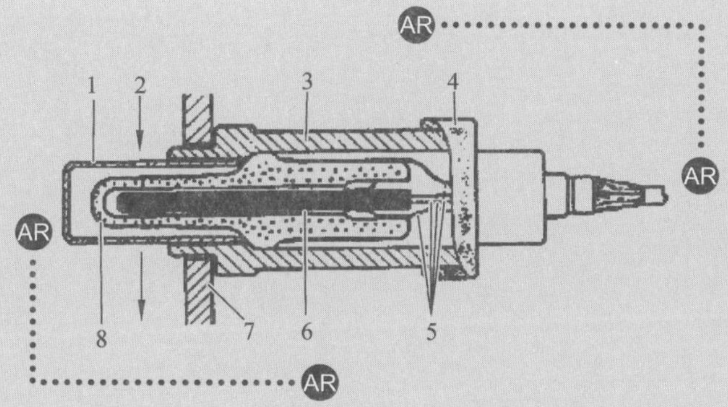

1—护管；2—废气；3—壳体；4—防水护套；5—电极引线；6—加热元件；7—排气管；8—锆管。

图 4-6-1 氧化锆式氧传感器的组成

氧气发生电离，只要锆管内（大气）外（废气）侧氧含量不一样，存在氧浓度差，则在固体电解质内部氧离子从大气一侧向排气一侧扩散，使锆管形成微电池，在锆管铂极间产生电压。当混合气稀时，排气中氧含量多，两侧氧浓度差小，产生的电压小；当混合气浓时，排气中氧含量少，锆管内、外两侧的氧浓度差大，两极间产生的电压也大。

氧化锆式氧传感器产生的电压在理想空燃比 14.7 附近产生突变。当空燃比小于 14.7 时，由于供给的是较浓的混合气，氧化锆式氧传感器输出高电平（0.9 V 左右）；当空燃比大于 14.7 时，由于供给的是较稀的混合气，氧化锆式氧传感器输出低电平（0.1 V 左右）。在发动机混合气闭环控制过程中，氧化锆式氧传感器相当于一个浓度开关，根据混合气空燃比的变化向 ECU 输入宽度变化的电脉冲信号，ECU 根据氧化锆式氧传感器反馈信号，控制喷油量，使排气中有害气体的成分减到最少。氧化锆式氧传感器的输出特性如图 4-6-2 所示。

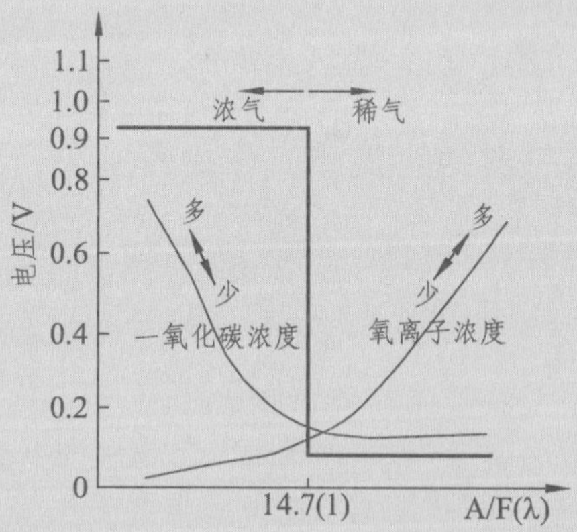

图 4-6-2 氧化锆式氧传感器的输出特性

3. 氧化钛式氧传感器的组成和工作原理

1）氧化钛式氧传感器的组成

氧化钛式氧传感器主要由加热元件、二氧化钛元件、基片、垫圈、密封圈、壳体、滑石粉填料、密封釉、护套、电极引线、连接焊点、密封衬垫、传感器引线等组成，如图 4-6-3 所示。

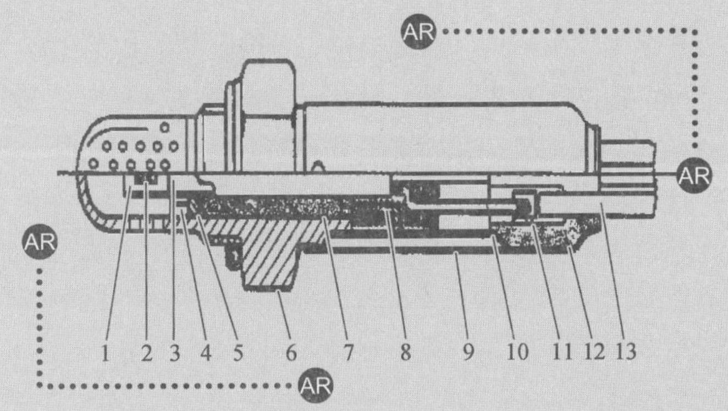

1—加热元件；2—二氧化钛元件；3—基片；4—垫圈；5—密封圈；6—壳体；7—滑石粉填料；8—密封釉；9—护套；10—电极引线；11—连接焊点；12—密封衬垫；13—传感器引线。

图 4-6-3　氧化钛式氧传感器的组成

2）氧化钛式氧传感器的工作原理

氧化钛式氧传感器与氧化锆式氧传感器的工作原理有很大的不同，它是利用多孔状导体 TiO_2 的导电性随排气中氧含量的变化而变化的特性制成的，故又称电阻性氧传感器。这种传感器的结构简单、体积小、成本低，但是在 300 ~ 900 °C 工作时，电阻值随温度变化较大，所以必须用温度补偿的方法来提高精度，通常用另一个实心 TiO_2 导体作为温度补偿。

氧化钛式氧传感器产生的电阻在过量空气系数 1 附近产生突变，当过量空气系数小于 1 时，由于供给的是较浓的混合气，氧化钛式氧传感器呈现高阻（10 MΩ 左右）；当过量空气系数大于 1 时，由于供给的是较稀的混合气，氧化钛式氧传感器呈现低阻（100 Ω 左右）。二氧化钛氧传感器的阻值在过量空气系数 1 附近处急剧变化时，信号端子输出电压也急剧地变化。ECU 根据氧化钛式氧传感器反馈信号，控制喷油量，使排气中有害气体的成分减到最少。氧化钛式氧传感器的电阻值与过量空气系数之间的关系如图 4-6-4 所示。

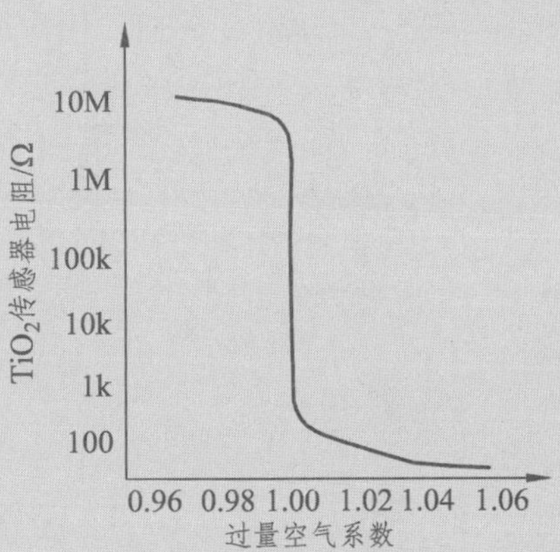

图 4-6-4　氧化钛式氧传感器的电阻值与过量空气系数之间的关系

4. 宽频式氧传感器的组成和工作原理

1）宽频式氧传感器的组成

现代汽车为了省油，都趋向于稀薄燃烧，也就是空燃比为 10～20，相当于过量空气系数为 0.686～1.405 的宽范围。这样，原有的氧传感器就无法适应，于是宽频式氧传感器诞生了，宽频式氧传感器又称空燃比传感器、线性氧传感器等，可以反馈的空燃比达到 22：1。

宽频式氧传感器安装在三元催化转化器前方，能持续测量废气中的残余氧含量，残余氧含量值被作为电压信号转发至发动机控制单元，控制单元通过调整燃油喷射来校正混合气成分。宽频式氧传感器如图 4-6-5 所示。

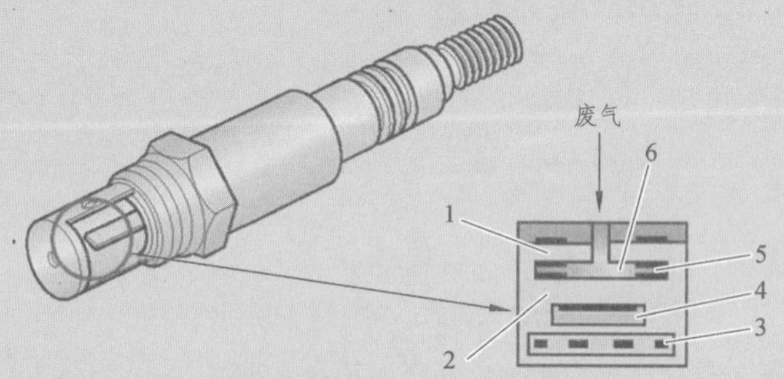

1—单元泵；2—能斯托单元；3—加热电阻；4—外界空气通道；5—测量室；6—放氧通道。

图 4-6-5　宽频式氧传感器

2）宽频式氧传感器的工作原理

（1）宽频式氧传感器的工作原理。

宽频式氧传感器的基本控制原理就是以普通氧化锆型氧传感器为基础扩展而来的。利用了氧化锆的两个特性：第一个特性是当氧化锆两侧的含氧量不同时，在氧化锆两侧的电极上产生电动势，普通氧传感器正是利用氧化锆的这一特性；第二个特性与第一个特性相反，即当在氧化锆两侧的电极上加上电压时，可以使氧离子移动。

构成宽频式氧传感器的组件有以下两个部分，如图 4-6-6 所示。

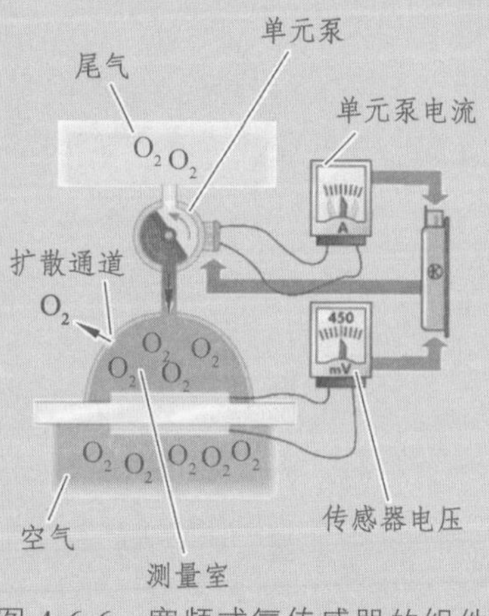

图 4-6-6　宽频式氧传感器的组件

感应室。它的一面与大气接触而另一面是测试腔，通过扩散孔与排气接触，和普通氧化锆氧传感器一样，由于测量室两侧的氧含量不同而产生一个电动势，一般的氧化锆传感将此电压作为控制单元的输入信号来控制空燃比，而宽带型氧传感器与此不同的是发动机控制单元要把测量室两侧的氧含量保持一致，让电压值维持在 0.45 V，这个电压只是控制单元的参考标准值。

单元泵。单元泵一端连排气，另一端是与测量室相连。单元泵利用氧化锆传感器的反作用原理，将电压施加于氧化锆组件（单元泵）上，这样会造成氧离子的移动，把排气中的氧泵入测试腔当中，使测量室两侧的电压值维持在 0.45 V，这个施加在单元泵上变化的电压，才是我们要的氧含量信号。如果混合气太浓，那么排气中含氧量下降，此时从扩散孔溢出的氧较多，测量室的电压升高，为达到平衡，ECU 增加控制电流使单元泵增加泵氧效率，使测试腔的氧含量增加，这样可以调节测量室的电压至 0.45 V；相反混合气太稀，则排气中的含氧量增加，这时氧要从扩散孔进入测量腔，测量室电压降低，此时单元泵向外排出氧来平衡测量腔中的含氧量，使测量室的电压维持在 0.45 V。

（2）宽频式氧传感器调整过程。

① 混合气过浓时的调整，如图 4-6-7 所示。

a. 泵入混合气过浓时，单元泵以原来的工作电流工作，测量室的氧量少。

b. 氧传感器电压值超过 450 mV。

c. ECU 控制喷油脉宽，减少喷油量

d. ECU 增大单元泵的工作电流，使单元泵旋转速度增加，增加泵氧速度。

e. 单元泵泵入测试室中的氧量增加，使氧传感器电压值恢复到 450 mV。

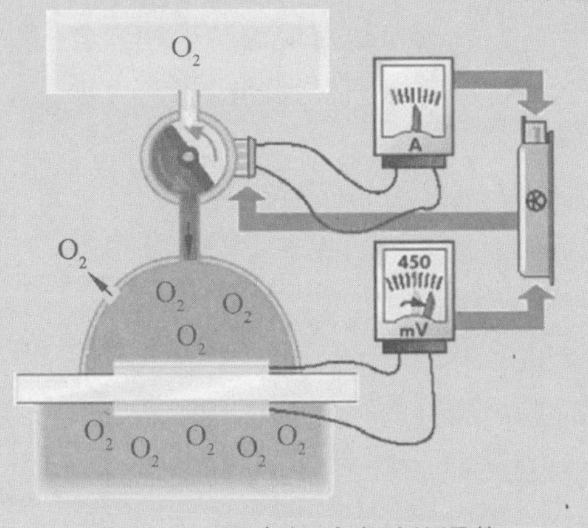

图 4-6-7　混合气过浓时的调整

② 混合气过稀时的调整（见图 4-6-8）。

a. 混合气过稀时，泵在原来的转速下会泵入较多的氧，测量室中氧的含量较多，电压值下降。

b. 氧传感器电压值低于 450 mV。

c. ECU 控制喷油脉宽，增加喷油量。

d. ECU 减少单元泵的工作电流，使单元泵旋转速度降低，减小泵氧速度。

e. 单元泵泵入测试室中的氧量减少，使氧传感器电压值恢复到 450 mV。

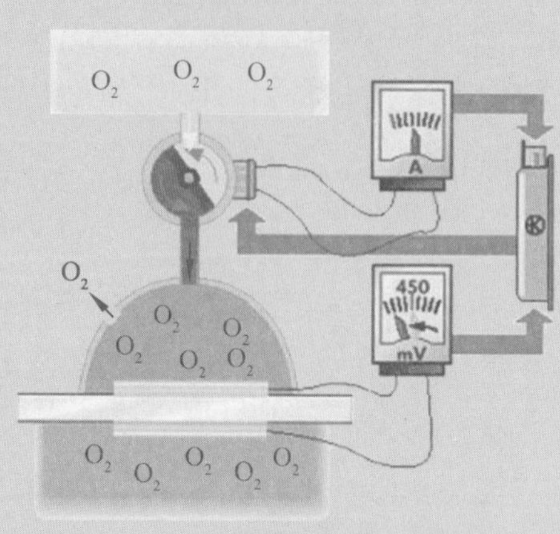

图 4-6-8　混合气过稀时的调整

5. 氧传感器故障检修

1）氧传感器的常见故障

氧传感器的常见故障有老化、积炭、化学中毒、机械损伤和电气故障等。

（1）老化。正常情况下，加热型氧传感器的使用寿命一般在 10～15 万 km，如果燃油品质不良或发动机长期带病运行，都会加速氧传感器的老化，缩短其使用寿命。

（2）积炭。如果氧传感器表面形成积炭，也会导致其信号失准。

（3）化学中毒。铅、硅、锰等化学元素都会造成氧传感器中毒。铅和锰来自品质不良的燃油，硅则来自发动机的润滑油和一些含硅的橡胶密封元件。

（4）机械损伤。当氧传感器受到较大的机械应力如撞击或强气流的冲击时，就可能会出现机械损伤。

（5）电气故障。氧传感器本身发生故障或者线路连接不良时，将会出现怠速不良、油耗升高和 CO 排放严重超标等症状。

2）氧化锆式氧传感器故障检修（以丰田卡罗拉为例）

丰田卡罗拉氧传感器的连接电路如图 4-6-9 所示。

（1）用解码器读取故障码和数据流，根据故障码的提示，制订检测和维修计划。

（2）电阻测量。点火开关置于“OFF”，拔下氧传感器的线束，测量插座端子 1、2 之间的电阻值，电阻值应该在 5～10 Ω，如果不在这个范围内，则加热电阻短路或断路。测量端子 B18/1—ECM/27、B18/3—ECM/100、B18/4—ECM/132 的电阻，电阻值应小于 1 Ω，如果不在这个范围内，则线束断路。测试完毕，将线束插头插回。将测量数据填入表 4-6-1 中。

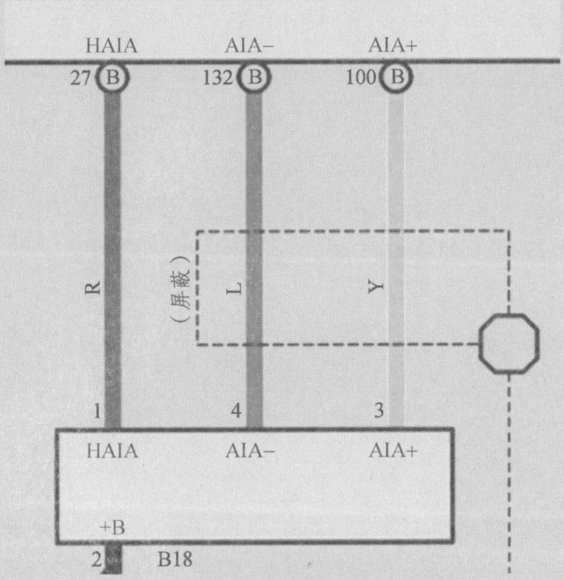

图 4-6-9　卡罗拉氧传感器的连接电路

表 4-6-1　电阻测量

测量端子	正常值/Ω	测量值/Ω	测量端子	正常值/Ω	测量值/Ω
B18/1—B18/2	5～10		B18/1—ECM/27	<1	
B18/3—ECM/100	<1		B18/4—ECM/132	<1	
结果分析					

（3）电压测量。点火开关置于“ON”，测量 B18/1 端子与搭铁端子之间的电压值，应在 12 V 左右。起动发动机，测量 B18/3—B18/4 的电压，该电压在 0.1～0.9 V 跳动。将测量数据填入表 4-6-2 中。

表 4-6-2　电压测量

测量端子	正常值/V	测量值/V	测量端子	正常值/V	测量值/V
B18/1—搭铁	12		B18/3—B18/4	0.1～0.9	
结果分析					

（4）示波器读取波形。起动发动机，将示波器与信号端子相连，读取氧传感器的波形，氧传感器信号电压高、低电平之间变化应不低于 10 次/min。

3）宽频氧传感器故障检修

（1）加热器电路的检查。

加热器电路有两条线，一条是 B+蓄电池或充电电压，另一条是 PCM 的接地线，这样可以用电流钳和示波器测量其电流变化来判断。

（2）传感器信号电路的检查。

方法一：采用万用表的电压挡测量两根信号线，其中一根电压值应该是 3.0 V，另一根线的电压值应该是 3.3 V，如果电压值不正确，可能是线路开路或短路或ECM 有故障。

方法二：改变混合气浓度并测量两根线间的电压降，正常的情况会在 0 和 1.0 V 之间变化（测试时，要保证工作温度正常）。

方法三：在其中一根信号线上串联一个数字万用表，并调到电流挡的毫安量程上，改变混合气浓度，观察电流值，电流一定会随着混合气从浓到稀而从正变为负值。

（3）流量泵传感器的检测。

检查流量泵传感器性能时最好用诊断仪和废气分析仪配合使用，如果诊断仪的空燃比参数与废气分析仪的值不匹配时，则需要进一步检查。检查方法和步骤如下：

① 分开传感器线束接头，用万用表检查泵单元输出和输入线路之间的修正电阻，其值应该在 30 ~ 300 Ω。

② 把传感器的接头插上，用万用表检查参考电压，其值应该在 2.4 ~ 2.7 V。

③ 检查泵单元和氧化锆单元信号。用一个双通道示波器，连接示波器的地线到搭铁点。接着连接一个通道到氧化锆单元信号线，另一个通道连接泵单元输入信号。氧化锆单元信号电压应该一直保持在 0.45 V。在混合气从最浓变为稀时，会产生一个大于 1.0 V 的电压变化。

【任务小结】

本任务介绍了氧传感器的功用和分类，重点讲述了氧传感器的组成、工作原理及故障检修。通过本任务的学习，学生需了解氧传感器的功用，掌握氧传感器的组成、工作原理及故障检修方法。

【课后习题】

1. 简述氧传感器的功用和分类。
2. 简述氧化锆式氧传感器的组成和工作原理。
3. 简述氧化钛式氧传感器的组成和工作原理。
4. 简述宽频式氧传感器的组成和工作原理。

【任务实施】

1. 任务准备

（1）实训设备：电控发动机台架或轿车。

（2）实训工具：通用拆装工具。

（3）实训资料：实训工作页、维修手册、教材等。

（4）辅助材料：翼子板三件套防护套。

2. 实施步骤

1）车辆基本检查

（1）实训车辆安全防护。

（2）登记车辆基本信息。

（3）车辆油、水、电基本检查。

2）氧传感器故障检修（见表 4-6-3）

表 4-6-3　氧传感器故障检修任务工单

<table>
<tr><td>姓　名</td><td colspan="2"></td><td>学　号</td><td></td><td>分组号</td><td></td></tr>
<tr><td>实训时间</td><td colspan="2"></td><td>工具编号</td><td></td><td>设备编号</td><td></td></tr>
<tr><td colspan="7">一、计划与决策</td></tr>
<tr><td rowspan="2">任务分工</td><td>组长</td><td>主要操作</td><td>辅助操作</td><td>7S 管理</td><td>质检</td><td>备注</td></tr>
<tr><td></td><td></td><td></td><td></td><td></td><td></td></tr>
<tr><td colspan="4">检测和诊断步骤</td><td colspan="3">工具、仪器设备</td></tr>
<tr><td colspan="4">1.</td><td colspan="3"></td></tr>
<tr><td colspan="4">2.</td><td colspan="3"></td></tr>
<tr><td colspan="4">3.</td><td colspan="3"></td></tr>
<tr><td colspan="4">4.</td><td colspan="3"></td></tr>
<tr><td colspan="4">5.</td><td colspan="3"></td></tr>
<tr><td colspan="7">二、任务实施</td></tr>
<tr><td colspan="7">（一）车辆基本检查</td></tr>
<tr><td colspan="2">实训车辆或台架的安全防护</td><td colspan="5"></td></tr>
<tr><td colspan="2" rowspan="3">实训车辆或台架基本信息</td><td colspan="5">车辆或台架品牌：</td></tr>
<tr><td colspan="5">车辆识别码或台架号：</td></tr>
<tr><td colspan="5">发动机型号：</td></tr>
<tr><td colspan="4">实训车辆或台架油、水、电的检查</td><td colspan="3">正常□　不正常□</td></tr>
<tr><td>读取故障码</td><td>1.</td><td colspan="2">2.</td><td colspan="2">3.</td><td>4.</td></tr>
</table>

续表

（二）氧化锆式氧传感器的检修

1. 电阻测量

点火开关置于“OFF”，拔下氧传感器的线束，测量插座端子 1、2 之间的电阻值，电阻值应该在 5 ~ 10 Ω，如果不在这个范围内，则加热电阻短路或断路。测量端子 B18/1—ECM/27、B18/3—ECM/100、B18/4—ECM/132 的电阻，电阻值应小于 1 Ω，如果不在这个范围内，则线束断路。测试完毕，将线束插头插回

测量端子	正常值/Ω	测量值/Ω	测量端子	正常值/Ω	测量值/Ω
B18/1—B18/2	5 ~ 10		B18/1—ECM/27	<1	
B18/3—ECM/100	<1		B18/4—ECM/132	<1	

结果分析	

2. 电压测量

点火开关置于“ON”，测量 B18/1 端子与搭铁端子之间的电压值，应在 12 V 左右。起动发动机，测量 B18/3—B18/4 的电压，该电压在 0.1 ~ 0.9 V 跳动

测量端子	正常值/V	测量值/V	测量端子	正常值/V	测量值/V
B18/1—搭铁	12		B18/3—B18/4	0.1 ~ 0.9	

结果分析	

3. 示波器读取波形

起动发动机，将示波器与信号端子相连，读取氧传感器的波形，氧传感器信号电压高、低电平之间变化应不低于 10 次/min

测量结果	
结果分析	

（三）宽频氧传感器故障检修

1. 加热器电路的检查

测量结果	
结果分析	

2. 传感器信号电路

测量结果	
结果分析	

3. 流量泵传感器

测量结果	
结果分析	

故障原因及诊断方法：

续表

<table>
<tr><td colspan="12">三、检查与评估</td></tr>
<tr><td colspan="12">1. 评估参考标准</td></tr>
<tr><td colspan="12">（1）工作任务（满分 10 分）</td></tr>
<tr><td colspan="12">① 明确工作任务，理解任务的重要性（9~10 分）</td></tr>
<tr><td colspan="12">② 明确工作任务，了解任务的重要性（8 分）</td></tr>
<tr><td colspan="12">③ 了解工作任务，了解任务的重要性（7 分）</td></tr>
<tr><td colspan="12">④ 基本了解工作任务，基本了解任务的重要性（6 分）</td></tr>
<tr><td colspan="12">⑤ 不了解工作任务，不了解任务的重要性（1~5 分）</td></tr>
<tr><td colspan="12">（2）工作计划（满分 10 分）</td></tr>
<tr><td colspan="12">① 根据工作任务制订详细的工作计划（9~10 分）</td></tr>
<tr><td colspan="12">② 根据工作任务制订较详细的工作计划（8 分）</td></tr>
<tr><td colspan="12">③ 根据工作任务制订可执行的工作计划（7 分）</td></tr>
<tr><td colspan="12">④ 根据工作任务制订一般的工作计划（6 分）</td></tr>
<tr><td colspan="12">⑤ 工作计划不全（1~5 分）</td></tr>
<tr><td colspan="12">（3）任务实施（满分 70 分）</td></tr>
<tr><td colspan="12">① 操作规范、过程完整、数据正确（63~70 分）</td></tr>
<tr><td colspan="12">② 操作规范、过程完整、数据基本正确（56~63 分）</td></tr>
<tr><td colspan="12">③ 操作规范、过程较完整、数据基本正确（49~56 分）</td></tr>
<tr><td colspan="12">④ 操作基本规范、过程基本完整、数据基本正确（42~49 分）</td></tr>
<tr><td colspan="12">⑤ 操作不规范、过程不完整、数据基本正确（1~42 分）</td></tr>
<tr><td colspan="12">（4）自我评价（满分 10 分）</td></tr>
<tr><td colspan="12">2. 小组考核</td></tr>
<tr><td colspan="3">工作任务</td><td colspan="3">工作计划</td><td colspan="3">任务实施</td><td colspan="3">总分</td></tr>
<tr><td colspan="3"></td><td colspan="3"></td><td colspan="3"></td><td colspan="3"></td></tr>
<tr><td colspan="12">3. 教师考核</td></tr>
<tr><td colspan="3">工作任务</td><td colspan="3">工作计划</td><td colspan="3">任务实施</td><td colspan="3">总分</td></tr>
<tr><td colspan="3"></td><td colspan="3"></td><td colspan="3"></td><td colspan="3"></td></tr>
<tr><td colspan="3">小组考核（40%）</td><td>录分人</td><td colspan="3">教师考核（60%）</td><td>录分人</td><td colspan="2">平均得分</td><td colspan="2">统分人</td></tr>
<tr><td colspan="3"></td><td></td><td colspan="3"></td><td></td><td colspan="2"></td><td colspan="2"></td></tr>
</table>

项目5 汽油发动机电控系统常见故障诊断与排除

项目导读

本项目讲述汽油发动机电控系统常见故障诊断的基本方法和注意事项，重点分析发动机无法起动、发动机怠速不良、发动机加速不良故障诊断与排除方法。

【学习目标】

1. 知识目标

（1）了解发动机故障诊断的基本方法和注意事项。

（2）掌握发动机常见故障诊断和排除方法。

2. 能力目标

（1）能排除发动机无法启动的故障。

（2）能排除发动机怠速不良的故障。

（3）能排除发动机加速不良的故障。

（4）能排除发动机油耗过高、排放超标的故障。

3. 素质目标

（1）具有严谨认真、实事求是的科学态度。

（2）能自主学习新知识、新技能。

（3）具有高度的职业责任心和安全意识，遵章守纪、规范操作。

（4）具有较强信息搜集能力，会查找汽车维修手册和相关国家标准。

（5）具有团队协作和吃苦耐劳的精神。

任务1 发动机电控系统故障诊断的基本方法

1. 发动机电控系统故障诊断的基本步骤和方法

1）发动机电控系统故障诊断的基本步骤

（1）先思后行。

（2）先简后繁。

（3）先熟后生。

（4）代码优先。

2）发动机电控系统故障诊断的基本方法

（1）直观诊断法。

直观诊断法是指诊断人员凭丰富的实践经验和一定理论知识，在汽车不解体或局部解体情况下，依靠直观的感觉印象、借助简单工具，采用眼观、耳听、手摸和鼻闻等手段，进行检查、试验、分析，确定汽车的技术状况，查明故障原因和故障部位的诊断方法。

（2）仪器设备诊断法。

① 通用仪器诊断法。利用常用的检测仪器和设备，判断故障所在。

② 故障码分析法。利用故障诊断仪读取故障码，根据故障码的故障提示，找出故障所在的部位。

随车自诊断系统通常只能提供与电子控制系统有关的线路短路、断路或电气装置损坏所导致的无输出信号等故障码，并不能检测出控制系统中所有类型的故障，特别是无法检测大部分执行器及传感器精度误差等故障。

③ 数据流分析法。数据流主要包括发动机转速、喷油脉宽、空气流量、节气门开度、蓄电池电压、点火提前角、冷却液温度、进气温度等信号参数。根据发动机特定工况下（有故障）各种数据的变化与正常工作时的数据或标准数据流对比查找电子控制系统故障原因的过程，称为数据流分析，这是继故障码分析之后的另一个重要的故障分析方法。

时域分析：时域分析研究的是数值的变化频率和变化周期，是某一数据随时间变化的规律的动态分析法。

因果分析：数据之间常表现为一因一果、一因多果、多因多果、多因一果，因果分析是对相互联系的数据间响应情况和响应速度的分析，研究多个数据之间的因果关系来判断故障。

值域分析：值域分析是通过研究某一数据的数值大小和范围变化规律来判断故障，研究的是一维的数值坐标变化。主要是先根据故障码提示数据的数值分析是否超出限值，其次分析相关联的数据。

比较分析：比较分析是对相同车型及系统在相同条件下的相同数据组进行的对比分析，可以将故障车与无故障车在相同工况下的数据组进行比较分析，也可将故障车疑损毁部件更换前后的数据流进行比较分析，从而进行故障点的确定。

④ 波形分析法。利用示波器显示的波形能捕捉到故障波形细小、间断的变化，将其与正常的波形图相比较，若有异常之处，则表示该信号的控制线路或元器件本身出了问题。此外，由于示波器的反应速度极快，因而对于传感器或线路的瞬时故障也可以从其信号波形的瞬时异常上反映出来。

（3）部件互换诊断法。

部件互换诊断是用同规格、功能正常的电子元器件来替代怀疑有故障的元器件，以判断故障部位。如果更换部件后故障消失，则证明判断正确，被替换的元器件已损坏。反之，若更换部件后故障仍存在，则证明故障不在此处，该部件正常，应查找其他故障原因。

若故障有好转但未完全排除，可能除了此处故障外，还存在其他故障点，需进一步查找。对于一些传感器信号，也可用模拟信号发生器产生相应的信号来替代。

2. 故障诊断的注意事项

（1）不论发动机是否运转，在点火开关接通的情况下，不可随意断开任何一个带有电磁线圈装置的电路，如电磁喷油器、怠速控制阀、点火装置、二次空气喷射电磁阀、空调离合器以及连接这些器件的蓄电池缆线等。

（2）对电子控制单元 ECU 及与其连接的传感器、执行器进行故障诊断时，操作人员须预先消除身上的静电（接触车身或接触自来水管等有良好接地效果的结构。必须安装无线电台时，天线的连接线应远离 ECU 连线，其距离应不小于 20 cm。在车身上进行电弧焊时，应先断开发动机 ECU 的电源。ECU 对环境温度的适应能力为 $-22 \sim +65$ °C，维修车身烤漆时，应拆下 ECU 或控制加热温度。严禁将 ECU 或传感器的密封装置损坏和用水冲洗。如雨刮器泄漏，应尽快修理，以免装在发动机舱下壁板上的 ECU 因受潮而损坏。

（3）如不熟悉车辆情况，在拆卸蓄电池前，必须先向车主询问有无车辆防盗和音响防盗以及车主是否知道音响密码。如果车主不知道密码但又必须更换蓄电池，可先用另一只应急蓄电池临时提供电源，然后再拆下旧蓄电池。待安装新蓄电池后再拆下应急蓄电池。断开蓄电池后，存储于电控单元内的所有故障码也将全部消失，因此，如有必要，应在断开蓄电池之前读取故障码。

（4）对电子控制系统电子元件和传感器进行检修时，尽可能不拔下插头测电压，以免发生新的故障信号。

（5）除在测试过程中特殊指明外，不能用指针式万用表测试发动机 ECU 及传感器，应用内阻大于 10 MΩ 的高阻抗数字式万用表（或汽车专用万用表）进行测试；检测控制系统中输入信号和发动机控制系统输出信号时，可用 330 Ω 电阻串联一个发光二极管自制一个试灯；禁止用“试火法”检查晶体管电路的通断情况，只能用 12 V 小试灯检查，以防止晶体管损坏；脉冲电路应用 LED 灯或示波器检查。

（6）在确认点火系统和发动机本身无故障时，才对燃油供给系统进行检查。进行燃油供给系统作业之前，应拆去蓄电池接地线以防损坏机件，作业时切记远离明火。需要拆开任何油路部分进行检修时，首先应释放燃油系统的压力，以防止高压燃油喷洒出来引发事故。橡胶密封件千万不要沾上汽油。喷油器上的 O 形密封圈是一次性使用的零件，不能重复使用，拆卸喷油器后要换新的 O 形密封圈，以保证其密封性良好。高压油管接头与螺母或接头螺栓连接时也应使用新垫片。

3. 故障码的正确运用

1）故障自诊断系统的局限性

（1）只能提供无输出信号等“硬”性故障码。

（2）在传感器与执行器产生完全或部分故障时，自诊断系统不能准确判断。

2）故障码的正确使用

（1）故障码与故障并不是明确的一一对应关系。

（2）出现的故障码不一定是真实故障。

（3）自诊断系统无故障码显示，但不一定没有故障。

（4）对于氧传感器故障码需要做进一步的分析。

（5）同时出现多个故障码时需要对 ECU 线路进行检查。

4. 主要元件的故障特征

1）传感器

（1）空气流量传感器（进气歧管压力传感器）。热丝（膜）式空气流量传感器出现故障一般有两种情况，一是完全失效，电路断路或者短路；另一种情况是热丝被污染或热膜破裂，传感器计量失准，不能提供正确的空气进气流量信号，此时喷油量与实际进气量不符，使混合气过稀或过浓，引起发动机性能下降或不能正常工作。

当进气歧管压力传感器本身或线路不良时，发动机将无法起动、加速不良、怠速不稳、间歇性熄火。

（2）节气门位置传感器。节气门位置传感器出现故障，将使 ECU 接收不到正确的加速信号，无法及时调整喷油量及点火时间，导致发动机怠速不稳、加速不良、油耗增大等。

（3）冷却液温度传感器。冷却液温度传感器工作环境比较恶劣，很容易老化、损坏。冷却液温度传感器对喷油量有很大影响，如果它自身或线路出现问题，将导致发动机冷起动困难、暖机工作不良、油耗升高、排放超标。

（4）进气温度传感器。进气温度传感器本身或其线路有问题，将导致发动机起动困难、怠速不稳、排放超标等。

（5）曲轴/凸轮轴位置传感器。当曲轴位置传感器出现故障而信号中断后，绝大多数发动机无法起动。因为程序中没有设计利用凸轮轴位置传感器信号替代的功能，ECU 接收不到曲轴传感器的信号而无法驱动点火线圈和喷油器工作，火花塞不点火，喷油器不喷油，必然导致发动机无法起动。无论是传感器故障还是线路故障，都是如此。只有少部分汽车，当曲轴位置传感器信号中断后，控制单元会以凸轮轴位置传感器信号替代，发动机可以起动和运行，但各项性能会下降。

一般来说，凸轮轴位置传感器损坏后还能起动，但往往需要重复几次。若在发动机运转过程中凸轮轴位置传感器出现故障，发动机还是能照常运转。此时发动机功率和扭矩都会降低，驾驶感觉就是加速不良，燃油消耗增加，怠速不稳。

（6）爆燃传感器。当爆燃传感器本身或线路不良时，会由于点火正时不准确而导致发动机爆燃、动力不足。

（7）氧传感器。氧传感器失效或其线路有问题会导致混合气过浓或过稀，导致发动机怠速不稳、油耗过大、排放超标等。

2）电子控制单元

电子控制单元一般比较可靠，故障率很低。

但随着汽车运行里程和使用年限的增长（里程超过 15 万 km，使用年限达到 6～8 年，尤其运行环境条件恶劣）也会出现这样或那样的故障，会引起 ECU 的控制功能失效或控制系统工作不良，从而造成发动机起动困难、怠速不稳、动力性差、油耗增大、排放超标等故障。

3）执行器

（1）喷油器。喷油器的工作好坏，将直接影响发动机可燃混合气的成分，从而影响发动机的起动、怠速、加速等工况的工作。

（2）电动燃油泵。电动燃油泵由于无油或油质太差时工作，会造成机械部件的磨损或损坏，从而导致燃油系统压力不足。

（3）油压调节器。油压调节器的作用是使燃油压力相对于进气歧管负压的压差保持恒定，从而使喷油量仅由喷油器的通电时间确定。如果油压调节器的真空膜片损坏或真空软管漏气，都会造成压力调节器的回油量失调、喷油器的喷油量不准确，致使发动机工作不良。

（4）点火线圈。一般点火线圈常见故障如线圈绕组短路、断路或接地，会导致不产生高压电。另外点火线圈绝缘层材料老化、绝缘性能变差、点火线圈漏电，则使电火花弱，点火能量不够，以致引起不能起动、怠速不稳、间断熄火等。

（5）火花塞。火花塞工作环境恶劣，随着运行里程的增加，产生电极烧损、积炭、积油等问题，工作性能下降，致使发动机起动困难、工作不良等。

4）插接件与线束

（1）插接件。电子控制系统的插接件很多，常因老化或多次拆卸导致插头松动或接触不良，造成许多控制信号传递不良，导致发动机不能正常工作，时好时坏。例如，电子控制单元的插接器接触不良、电动燃油泵电路开关接头接触不良导致发动机起动不正常，喷油器的电源插接线脱落而造成气缸不工作等。

（2）线束。断路故障主要由导线折断、插接器或插头接触不良、插接器或插头端子被拔出等造成的。

检查线路断路故障时，应先脱开 ECU 插接器和相应传感器的插头，然后检测插接器与插头相应端子间的电阻以确定是否断路或接触不良。一般导线中间折断的情况很少见，大多是在连接处断开，因此尤其应仔细检查传感器和插头连接处的导线。

短路故障主要由电气配线与车身接地，或者由开关内部短路所致。检查电气配线与车身之间是否短路时，应检查有无导线卡在车身内，有无导线与车身车架摩擦使其绝缘层磨损漏电。检查导线是否有接地短路故障时，应拆开线路两端的插接器或插头，然后测量插接器或插头被测端子与车身接地之间的电阻值，电阻值大于 1 MΩ 为合格。

任务 2　发动机不能起动的故障诊断与排除

【知识链接】

1. 故障现象

起动发动机时，起动机能带动发动机运转，但无着车征兆，发动机不能起动。

2. 故障原因

产生这种故障现象的原因主要有空气供给系统故障、燃油供给系统故障、点火系统故障和机械系统故障等，一定是发动机空气供给系统、燃油供给系统、点火系统或机械系统四者之中的一个或一个以上完全丧失了功能。

（1）空气供给系统故障。

① 空气流量传感器或进气歧管压力传感器故障。

② 节气门控制组件故障。

③ 加速踏板位置传感器故障。

④ 空气滤清器堵塞，进气管路漏气。

（2）点火系统故障。

① 曲轴/凸轮轴位置传感器及连接线路故障。

② 点火线圈及连接线路故障。

③ 火花塞损坏。

④ 冷却液温度传感器故障。

（3）燃油供给系统故障。

① 燃油泵及控制电路故障。

② 喷油器及控制电路故障。

③ 燃油压力调节器故障。

④ 供油管路、燃油滤清器堵塞或渗漏。

⑤ 燃油箱无油。

（4）ECU 故障。

3. 故障诊断与排除

（1）空气供给系统故障诊断与排除。

① 检查空气滤清器是否堵塞，进气管路是否漏气。

② 检查空气流量传感器或进气歧管压力传感器是否有故障。

③ 检查节气门控制组件是否有故障。

④ 检查加速踏板位置传感器是否故障。

（2）点火系统故障诊断与排除。

① 进行跳火试验，检查高压火是否正常。

② 检查火花塞是否损坏。

③ 检查冷却液温度传感器是否有故障。

④ 检查曲轴/凸轮轴位置传感器及连接线路是否有故障。

⑤ 点火线圈及连接线路故障。

（3）燃油供给系统故障诊断与排除。

① 检查油箱是否有油。

② 检查供油管路、燃油滤清器是否堵塞或渗漏。

③ 检查燃油泵及控制电路是否有故障。

④ 检查燃油压力调节器是否有故障。

⑤ 检查喷油器及控制电路是否有故障。

⑥ 测试燃油系统的压力是否在规定的范围内。

（4）ECU 故障诊断与排除。

【任务实施】

1. 任务准备

（1）实训设备：电控发动机台架或轿车。

（2）实训工具：通用拆装工具。

（3）实训资料：实训工作页、维修手册、教材等。

（4）辅助材料：翼子板三件套防护套。

2. 实施步骤

1）车辆基本检查

（1）实训车辆安全防护。

（2）登记车辆基本信息。

（3）车辆油、水、电基本检查。

2）发动机无法起动故障诊断与排除（见表 5-2-1）

表 5-2-1　发动机无法起动故障诊断与排除任务工单

<table>
<tr><td>姓　名</td><td colspan="2"></td><td>学　号</td><td></td><td>分组号</td><td></td></tr>
<tr><td>实训时间</td><td colspan="2"></td><td>工具编号</td><td></td><td>设备编号</td><td></td></tr>
<tr><td colspan="7">一、计划与决策</td></tr>
<tr><td rowspan="2">任务分工</td><td>组长</td><td>主要操作</td><td>辅助操作</td><td>7S 管理</td><td>质检</td><td>备注</td></tr>
<tr><td></td><td></td><td></td><td></td><td></td><td></td></tr>
<tr><td colspan="4">检测和诊断步骤</td><td colspan="3">工具、仪器设备</td></tr>
<tr><td colspan="4">1.</td><td colspan="3"></td></tr>
<tr><td colspan="4">2.</td><td colspan="3"></td></tr>
<tr><td colspan="4">3.</td><td colspan="3"></td></tr>
<tr><td colspan="4">4.</td><td colspan="3"></td></tr>
<tr><td colspan="4">5.</td><td colspan="3"></td></tr>
<tr><td colspan="7">二、任务实施</td></tr>
<tr><td colspan="7">（一）车辆基本检查</td></tr>
<tr><td colspan="2">实训车辆或台架的安全防护</td><td colspan="5"></td></tr>
<tr><td colspan="2" rowspan="3">实训车辆或台架基本信息</td><td colspan="5">车辆或台架品牌：</td></tr>
<tr><td colspan="5">车辆识别码或台架号：</td></tr>
<tr><td colspan="5">发动机型号：</td></tr>
<tr><td colspan="3">实训车辆或台架油、水、电的检查</td><td colspan="4">正常□　不正常□</td></tr>
<tr><td>读取故障码</td><td colspan="2">1.</td><td>2.</td><td>3.</td><td colspan="2">4.</td></tr>
<tr><td colspan="7">1. 空气供给系统故障诊断与排除</td></tr>
<tr><td colspan="7">（1）检查空气滤清器是否堵塞，进气管路是否漏气</td></tr>
<tr><td colspan="7">检查结果：</td></tr>
</table>

续表

（2）检查空气流量传感器或进气歧管压力传感器是否有故障
检查结果：
（3）检查节气门控制组件是否有故障
检查结果：
（4）检查加速踏板位置传感器是否故障
检查结果：
2. 点火系统故障诊断与排除
（1）进行跳火试验，检查高压火是否正常
检查结果：
（2）检查火花塞是否损坏
检查结果：
（3）检查冷却液温度传感器是否有故障
检查结果：
（4）检查曲轴/凸轮轴位置传感器连接线路是否有故障
检查结果：
（5）点火线圈及连接线路故障
检查结果：
3. 燃油供给系统故障诊断与排除
（1）检查油箱内是否有油
检查结果：
（2）检查供油管路、燃油滤清器是否堵塞或渗漏
检查结果：
（3）检查燃油泵及控制电路是否有故障
检查结果：
（4）检查燃油压力调节器是否有故障
检查结果：
（5）检查喷油器及控制电路是否有故障
检查结果：
（6）测试燃油系统的压力是否在规定的范围内
检查结果：
4. ECU 故障
检查结果：
故障原因和排除的方法：

续表

<table>
<tr><td colspan="8">三、检查与评估</td></tr>
<tr><td colspan="8">1. 评估参考标准</td></tr>
<tr><td colspan="8">（1）工作任务（满分 10 分）</td></tr>
<tr><td colspan="8">1）明确工作任务，理解任务的重要性（9~10 分）</td></tr>
<tr><td colspan="8">2）明确工作任务，了解任务的重要性（8 分）</td></tr>
<tr><td colspan="8">3）了解工作任务，了解任务的重要性（7 分）</td></tr>
<tr><td colspan="8">4）基本了解工作任务，基本了解任务的重要性（6 分）</td></tr>
<tr><td colspan="8">5）不了解工作任务，不了解任务的重要性（1~5 分）</td></tr>
<tr><td colspan="8">（2）工作计划（满分 10 分）</td></tr>
<tr><td colspan="8">1）根据工作任务制订详细的工作计划（9~10 分）</td></tr>
<tr><td colspan="8">2）根据工作任务制订较详细的工作计划（8 分）</td></tr>
<tr><td colspan="8">3）根据工作任务制订可执行的工作计划（7 分）</td></tr>
<tr><td colspan="8">4）根据工作任务制订一般的工作计划（6 分）</td></tr>
<tr><td colspan="8">5）工作计划不全（1~5 分）。</td></tr>
<tr><td colspan="8">（3）任务实施（满分 70 分）</td></tr>
<tr><td colspan="8">1）操作规范、过程完整、数据正确（63~70 分）</td></tr>
<tr><td colspan="8">2）操作规范、过程完整、数据基本正确（56~63 分）</td></tr>
<tr><td colspan="8">3）操作规范、过程较完整、数据基本正确（49~56 分）</td></tr>
<tr><td colspan="8">4）操作基本规范、过程基本完整、数据基本正确（42~49 分）</td></tr>
<tr><td colspan="8">5）操作不规范、过程不完整、数据基本正确（1~42 分）</td></tr>
<tr><td colspan="8">（4）自我评价（满分 10 分）</td></tr>
<tr><td colspan="8">2. 小组考核</td></tr>
<tr><td colspan="2">工作任务</td><td colspan="2">工作计划</td><td colspan="2">任务实施</td><td colspan="2">总分</td></tr>
<tr><td colspan="2"></td><td colspan="2"></td><td colspan="2"></td><td colspan="2"></td></tr>
<tr><td colspan="8">3. 教师考核</td></tr>
<tr><td colspan="2">工作任务</td><td colspan="2">工作计划</td><td colspan="2">任务实施</td><td colspan="2">总分</td></tr>
<tr><td colspan="2"></td><td colspan="2"></td><td colspan="2"></td><td colspan="2"></td></tr>
<tr><td>小组考核（40%）</td><td>录分人</td><td colspan="2">教师考核（60%）</td><td>录分人</td><td colspan="2">平均得分</td><td>统分人</td></tr>
<tr><td></td><td></td><td colspan="2"></td><td></td><td colspan="2"></td><td></td></tr>
</table>

任务 3　发动机怠速不良的故障诊断与排除

1. 故障现象

发动机怠速运转不稳定、怠速转速过低、发抖甚至熄火。

2. 故障原因

（1）空气系统故障。

① 空气流量传感器或进气歧管压力传感器故障。

② 节气门位置传感器、节气门控制组件故障。

③ 进气歧管或各种阀（PCV/EGR/EVAP）泄漏。

④ 空气滤清器或进气管路脏堵。

（2）点火系统故障。

① 个别缸火花塞积炭、油污等导致断火。

② 冷却液温度传感器工作不良。

③ 点火正时失准。

④ 某缸点火线圈或点火控制模块故障。

（3）燃油系统故障。

① 燃油泵泵油不足。

② 油压调节器故障。

③ 个别缸喷油器或控制电路故障。

（4）氧传感器工作不良。

（5）ECU 故障。

3. 故障诊断与排除

（1）空气系统故障诊断与排除。

① 检查空气流量传感器或进气歧管压力传感器是否故障。

② 检查节气门位置传感器、节气门控制组件是否有故障。

③ 检查进气歧管或各种阀（PCV/EGR/EVAP）是否存在泄漏。

④ 检查空气滤清器或进气管路是否脏堵。

（2）点火系统故障诊断与排除。

① 检查火花塞是否积炭、是否有油污。

② 检查冷却液温度传感器是否有故障。

③ 检查点火正时是否正常。

④ 检查点火线圈或点火控制模块是否有故障。

（3）燃油系统故障诊断与排除。

① 测试燃油系统的压力。

② 检查喷油器或控制电路是否故障。

（4）氧传感器故障诊断与排除。

（5）ECU 故障诊断与排除。

【任务实施】

1. 任务准备

（1）实训设备：电控发动机台架或轿车

（2）实训工具：通用拆装工具

（3）实训资料：实训工作页、维修手册、教材等。

（4）辅助材料：翼子板三件套防护套。

2. 实施步骤

1）车辆基本检查

（1）实训车辆安全防护。

（2）登记车辆基本信息。

（3）车辆油、水、电基本检查。

2）发动机怠速不良故障诊断与排除（见表 5-3-1）

表 5-3-1　发动机怠速不良故障诊断与排除任务工单

<table>
<tr><td>姓　名</td><td colspan="2"></td><td colspan="2">学　号</td><td></td><td>分组号</td><td colspan="2"></td></tr>
<tr><td>实训时间</td><td colspan="2"></td><td colspan="2">工具编号</td><td></td><td>设备编号</td><td colspan="2"></td></tr>
<tr><td colspan="9">一、计划与决策</td></tr>
<tr><td rowspan="2">任务分工</td><td>组长</td><td>主要操作</td><td colspan="2">辅助操作</td><td>7S 管理</td><td>质检</td><td colspan="2">备注</td></tr>
<tr><td></td><td></td><td colspan="2"></td><td></td><td></td><td colspan="2"></td></tr>
<tr><td colspan="4">检测和诊断步骤</td><td colspan="5">工具、仪器设备</td></tr>
<tr><td colspan="4">1.</td><td colspan="5"></td></tr>
<tr><td colspan="4">2.</td><td colspan="5"></td></tr>
<tr><td colspan="4">3.</td><td colspan="5"></td></tr>
<tr><td colspan="4">4.</td><td colspan="5"></td></tr>
<tr><td colspan="4">5.</td><td colspan="5"></td></tr>
<tr><td colspan="9">二、任务实施</td></tr>
<tr><td colspan="9">（一）车辆基本检查</td></tr>
<tr><td colspan="2">实训车辆或台架的安全防护</td><td colspan="7"></td></tr>
<tr><td colspan="2" rowspan="3">实训车辆或台架基本信息</td><td colspan="7">车辆或台架品牌：</td></tr>
<tr><td colspan="7">车辆识别码或台架号：</td></tr>
<tr><td colspan="7">发动机型号：</td></tr>
<tr><td colspan="3">实训车辆或台架油、水、电的检查</td><td colspan="6">正常 □　不正常 □</td></tr>
<tr><td>读取故障码</td><td colspan="2">1.</td><td colspan="2">2.</td><td colspan="2">3.</td><td colspan="2">4.</td></tr>
<tr><td colspan="9">1. 空气供给系统故障诊断与排除</td></tr>
<tr><td colspan="9">（1）检查进气歧管或各种阀（PCV/EGR/EVAP）是否存在泄漏</td></tr>
<tr><td colspan="9">检查结果：</td></tr>
</table>

续表

（2）检查空气流量传感器或进气歧管压力传感器是否有故障
检查结果：
（3）检查节气门控制组件是否有故障
检查结果：
（4）检查加速踏板位置传感器是否故障
检查结果：
（5）检查空气滤清器或进气管路是否脏堵
检查结果：
2. 点火系统故障诊断与排除
（1）进行跳火试验，检查各缸高压火是否正常
检查结果：
（2）检查火花塞是否脏污或积炭
检查结果：
（3）检查冷却液温度传感器是否有故障
检查结果：
（4）检查点火线圈及连接线路是否有故障
检查结果：
3. 燃油供给系统故障诊断与排除
（1）检查供油管路、燃油滤清器是否堵塞或渗漏
检查结果：
（2）检查喷油器及控制电路是否有故障
检查结果：
（3）检查燃油压力调节器是否有故障
检查结果：
（4）测试燃油系统的压力是否在规定的范围内
检查结果：
4. 检查氧传感器及电路是否有故障
检查结果：
5. ECU 故障
检查结果：
故障原因和排除的方法：

续表

三、检查与评估					
1. 评估参考标准					
（1）工作任务（满分 10 分）					
① 明确工作任务，理解任务的重要性（9 ~ 10 分）					
② 明确工作任务，了解任务的重要性（8 分）					
③ 了解工作任务，了解任务的重要性（7 分）					
④ 基本了解工作任务，基本了解任务的重要性（6 分）					
⑤ 不了解工作任务，不了解任务的重要性（1 ~ 5 分）					
（2）工作计划（满分 10 分）					
① 根据工作任务制订详细的工作计划（9 ~ 10 分）					
② 根据工作任务制订较详细的工作计划（8 分）					
③ 根据工作任务制订可执行的工作计划（7 分）					
④ 根据工作任务制订一般的工作计划（6 分）					
⑤ 工作计划不全（1 ~ 5 分）					
（3）任务实施（满分 70 分）					
① 操作规范、过程完整、数据正确（63 ~ 70 分）					
② 操作规范、过程完整、数据基本正确（56 ~ 63 分）					
③ 操作规范、过程较完整、数据基本正确（49 ~ 56 分）					
④ 操作基本规范、过程基本完整、数据基本正确（42 ~ 49 分）					
⑤ 操作不规范、过程不完整、数据基本正确（1 ~ 42 分）					
（4）自我评价（满分 10 分）					
2. 小组考核					
工作任务	工作计划		任务实施		总分
3. 教师考核					
工作任务	工作计划		任务实施		总分
小组考核（40%）	录分人	教师考核（60%）	录分人	平均得分	统分人

任务 4　发动机加速不良的故障诊断与排除

1. 故障现象

踩下加速踏板后发动机转速不能马上升高，有迟滞现象，加速反应迟缓，或在加速过程中发动机转速有轻微的波动，或出现“回火”“放炮”现象。

2. 故障原因

发动机加速迟缓通常是由于混合气过稀、过浓，点火系统故障，发动机机械系统故障等原因引起的。

（1）空气系统故障。

① 空气流量传感器或进气歧管压力传感器故障。

② 节气门位置传感器、节气门控制组件故障。

③ 进气歧管或各种阀（PCV/EGR/EVAP）泄漏。

④ 空气滤清器或进气管路脏堵。

⑤ 加速踏板位置传感器及电路故障。

⑥ 进气增压系统或可变气门系统故障。

（2）点火系统故障。

① 个别缸火花塞积炭、油污等导致断火。

② 点火正时不当。

③ 某缸点火线圈或控制模块故障。

（3）燃油系统故障。

① 燃油泵泵油不足。

② 油压调节器故障。

③ 个别缸喷油器或控制电路故障。

（4）排放系统工作不良。

① 燃油蒸气回收系统工作不良。

② 废气再循环系统工作不正常。

③ 曲轴箱强制通风系统工作不良。

（5）ECU 故障。

3. 故障诊断与排除

（1）空气系统故障诊断与排除。

① 检查空气流量传感器或进气歧管压力传感器是否有故障。

② 检查节气门位置传感器、节气门控制组件是否有故障。

③ 检查进气歧管或各种阀（PCV/EGR/EVAP）是否泄漏。

④ 检查空气滤清器或进气管路是否脏堵。

⑤ 检查加速踏板位置传感器及电路是否有故障。

⑥ 检查进气增压系统或可变气门系统是否故障。

（2）点火系统故障。

① 检查火花塞是否有积炭和油污。

② 检查点火正时是否正常。

③ 检查点火线圈或控制模块是否有故障。

（3）燃油系统故障。

① 检查燃油系统的压力。

② 检查油压调节器是否有故障。

③ 检查喷油器或控制电路是否故障。

（4）排放系统工作不良。

① 检查燃油蒸气回收系统是否有故障。

② 检查废气再循环系统是否有故障。

③ 检查曲轴箱强制通风系统是否有故障。

（5）ECU 故障。

【任务实施】

1. 任务准备

（1）实训设备：电控发动机台架或轿车。

（2）实训工具：通用拆装工具。

（3）实训资料：实训工作页、维修手册、教材等。

（4）辅助材料：翼子板三件套防护套。

2. 实施步骤

1）车辆基本检查

（1）实训车辆安全防护。

（2）登记车辆基本信息。

（3）车辆油、水、电基本检查。

2）发动机加速不良故障诊断与排除（见表 5-4-1）

表 5-4-1　发动机加速不良故障诊断与排除任务工单

<table>
<tr><td colspan="2">姓　名</td><td colspan="2"></td><td colspan="2">学　号</td><td colspan="2"></td><td colspan="2">分组号</td><td colspan="2"></td></tr>
<tr><td colspan="2">实训时间</td><td colspan="2"></td><td colspan="2">工具编号</td><td colspan="2"></td><td colspan="2">设备编号</td><td colspan="2"></td></tr>
<tr><td colspan="12">一、计划与决策</td></tr>
<tr><td colspan="2" rowspan="2">任务分工</td><td colspan="2">组长</td><td colspan="2">主要操作</td><td colspan="2">辅助操作</td><td colspan="2">7S 管理</td><td>质检</td><td>备注</td></tr>
<tr><td colspan="2"></td><td colspan="2"></td><td colspan="2"></td><td colspan="2"></td><td></td><td></td></tr>
<tr><td colspan="8">检测和诊断步骤</td><td colspan="4">工具、仪器设备</td></tr>
<tr><td colspan="8">1.</td><td colspan="4"></td></tr>
<tr><td colspan="8">2.</td><td colspan="4"></td></tr>
<tr><td colspan="8">3.</td><td colspan="4"></td></tr>
<tr><td colspan="8">4.</td><td colspan="4"></td></tr>
<tr><td colspan="8">5.</td><td colspan="4"></td></tr>
<tr><td colspan="12">二、任务实施</td></tr>
<tr><td colspan="12">（一）车辆基本检查</td></tr>
<tr><td colspan="4">实训车辆或台架的安全防护</td><td colspan="8"></td></tr>
<tr><td colspan="4" rowspan="3">实训车辆或台架基本信息</td><td colspan="8">车辆或台架品牌：</td></tr>
<tr><td colspan="8">车辆识别码或台架号：</td></tr>
<tr><td colspan="8">发动机型号：</td></tr>
<tr><td colspan="5">实训车辆或台架油、水、电的检查</td><td colspan="7">正常 □　不正常 □</td></tr>
<tr><td colspan="3">读取故障码</td><td colspan="3">1.</td><td colspan="2">2.</td><td colspan="2">3.</td><td colspan="2">4.</td></tr>
<tr><td colspan="12">1. 空气供给系统故障诊断与排除</td></tr>
<tr><td colspan="12">（1）检查空气滤清器或进气管路是否脏堵</td></tr>
<tr><td colspan="12">检查结果：</td></tr>
</table>

续表

（2）检查空气流量传感器或进气歧管压力传感器是否有故障
检查结果：
（3）检查节气门位置传感器、节气门控制组件是否有故障
检查结果：
（4）检查加速踏板位置传感器及电路是否故障
检查结果：
（5）检查空气滤清器或进气管路是否脏堵
检查结果：
（6）检查进气增压系统或可变气门系统是否故障
检查结果：
2. 点火系统故障诊断与排除
（1）进行跳火试验，检查各缸高压火是否正常
检查结果：
（2）检查火花塞是否脏污或积炭
检查结果：
（3）检查点火线圈及连接线路是否有故障
检查结果：
3. 燃油供给系统故障诊断与排除
（1）检查供油管路、燃油滤清器是否堵塞或渗漏
检查结果：
（2）检查喷油器及控制电路是否有故障
检查结果：
（3）检查燃油压力调节器是否有故障
检查结果：
（4）测试燃油系统的压力是否在规定的范围内
检查结果：
4. 排放系统故障诊断与排除
（1）检查燃油蒸气回收系统是否有故障
检查结果：
（2）检查废气再循环系统是否有故障
检查结果：
（3）检查曲轴箱强制通风系统是否有故障
检查结果：

续表

5. ECU 故障					
检查结果：					
故障原因和排除的方法：					
三、检查与评估					
1. 评估参考标准					
（1）工作任务（满分 10 分）					
① 明确工作任务，理解任务的重要性（9~10 分）					
② 明确工作任务，了解任务的重要性（8 分）					
③ 了解工作任务，了解任务的重要性（7 分）					
④ 基本了解工作任务，基本了解任务的重要性（6 分）					
⑤ 不了解工作任务，不了解任务的重要性（1~5 分）					
（2）工作计划（满分 10 分）					
① 根据工作任务制订详细的工作计划（9~10 分）					
② 根据工作任务制订较详细的工作计划（8 分）					
③ 根据工作任务制订可执行的工作计划（7 分）					
④ 根据工作任务制订一般的工作计划（6 分）					
⑤ 工作计划不全（1~5 分）					
（3）任务实施（满分 70 分）					
① 操作规范、过程完整、数据正确（63~70 分）					
② 操作规范、过程完整、数据基本正确（56~63 分）					
③ 操作规范、过程较完整、数据基本正确（49~56 分）					
④ 操作基本规范、过程基本完整、数据基本正确（42~49 分）					
⑤ 操作不规范、过程不完整、数据基本正确（1~42 分）					
（4）自我评价（满分 10 分）					
2. 小组考核					
工作任务	工作计划		任务实施	总分	
3. 教师考核					
工作任务	工作计划		任务实施	总分	
小组考核（40%）	录分人	教师考核（60%）	录分人	平均得分	统分人

参考文献

[1] 林平，陈建宏. 汽车发动机电控系统构造与检修[M]. 北京：人民邮电出版社，2011.

[2] 刘伟俭，朱自清. 发动机电控系统构造与检修[M]. 南京：江苏科学技术出版社，2009.

[3] 王先耀. 汽车发动机电控系统构造与检修[M]. 北京：北京理工大学出版社，2017.

[4] 罗德云. 汽车发动机电控系统构造与检修[M]. 北京：人民交通出版社，2011.

[5] 王树春. 汽车发动机电控系统构造与检修[M]. 上海：上海交通大学出版社，2014.

[6] 郝金魁，赵雪永. 汽车发动机电控系统构造与检修[M]. 北京：北京理工大学出版社，2019.

[7] 张西振. 汽车发动机构造与维修[M]. 2版. 北京：机械工业出版社，2014.

[8] 李治国，余剑东. 汽车发动机电控系统检修[M]. 长沙：中南大学出版社，2011.

[9] 安宗权，田有为. 汽车发动机电控系统检修[M]. 北京：人民邮电出版社，2009.

[10] 郭碧宝. 电控汽油发动机构造与检修[M]. 广州：华南理工大学出版社，2010.

[11] 朱帆. 汽车发动机电控系统构造与检修[M]. 北京：科学出版社，2018.

[12] 吴志强. 汽车发动机电控系统检修[M]. 北京：机械工业出版社，2018.